제6판

영유아 음악교육

심성경 이희자 이선경
김경의 이효숙 박주희 공저

YANGSEOWON
양서원

머리말

Preface

음악은 많은 사람에게 감동과 즐거움을 주는 아름다운 선물입니다. 따라서 유아음악교육이라는 교과목 역시 가르치는 사람과 배우는 학생 모두에게 즐거운 경험이 되어야 하겠지만, 의외로 많은 교사와 학생들에게 부담스러운 과목으로 인식되기도 합니다. 이러한 부담감을 덜고 좀 더 즐겁고 의미 있는 수업이 되기를 바라는 마음으로 이 책을 처음 집필하게 되었고, 감사하게도 이번에 6판을 출간하게 되었습니다.

모든 영유아는 음악적 능력을 선천적으로 타고나며, 다른 모든 발달영역과 마찬가지로 음악적 능력을 키우기 위해서는 적절한 교육 환경과 경험이 필요합니다. 그러나 실제 현실에서는 소질이나 흥미와 관계없이 피아노나 바이올린 등을 조기교육 차원에서 가르치는 기능 중심의 교습이 여전히 만연해 있으며, 유아교육 현장에서는 교사가 자신의 음악적 역량 부족을 이유로 음악활동을 제공하는 데 주저하는 경우도 많습니다. 또 소위 재롱잔치에서는 발달적으로 적절하지 않은 음악활동이 여전히 일반화되어 있기도 합니다. 이러한 문제는 유아교사 양성과정에서의 영유아음악교육 수업이 충분히 적절하게 이루어지지 못한 데에도 일부 원인이 있다고 생각합니다.

그동안 다양한 영유아음악교육 교재들이 출간되었지만, 유아교육의 통합적 맥락 속에서 영유아음악교육의 개념 정립과 그에 부합하는 실제를 모두 아우른 책은 드물었습니다. 저자들은 음악 그 자체보다 유아교육에 중점을 두고, 현장에서 영유아에게 음악활동을 지도해 온 경험과 대학에서 예비교사들을 가르치며 절실히 느꼈던 필요를 바탕으로 이 책을 집필했습니다. 2003년 첫 출간 이후 지금까지 지속적인 개정 작업을 거쳐 교육 현장의 변화와 요구를 반영해 왔으며, 이번 6판에서도 그 기본 입장에는 변함이 없습니다.

이 책은 영유아음악교육의 총 7장의 이론편과 9장의 실제편으로 구성되어 있습니다. 무엇보다 영유아음악교육의 올바른 개념 정립이 선행되어야 한다는 입장에서, 교사로서 기본적으로 알아야 할 음악 기초 내용을 이론편에 담았습니다. 특히 이번 개정에서는 2019 개정 누리과정과의 연계성을 보다 명확히 하여 실제편의 활동 목표를 체계적으로 진술하였습니다. 초판부터 유지해 온 방향처럼, 유아교육과 학생들과 현장 교사들이 쉽게 실질적으로 활용할 수 있도록 가능한 한 구체적인 자료를 풍부하게 제공하고자 노력하였습니다. 또한 여전히 발표중심으로 인식되곤 하는 음악극 활동을 일상적인 교육활동으로 자리매김할 수 있기를 바라는 마음에서, 생활주제마다 한 편씩 음악극을 소개한 점도 이 책의 중요한 특징 중 하나입니다.

22년 전, 한여름의 무더위 속에서 매일 같이 모여 책상을 마주하고 초판 작업을 마무리하던 기억이 아직도 생생합니다. 유아음악교육의 길잡이가 되고자 했던 그 작은 시작이 이제는 6판 개정까지 이르면서, 예비 유아교사를 위한 대학교재로뿐만 아니라 유아교육 현장의 교사들에게도 꾸준히 활용되는 실용 교재로 자리 잡은 것에 감회가 새롭습니다.

초판을 마무리하던 그때처럼 더운 여름날, 그때와 같은 사랑하는 제자들과 다시 함께할 수 있음에 더욱 뜻깊고 벅찬 마음입니다. 또한 여전히 든든한 응원자인 사랑하는 가족들에게도 깊은 감사와 사랑의 마음을 전합니다. 초판 집필 당시 큰 도움을 주셨던 원광대학교 음악과 강성수, 무용학과 김화숙 두 교수님께도 새삼 깊은 감사를 드립니다. 두 분이 초판 작업에 주셨던 애정과 조언은 지금도 이 책 곳곳에 살아 있습니다. 이 책의 출간과 개정을 위해 아낌없는 지원을 보내주신 양서원의 박철용 회장님과 관계자 여러분께도 진심으로 감사의 뜻을 전합니다.

2025년 7월

대표저자 심성경

차 례

Contents

Part 01 영유아음악교육의 이론

Chapter 01 영유아음악교육의 이해

Chapter 02 영유아의 음악적 능력 발달

Chapter 07
교사를 위한 음악의 기초: 음악의 구성요소

Part 02 영유아음악교육의 실제

Chapter 01 유치원과 친구

Chapter 02 나와 가족, 우리 동네

Chapter 05
동식물과 자연

Chapter 06
환경과 생활

Chapter 07
교통기관

Chapter 08
생활도구

Chapter 09
우리나라와 세계 여러 나라

Part 1

영유아음악교육의 이론

Chapter

1

영유아음악교육의 이해

1. 영유아음악교육의 필요성

영유아는 이미 태내기부터 외부의 소리나 산모의 내부에서 나는 소리에 운동적 반응을 나타내는데, 가령 외부의 소리를 듣고 태아의 움직임이 증가하거나 심장박동이 증가하는 등의 반응을 들 수 있다. 또한 출생 후에도 아버지의 목소리보다 태내에 있을 때 들어왔던 어머니의 목소리를 먼저 구별하며(박성연, 이영, 1997), 생후 3개월이 지나면 어머니나 자신을 양육하는 사람의 목소리를 듣고 소리가 나는 쪽으로 고개를 돌리며 매우 편안해 한다(Bayless & Ramsey, 1991). 이처럼 인간은 태내기부터 소리를 민감하게 들을 수 있으며, 생의 초기부터 음악을 통해 자신의 의사를 표현하고 감정을 승화시키거나 타인과 감정을 교류하는(김은아, 2000) 등 음악적으로 의사소통이 가능함을 알 수 있다.

오르프(Orff)는 음악은 모든 영유아의 것이어야 하며 정도의 차이는 있지만 모든 사람은 음악성을 가지고 태어난다(조효임, 장기범, 이경언, 윤재상, 이용재, 1999)고 하였으며, 달크로즈(Dalcroze)도 인간은 태어날 때부터 신체적으로 음악적 리듬을 타고난다고 하였다(정승은, 2001).

가드너(Gardner)의 다중지능이론에서 음악적 지능은 자율적인 지적 능력으로서, 모든 사람이 태어날 때부터 가지고 있다. 또한 음악적 지능은 성장하면서 어떠한 음악적 경험을 하고 훈련을 받았느냐에 따라 달라지며, 같은 문화권 내에서도 개인차가 매우 크다(이경희, 1983)고 본다.

즉 모든 영유아는 음악적 능력을 선천적으로 가지고 있으며 누구나 그 잠재력을 발달시킬 기회를 가져야만 한다(Smith, 1970). 따라서 영유아기에는 다른 모든 영역의 발달과 마찬가지로 음악적 능력의 발달을 돕는 적절한 환경과 경험의 제공이 필수적이라 하겠다.

이에 미국의 전국음악교사협의회(Music Educators National Conference: MENC, 1992)는 모든 영유아가 음악적 잠재력을 지니고 있으며 질적으로 우수한 음악적 소리, 좋은 활동, 훌륭한 음악적 교육자료 등을 경험해야 할 뿐만 아니라 음악활동 시 효과적인 성인 모델이 필요하다고 함으로써 영유아음악교육의 필요성을 제안하고 있다.

2. 영유아음악교육의 개념

우리나라의 경우 어린 영유아에게 소질이나 흥미와 상관없이 일찍부터 피아노나 바이올린을 가르치는 일이 일반화되어 있으며, 영유아를 대상으로 하는 기능습득 중심의 학원 교습이나 상업성에 의한 경연대회 등이 지나치게 만연한 상황이다. 이에 영유아음악교육의 필요성 인식뿐 아니라 영유아음악교육에 대한 명확한 개념 정립이 선행될 필요가 있다.

먼저, 음악교육의 개념은 미국의 음악이론가 마이어(Meyer)가 설명한 예술에 대한 두 가지의 양립적인 견해(김영연, 2002)를 통해 이해할 수 있다.

첫째, 지시주의(referentialism)는 창조자의 생각(idea), 정서(emotion), 자세(attitude), 사건(events)이 예술작품을 매개체로 하여 전달되는 것을 중시하는 입장이다. 따라서 음악의 기능이 탈(脫)예술적이고, 작가나 작품 자체보다 작품이 전달된 후에 야기되는 의도적인 효과를 더 중요시한다. 예를 들어, 음악을 들음으로써 작업능률을 올린다거나 군중시위 등의 단체행동을 하도록 유도한다면 가치 있는 음악으로 간주한다. 또한 유아교육기관에서 '당신은 누구십니까?' 노래를 친구들의 이름을 익히도록 하기 위해 부른다면 지시주의 견해에서 볼 때 의미있는 음악적 경험이라고 볼 수 있다.

둘째, 절대주의(absolutism)는 예술작품의 의미를 작품을 만들어 내는 과정과 작품에 대한 인간의 느낌, 그리고 작품이 주는 의미에 있음을 중시하는 입장이다. 따라서 한 작품을 고유한 창조물로 만들어 주는 특질, 즉 작품 자체가 지니는 의미나 그를 표현할 수 있는 연주기량의 발전에 관심을 기울인다.

절대주의는 절대형식주의(absolute formalism)와 절대표현주의(absolute expressionism)로 다시 나뉜다.

절대형식주의는 예술이 대중의 삶과 유리되며 예술작품과 예술행위 자체만 중시한다. 예를 들어, 연주자 혹은 지휘자 개인이 각각 나름대로 평가하는 자신의 연주회 준비 정도와 만족도, 청중의 만족도가 중요시되며 소수의 전문가 양성을 지향한다.

절대표현주의는 예술의 의미와 가치를 예술작품의 미적 특질에서 찾되 그러한 미적 특질을 대중 모두에게 인식시킬 수 있다고 보아, 의도적으로 반복되는 훈련적 경험에 의해 누구나 질 높은 미적 경험을 쌓아가는 것을 지향한다. 예를 들어, '당신은 누구십니까?' 노래를 돌림노래로 하면서 그 노래 자체의 특질을 살려 영유아들이 눈을 맞추고 입을 모아 불러 보는 것은 절대표현주의 입장에서 가치있는 음악적 경험이 된다. 즉 예술에의 경험이 영유아들의 삶을 위해 의미 있는 것이 되려면 예술의 경험은 당연히 미적 경험이어야 한다고 본다.

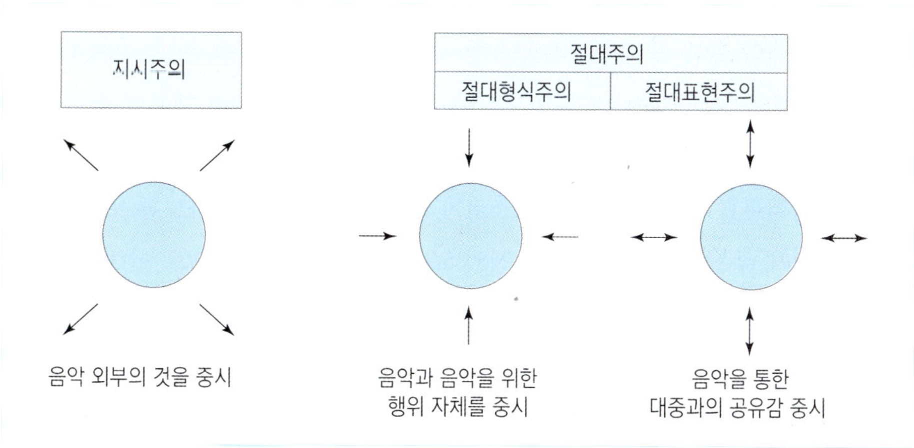

그림 1-1 음악교육에 대한 예술적 견해(출처: 김영연, 2002. p.18)

따라서 소수의 전문적 음악가 양성을 위한 노력이 절대형식주의 입장에서의 음악교육이라면 심미적 차원에서의 대중의 음악적 능력 향상을 위한 노력은 절대표현주의 입장에서의 음악교육이라고 볼 수 있다.

영유아교육은 제 영역의 조화로운 발달을 돕는 통합적 전인교육이며, 영유아기라는 독특한 발달적 특징과 요구에 따른 적절한 경험의 제공을 위한 적기교육이다.

특정 영역에서의 발달이나 특정한 기능의 조기습득은 영유아교육 본연의 목적이 아니므로 그러한 본질적 성격에 근거하여 영유아음악교육은 기본적으로 절대표현주의의 입장에서 그 개념이 정립되어야 할 것이다. 즉 노래를 잘 부르게 하거나 악기를 잘 연주할 수 있는 전문적인 음악적 능력의 습득을 목적으로 하기보다는 모든 영유아에게 음악을 통한 심미적 경험의 제공을 본질로 하여야 할 것이다.

또한 영유아교육의 통합적 성격에 비추어 언어나 인지영역의 학습, 또는 기본생활 습관의 지도를 위해 음악을 매개체로 활용할 때 이는 지시주의 입장에서의 접근에 속한다고 할 수 있을 것이다.

음악은 하나의 교과로서 가르치기보다 생활경험으로써 접근될 때 가장 효과적이다 (Eliason & Jenkins, 2003). 따라서 음악교육은 작곡자의 생활에 관한 이야기나 음악적 개념에 관한 토의, 정교한 음악기술 습득, 어려운 곡의 악보 읽기 및 청음과 작곡 연습 등 전문음악인의 양성을 위한 훈련이나 가창, 기악 등의 실기지도가 결코 전부일 수는 없다.

영유아음악교육은 계획된 교육과정에 의하여, 다양한 감정을 경험함으로써 창출된 각자의 음악미에 대한 느낌이 영유아에 의하여 자유롭게 그리고 자발적으로 가능한 한 다시 음악이라는 형태로 재창조되어 표현되는 것을 목표로 한다. 그렇기 때문에 영유아음악교육은 음악적 기능의 훈련보다는 오히려 노래부르기나 악기연주, 표현활동, 감상, 창작 등의 다양한 음악활동을 통하여 영유아 스스로가 다양한 감정을 경험하도록 모든 교육 여건과 환경을 제공해 주는 계획적이고 체계적인 교육활동(김영연, 2002)으로 이해되어야 할 것이다.

이렇게 될 때 영유아는 음악 속에서 정서적인 질감을 느껴 음악표현력의 기초기능을 습득하며 음악을 이해할 수 있고 음악적 제 감각기능을 발달시키게 된다. 또한 통합적 전인교육이라는 영유아교육의 본질에 입각할 때 영유아음악교육은 단순히 음악적 능력의 발달을 돕거나 정서적 차원에 국한된 것이라기보다는 영유아의 상상력이나 표현력은 물론 신체, 언어, 사회, 인지 등 다른 여러 영역의 발달을 도모하기 위한 노력으로 이해되어야 할 것이다.

한편, 영유아의 음악활동은 처음에는 음악을 탐색(exploration), 모방(imitation), 실험(experimentation)해 보는 것에서부터 출발해 점차 음악을 식별(discrimination), 조직화(organization), 창조(creation)하는 것, 그리고 나아가서는 그것을 재조직(reorganization), 생산(production), 개념화(conceptualization)해 보는 활동으로 발전한다(이영, 유애열, 1985). 이러한 영유아의 음악적 발달을 고려한 접근이 또한 적기교육으로서의 영유아교육의 본질에 합당한 영유아 음악교육의 개념이라고 할 것이다.

따라서 영유아음악교육은 영유아에게 발달적으로 적절한 음악감상하기, 노래부르기, 악기다루기, 동작으로 표현하기 등의 다양한 음악적 활동을 제공하여 음악을 즐기고 반응하고 표현하는 음악적 능력의 발달을 촉진시키며, 나아가 통합적 접근에 의해 전인발달을 돕는 계획적이고 체계적인 노력이라고 정의할 수 있다.

교육현장에서 교사는 자신의 음악적 기술과 지식 부족을 이유로 영유아에게 음악활동을 시도하지 않으려 하고 다양한 음악 경험의 제공을 두려워하는 경우가 종종 있다. 이는 영유아음악교육을 음악이라는 특수한 영역의 조기 재능교육으로서 그 개념을 잘못 이해하기 때문이라고 볼 수 있다. 영유아음악교육은 영유아교육이라는 큰 테두리 안에서 그 본질에 입각하여 이루어져야 한다. 따라서 모든 영유아를 위한 통합적 전인교육, 적기교육으로서의 영유아음악교육의 개념 정립과 그에 부합된 구체적 음악교육의 실제가 이루어져야 할 것이다.

덧붙여 영유아음악교육은 영유아중심교육의 맥락에서 접근되어야 한다. 흔히 현장에서 재롱잔치의 주된 레퍼토리인 멜로디언 합주나 단체 에어로빅처럼, 보여주기 위한 결과중심의 활동은 영유아중심의 음악적 경험이 될 수 없다. 영유아의 음악적 경험은 심미적이고 통합적인 성격을 기본으로 하며, 결과보다는 과정에 역점을 둔 것이어야 한다.

다음은 영유아중심 음악프로그램에 있어서 특징이라고 할 수 있는, 기본적으로 고려되는 원칙(Greenberg, 1979)들을 정리한 것이다.

① 영유아는 감각운동적(sensory-motor) 학습기에 있다.

② 영유아는 자신의 학습을 스스로 조정한다.

③ 영유아는 풍부한 음악적 자료로 구성된 환경에서 학습하기를 원한다.

④ 영유아는 놀이 속에서 그리고 교구를 다루면서 음악적 생각을 나타낸다.

⑤ 영유아가 음악에 대해 보이는 개별적 또는 집단적 반응은 발달단계와 관련이 있다.

⑥ 교사나 부모가 영유아의 음악적 행동에 대해 동기를 주고, 음악적 문제를 해결할 수 있도록 적절히 개입할 때 학습이 더 효과적이다.

3. 영유아음악교육의 목적

음악은 아름답게 의미를 담아 조직한 소리로(안재신, 2005), 영유아기의 음악활동은 영유아에게 자신감과 사고능력을 키워주며 음악적 용어 및 개념 이해와 음감의 증진을 가져온다. 영유아기에서 초등학교 저학년까지는 청감각이 가장 민감한 시기이며, 5~6세에는 청각능력뿐만 아니라 음고의 판별력이나 리듬 감수능력이 가장 급속히 발달하여 성인의 수준에 이르게 되므로(안재신, 2005) 이 시기에 적절하고 다양한 음악적 활동이 제공될 때 음악능력을 크게 성장시킬 수 있다.

드래퍼와 게일(Draper & Gayle, 1987)에 의하면 음악은 영유아에게 자기 표현과 창의적 기쁨을 제공하며 운동능력과 리듬감 발달, 심미감 발달을 돕고 문화적 유산을 전달하기도 하며 인지적 발달과 추상적 사고가 증진되는 등 다양한 측면의 도움을 준다.

그린버그(Greenberg, 1979)는 음악교육의 목적을 창의성 신장, 지적 성장, 언어 발달, 신체 발달, 자아개념 형성, 정서적 감수성 신장 및 심미적인 발달 등으로 보았으며, 미국의 전국음악교사협의회(Music Educators National Conference: MENC, 1986)는 음악교육의 목적을 음악을 충분히 이해하고 창작하고 연주할 수 있는 각 영유아의 능력을 가능한 한 충분히 발달시켜 주기 위한 것에 두고 있다. 또한 안드레스(Andress, 1995)는 한 개인의 음악에 대한 타고난 성향(disposition)을 육성함으로써 음악에 대한 기호(propensity), 호기심, 참여를 통해 인생에 중요한 힘이 되게 하며 개인 자신이 음악을 좀 더 독립적으로 다룰 수 있게 하는 것에 음악교육의 목적을 두었다.

MMCP(Manhattanville Music Curriculum Program)에서는 음악교육의 목적을 인지적 목적, 태도적 목적, 기술적 목적, 심미적 목적으로 나누고 있다(Campbell & Scott-Kassner, 1995).

이 밖에도 영유아음악교육의 목적에 대해서는 다양하게 진술되고 있는데, 다음과 같이 발달영역별로 정리할 수 있다.

1) 신체적 발달

음악교육은 영유아의 신체적 발달을 돕는다. 노래부르기, 악기다루기, 동작으로 표현하기 등의 음악적 경험은 영유아의 눈과 손의 협응력뿐만 아니라 소근육, 대근육의 조절능력을 증가시켜 주고 신체를 움직이는 실험과 탐색을 하도록 도와준다(Greenberg, 1979). 예를 들어, 다양한 음악(행진곡, 재즈, 왈츠, 록음악, 전통민속음악 등)에 맞춰 손뼉치기, 동작으로 표현하기, 북이나 탬버린 사용하기 등의 활동은 영유아의 신체적 발달을 위한 좋은 기회를 제공한다.

2) 정서적 발달

음악교육은 영유아의 정서적 발달을 돕는다. 음악적 경험은 영유아가 느낀 바를 표현하는 능력을 증진시키며 정서적 예민성을 증진시켜 준다(Greenberg, 1979). 즉, 음악은 영유아 자신의 감정을 자연스럽게 표현하게 할 뿐만 아니라 타인의 감정을 민감하게 의식하게 함으로써 보다 성숙한 감정표현 및 통제를 발달시키도록 돕는다. 예를 들어, 영유아 자신이 느끼고 있는 정서를 표현하기 위해 악기를 두드리거나, 리듬에 따라 몸을 흔들거나 노래를 흥얼거림으로써 정서적 감수성을 기른다.

3) 인지적 발달

음악교육은 영유아의 인지적 발달을 돕는다. 음악에 대한 이해는 지능의 한 형태이다

(이경희, 1983). 음악적 경험은 영유아의 사고와 문제해결, 소리에 대한 이해력 발달을 자극하고 자신이 지각한 바를 관계, 비교, 개념의 체계로 조직하도록 자극하기 때문에 지적 성장을 촉진한다(Greenberg, 1979). 즉 영유아의 음에 대한 변별력과 정확하게 음을 찾아내는 인식력, 특성에 따라 음을 범주화할 수 있는 분류능력, 음을 차례로 나열할 수 있는 서열능력, 음을 기억하고 재생할 수 있는 기억과 재생능력 등을 향상시켜 준다(전인옥, 이숙희, 2014). 예를 들면, 음악적 게임이나 악기 만들기 등을 통해 사고와 문제해결의 기회를 얻을 수 있으며, 다양한 소리를 녹음하여 들어보는 활동은 소리에 대한 이해력을 신장시킬 수 있다.

4) 언어적 발달

음악교육은 영유아의 언어적 발달을 돕는다. 영유아는 음악적 경험을 묘사해 보는 활동이나 노래부르기 활동을 통해 단어와 소리의 형태, 문장 구성 등을 학습하게 된다. 특히, 음악감상 후 그 작품의 특징이나 그에 대한 느낌을 언어로 표현해 보거나 노랫말에 다양한 어휘가 포함된 노래를 부르는 활동은 언어 발달을 촉진한다.

5) 사회적 발달

음악교육은 영유아의 사회적 발달을 돕는다. 노래부르기, 악기다루기, 음악감상하기 등의 음악적 경험은 영유아가 친구와의 관계를 형성하는 데 필요한 참여, 나눔, 협동을 격려한다(McAllester, 1991). 예를 들면, 대·소집단으로 구성되어 친구와 함께 노래를 부르거나 악기를 다루는 활동을 통해 타인과의 긍정적인 상호작용과 협동심, 공유하기와 같은 사회적 행동을 경험할 수 있을 뿐만 아니라 서로의 관점을 이해해 보는 기회를 갖게 된다. 또한 음악 경험은 영유아가 한 인간으로서 자신을 알고 인정하도록 문화적 정체감과 자신감을 키워준다(Greenberg, 1979). 예를 들어, 생일축하와 같이 음악을 통한 축하활동은 사회성 발달에 효과적이며, 영유아 자신이 창의적으로 시도하는 음악적 표현활동에서 얻게 되는 자신감과 성공감은 자아개념의 성장을 돕는다.

6) 창의성 발달

음악교육은 영유아의 창의성 발달을 돕는다. 다양한 음악활동은 영유아의 생각과 느낌을 탐색하고 실험하며 자유롭게 독창적으로 표현하게 함으로써 영유아의 상상력과 표현력을 신장시키고 창조적 희열을 느끼게 하여 창의적 사고력과 표현력의 신장을 도와준다(전인옥, 이숙희, 2014). 예를 들어, 소리를 탐색하고 느낌 말하기, 느낌을 동작으로 표현하기, 음악만들기 등 다양하고 자유로운 표현활동은 영유아의 창의성 증진을 돕는다.

7) 심미적 발달

음악교육은 영유아의 심미적 발달을 돕는다. 음악은 멜로디와 리듬을 통해서 생각과 느낌을 전달하는데 이를 통해 풍부한 감정, 충만감, 아름다움을 개발시킨다. 마음속 깊이 감동을 주는 음악의 힘은 심미적인 차원에서 기인되며 이 차원은 음악 경험에 대하여 지각하고 느끼고 통합하고 사고하는 과정을 말한다(Greenberg, 1979). 즉 음악 속에서 감정과 인식, 영상의 감수성이 전달될 때 영유아의 심미감은 형성된다(McDonald & Simons, 1989). 따라서, 영유아에게 음악 경험을 통해 음악이 좋은 것이고 아름답다는 것을 느끼게 해주면 영유아는 즐겁고 행복한 마음으로 음악을 즐기게 되면서 심미감이 저절로 증진된다.

결국, 영유아음악교육의 목적은 전문적인 음악적 기능의 연습 및 숙달이라기보다는 생활 속에서 음악에 대해 이해하고 느끼는 바를 기초로 예술적인 감수성을 길러주는 데 있다. 즉 음악에 대한 가치감과 풍부한 심미적 감각을 지니게 하며 나아가 제 영역의 조화로운 발달을 돕는 것이 영유아음악교육의 목적이라고 하겠다.

참고문헌

김영연(2002). **유아음악교육론**. 학지사.

김영연(2020). **영유아음악교육의 이해**. 학지사.

김은아(2000). 유아의 음악적 경험과 음악선호도 연구. 연세대학교 교육대학원 석사학위 논문.

박성연, 이영 역(1997). **영아기 발달**. 이화여자대학교 출판부.

신동주, 김향숙, 김선희(2021). **유아음악교육**. 창지사.

안재신(2005). **유아음악교육**. 교육과학사.

이경희 역(1983). **마음의 틀**. 문음사.

이영, 유애열(1990). **유아를 위한 음악활동의 이론과 실제**. 웅성출판.

전인옥, 이숙희(2014). **유아음악교육**. 한국방송통신대학교 출판부.

정승은(2001). **유아음악교육강의**. 책과 사람들.

조성연, 문혜련, 이향희(2018). **다양한 교수방법을 통한 유아음악교육**(2판). 학지사.

조효임, 장기범, 이경연, 윤재상, 이용재(1999). **오르프 음악교육의 이론과 실제**. 학문사.

하정희, 정선화(2023). **유아음악교육**. 공동체.

Andress, B. (1995). Transforming curriculum in music. In S. Bredekamp & T. Rosegrant(Eds.), *Reaching potentials: Transforming early childhood curriculum and assessment Vol. 2*(pp. 99-108). Washington DC: National Association for Education of Young Children.

Bayless, K. M., & Ramsey, M. E. (1991). *Music: A way of life for the young child*(4th ed.). Columbus, OH: Merrill Publishing.

Campbell, P. S., & Carol Scott-Kassner (1995). *Music in childhood*. New York: Schirmer Books.

Draper, T. W., & Gayle, C. (1987). An Analysis of children's music ability. *Early childhood Research Quarterly, 5,* 425-440.

Eliason, C., & Jenkins, L. (2003). *A practical guide to early childhood curriculum*. Seventh Edition. Merrill Prentice Hall.

Greenberg, M. (1979). *Your children need music*. Englewood Cliffs, NJ: Prentice-Hall.

Isenberg, J. P., & Jalongo, M. R. (1993). *Creative expression and play in the early childhood curriculum*. Macmillan Publishing on Company.

Maysky, M. (1995). *Creative activies for young children*. Albany, NY: Delmar Publishers Inc.

McAllester, D. (1991). *Becoming human through music*. Reston, VA: Music Educator's National Conference.

McDonald, D. T., & Simons, G. M. (1989). *Musical growth and development: Birth through six*. NewYork: Schirmer/Macmillan.

MENC(Music Educators National Conference)(1986). *The school music program: Description and standards*. Reston, VA: MENC.

Smith, R. B. (1970). *Music in the child's education*. New York: Ronald Press.

Chapter

2

영유아의 음악적 능력 발달

영유아음악교육의 수행을 위해서는 영유아의 음악적 능력 발달을 이해하는 일이 필수적이다. 인생의 초기 몇 년은 육체적, 지적, 사회적, 정서적으로 가장 급격한 성장을 보이는 시기이며 음악적 능력 또한 영유아기에 급성장되는 중요한 발달영역이다. 인지 및 신체, 정서 등의 발달이 이루어지면서 영아는 점차 주변에서 들리는 소리를 흉내 내기 시작하고, 그 소리를 듣고 다시 자신의 목소리로 따라하거나 몸으로 반응하고 사물들이 내는 소리를 실험하며 소리를 만들어 내는 등 적극적 시도를 한다. 18개월이 되면 자신이 싫어하는 소리와 좋아하는 소리를 구별할 수 있고 자신의 내적 리듬에 따라 좋아하는 소리에 적극적으로 몸을 움직이며 반응을 하는 등 음악적 발달이 이루어진다.

음악성(musicality) 혹은 음악적 능력(musical ability) 등의 음악적 제 기능은 감각이나 지각 등 신체기관의 반응이며, 동시에 감정이나 지적 기능 등의 정신작용이라 볼 수 있다. 슈엔(Schoen)은 음악적 감수성을 음악성으로, 음악적 표현력을 음악적 재능이라고 하였다. 또한 음악적 자질(capacity)과 음악적 능력(ability)을 구분하여 음악적 자질은 생득적인 것이고 음악적 능력은 연습이나 경험에 의해 후천적으로 얻어질 수 있는 것이라고 하였다(이성, 유애열, 1985).

음악적 능력은 음악적 기초감각능력에 성악의 표현능력과 기악연주능력이 더해진 것이라고 볼 수 있다. 성악의 표현능력은 변성기 이후의 발성기 성장에 의해 결정되며 기악연주능력은 신체적 성장이 수반되어야 가능하다. 이에 영유아기의 음악적 능력은 음악적 기초감각능력이 핵심이라고 할 수 있다.

모든 영유아는 본능적으로 몸을 움직이고, 흥얼거리고, 노래하고, 여러 가지 소리 만들기를 즐긴다. 이러한 본능을 기반으로 올바른 지도와 적절한 환경이 제공된다면 누구나 일정 수준까지의 음악적 능력을 발달시킬 수 있다(김혜경, 2021). 즉 모든 인간은 음악적 잠재력을 지니고 태어나며 이러한 개인의 음악적 능력은 생의 초기에 발달하고 의미 있는 성인과의 음악적 경험 및 풍부한 음악적 환경에 의해 영향을 받게 된다. 영유아기는 음악적 사고가 증가하는 시기로 특히 4~6세의 경험은 후의 음악적 발달에 결정적 영향을 미친다. 따라서 질적으로 우수한 음악적 경험이 체계적이고 다양하게 제공될 때 영유아의 음악성, 즉 음악적 잠재력이 개발된다고 하겠다(김명순, 조경자, 2001).

한편 영유아음악교육에 관한 연구결과들을 보면 인간 능력의 기본이 되는 정의적 특성이나 신체적 능력의 기초가 5~6세 이전에 거의 대부분 결정되며 음악교육을 받은 영유아가 받지 않은 영유아보다 음악의 여러 분야에서 점수를 높게 받았음을 증명하고 있다(Serafine, 1986).

3~5세 유아의 일반적인 음악적 특성은 다음과 같다(김혜경, 2021).

① 유아는 모방을 통해 많은 노래들을 배우고 기억하게 되며 선율이나 화성보다는 리듬이 확실한 노래를 더 좋아한다. 유아는 여러 사람들과 같이 맞추어 노래 부르는 것이 힘들고 너무 높거나 낮거나 빠른 곡도 잘 부르지 못한다.

② 유아는 귀로 듣고 기억하기를 좋아하고 단음으로 반주해야 잘 알아듣는다. 흥미를 유발하기 어려운 노래를 싫어하고 오랜 시간 앉아서 음악을 듣지 못한다.

③ 타악기에 흥미가 집중된다. 그러나 악기를 연주한다기보다는 여러 악기의 특징적인 음색 자체에 호기심을 가지고 악기를 만지고, 치고, 자유롭게 소리를 내 보는 악기놀이의 시기이다.

④ 대부분의 유아는 박자감, 리듬감, 음정감 등이 확실하지 않기 때문에 음악을 좋아하고 음악에 대한 소질을 가지고 있어도 뚜렷이 나타나지 않는다.

이영·유애열(1985), 이관섭(2002), 김영연(2002), 김명순·조경자(2001), 김혜경(2021), 안경숙·김소향·나은숙(2022), 그린버그(Greenberg, 1979), 스코트-캐스너(Scott-Kassner, 1993) 등을 종합하여 출생 당시부터 6세까지의 음악적 능력발달을 단계별로 정리해 보면 다음과 같다.

1. 출생~12개월

출생 당시의 신생아는 혼자 힘으로는 아무것도 할 수 없는 무능력한 존재로 보인다. 이때는 대부분의 시간을 수면 상태에서 보내며, 울음으로 의사표현을 하고, 대부분의 욕구충족을 전적으로 성인에게 의존한다. 그러나 신생아도 일련의 감각적인 자극들, 즉 소리나 음악을 포함한 여러 자극에 나름대로의 반응을 한다.

신생아의 감각적 능력은 인생의 처음 6개월 동안 하게 되는 경험의 대부분을 설명해 준다. 외부세계에 대한 영아의 최초 반응 중 하나가 소리에 의한 것이다. 영아는 처음에 소리의 감각적인 자극에 반응하고 그 다음에는 어머니의 음성 등과 같은 특별한 소리에 반응하면서 그 소리들을 구별하기 시작한다. 출생 당시의 영아는 고개를 돌리거나 눈을 동그랗게 뜨고 온몸을 움직이거나 입을 움직이는 등 소극적인 듣기 반응을 나타낸다.

2~4개월에는 쿠잉(cooing: 6개월 미만의 영아가 만드는 '구구' 등의 모음 소리), 옹알이(babbling) 등의 소리를 많이 내며 즐기고, 부드러운 소리와 사람의 목소리(특히 어머니의 목소리)에 민감하게 반응한다.

4~6개월에는 사람의 목소리를 여전히 좋아하며 소리가 나는 곳을 눈으로 찾는 등 소리에 강한 관심을 나타내기 시작하여 의도적으로 주변의 소리를 들으려 하고, 음악을 들려주면 안정된다.

6~9개월이 되면 옹알이가 더욱 분명해지고 음악을 틀어 주면 팔을 움직이는 동작을 하기도 하고 사물이 만드는 다양한 소리를 즐기게 된다.

9~12개월에는 늘 성공적이지는 않지만 자주 많은 소리를 모방하며 소리와 음악에 더욱 관심을 갖는다. 음악에 맞춰 리듬감 있는 반응을 보이기도 한다.

2. 1~2세

이 시기 영아는 운동능력을 더 잘 조절하고 활용할 수 있게 되며 더 열정적으로 주위 환경을 탐색하게 된다. 몇몇 단어를 말하기 시작하는 등 언어 발달이 진행되며 많은 소리를 변별할 수 있게 된다. 의도적으로 주변의 소리를 탐색하며 싫은 음악과 좋은 음악을 구분한다. 비음악적인 소리와 음악적인 소리(예: 천둥소리와 오케스트라의 음악소리)를 구별하게 되며 음색, 셈여림에 이어 음의 높낮이 개념과 간단한 리듬 개념을 형성하지만 표현은 미숙하다. 1년~1년 6개월에는 리듬과 높낮이를 이용한 옹알이를 하기도 하고 음악에 맞추어 움직이지만 꼭 박자에 맞추어 움직이는 건 아니다. 또한 노래를 들으며 간단한 음의 고저를 비슷하게 따라할 수 있다.

2세에 가까워지면서 간단한 리듬악기들을 사용해 아주 완만한(변화가 적은) 박자를 연주하기도 하지만 정확하지는 않다. 가끔 음악을 들으면서 춤을 추기도 한다. 또한 무의미한 음절을 사용해서 흥얼거리기도 하나 아직 정확하게 노래부르기를 하지는 못한다. 텔레비전에서 나오는 광고음악 등을 좋아하기도 하며 냄비, 주전자, 컵 등으로 영아들의 눈높이에 맞게 소리 만들기 환경을 구성해 주면 소리를 만들어 보며 즐긴다.

이 시기 영아는 눈과 손의 협응이 이루어지기 때문에 한 손으로 악기를 붙잡고 다른 한 손으로 막대를 치며 연주할 수 있고, 자신이 알고 있는 노래를 반주하기 위해 리듬을 사용하기 시작한다. 악기를 가지고 노래를 반주할 때는 비형식적으로 진행해야 한다. 노래는 아주 쉬운 것으로 선정하고 음과 단어가 매우 간단하여 몇 번이고 계속 부를 수 있는 곡이면 바람직하다. 이 시기 영아는 대부분 리듬에 상관없이 악기를 흔들지만 꽤 오랜 시간 동안 활동을 지속할 수 있다.

3. 2~3세

이 시기 영아는 지난 2년간 배운 운동기능들을 좀 더 세련되게 계속 개발해 나간다. 사용하는 어휘 수도 급격히 증가하는 등 언어 발달이 급속히 이루어지는 시기이며 노래를 부르기도 한다. 음악의 박자에 맞추어 손뼉을 치거나 악기를 연주하려고 애쓰며 음악에 맞추어 훨씬 자유스럽게 춤을 추기도 한다.

2년~2년 6개월 정도가 되면 음악에 대해 좀 더 신체적 반응을 보이게 된다. 무릎 굽히기, 팔 흔들기 등의 동작으로 움직임을 시도한다. 리듬과 반복을 좋아하며 소리와 형태를 자주 반복하게 되고 간단한 손유희를 배울 수 있다.

2년 6개월~3년 정도가 되면 영아는 놀이하면서 노래를 부르며, 박자에 따라 악기를 다루려 하고 근육의 협응이 가능하게 되므로 실로폰, 드럼, 탬버린, 리듬막대, 샌드 블록과 같은 다양한 악기소리에 관심을 보이며, 음반과 악기, 텔레비전 소리에도 관심을 가지게 된다.

2~3세 영아는 자신의 몸 움직임을 통해 적극적으로 음악에 반응한다. 몸을 튕기거나 한 바퀴 돌고, 손을 흔들거나 고개를 끄덕이며 무릎을 구부리는 등 춤추듯이 음악에 반응을 한다. 특히 이 시기의 영아는 분명한 리듬이 있는 음악, 즉 밴드음악이나 운율이 있는 동요 등을 매우 좋아하고 단순한 음악적 게임의 지시를 따를 수 있다. 또한 이 시기의 영아는 주의집중시간이 길어져 몇 분 동안은 조용히 앉아서 음악을 들을 수 있다. 규칙적인 리듬 패턴을 가지고 노래를 자발적으로 부를 수 있으며 특히 친근하게 들었던 음정을 즐기고 성인에게 노래를 불러 달라고 반복적으로 요청할 수 있다. 악기에 대한 흥미가 증가하여 장난감 실로폰이나 탬버린, 마라카스 등의 악기소리 듣기를 즐긴다. 2세가 되면 대부분의 영아는 음악적 옹알이를 통해 나름대로의 노래들을 부를 수 있게 된다.

4. 3~4세

3세가 지나면 단순한 절로 된 노래를 부를 수 있게 되는데 음역이 2~3도 정도인 노래는 쉽게 부를 수 있으며 경험과 훈련을 통해 도(C)에서 라(A)까지의 곡조도 부를 수 있다. 아주 짧으며 몇 개의 음만으로 된 것이기는 하나 유아 자신이 만들어 낸 선율을 노래하기 시작한다. 텔레비전의 동작을 따라하는 등의 모방능력이 점차 발달하게 되어 자발적인 노래의 길이가 길어진다. 박자에 맞추어 움직이는 능력이 생겨 리듬에 맞추어 손뼉을 칠 수 있다. 신체 협응력이 증가하면서 리듬적 동작을 할 수 있는 능력이 향상되고 음의 고저와 속도를 더욱 잘 변화시킬 수 있다. 이 시기는 음악을 통해 자기 표현력이 증가하는 시기이다. 이 시기의 유아는 노래를 극화하기 좋아하고 음악을 다른 방법으로 해석하며 스스로 시도하는 것을 즐기고 박자를 지속하는 능력이 상당히 증가한다. 짧은 음악연주 시 조용히 들을 수 있으며 모든 종류의 음악에 개방적이고, 모든 종류의 음악에 노출시킬 수 있는 시기이다. 이 시기 유아는 크고 / 작고, 빠르고 / 느리고와 같은 음악적 개념을 이해하고 리듬악기를 사용할 수 있으며 음악의 비트(기본 박)를 연주하거나 노래의 분위기를 표현할 수 있다. 예를 들면, 도망가거나 싸우는 장면에서는 매우 세게 리듬악기를 두드릴 수 있고, 평화로운 장면에서는 가볍게 칠 수 있다.

5. 4~6세

이 시기 유아는 어휘나 음역(vocal range), 리듬감각이 확장되어 다양한 목소리로 노래를 부를 수 있고 대부분의 리듬악기를 연주하게 된다. 또한 리듬과 음의 고저를 더욱 정확히 사용하고 노래 전체를 부를 수 있게 된다. 간단한 멜로디를 만들 수 있고 친숙한 곡에 노랫말을 만들어 부를 수 있다. 유아가 만든 자발적 노래의 특성을 보면 음역이 한 옥타브를 넘지 않고 대부분 완전 5도 내의 음정으로 구성된다. 리듬의 반복이 많아지고 노래를 부르면서 손뼉치기, 춤추기와 같은 신체적인 움직임을 동반하게 된다. 음역이 넓어지고 리듬을 이해하는 능력이 향상되고, 좀 더 세련되게 음악의 리듬에 맞추어 몸동작을 할 수 있게 된다. 자신이 들었던 음악적 경험에 대해 서로 이야기를 나눌 수 있는 능력이 확장되고, 적극적인 감상자가 되는 동시에 음악을 들으려는 욕구가 증가하는 시기이다. 또한 소리의 질에 기초하여 악기를 범주화할 수 있게 된다. 즉 소리의 유형(울리는 것, 나무로 만든 것, 덜거덕거리는 것), 소리의 길이(길고 짧음), 연주 방법(흔들고, 긁고, 때리는 등) 등을 기준으로 악기를 범주화하게 되며, 악기를 가지고 소리 실험을 시작한다.

5세가 넘으면 자발적으로 노래를 부르는 빈도가 급격히 감소한다. 자의식이 강해지면서 실수를 피하려는 노력에 따라 정확하게 모방하려고 노력한다. 리듬과 노래를 좋아하고 음악에 맞추어 움직이거나 리듬게임, 율동하기 등을 즐긴다. 음악의 템포를 변화시켰을 경우

그 차이를 식별하고 언어화할 수 있다. 빠르고 느린 소리의 조화가 리듬 패턴을 만들고 있음을 알기 때문에 손뼉치기나 북치기 등으로 리듬패턴을 만들 수 있으며, 이를 통해 리듬감을 효과적으로 배운다.

이상에서 살펴본 영유아의 음악적 능력 발달을 도표로 정리해 보면 〈표 2-1〉과 같다.

표 2-1 영유아의 음악적 능력 발달

연령	듣기	노래부르기	악기다루기	동작으로 표현하기
출생~1세	• 0~4개월 정도에도 음악에 따라 달리 반응한다. • 4~8개월이 되면 소리 나는 곳을 향해 적극적으로 고개를 돌린다. • 10개월 이후에는 음악적 선호를 표현하기 시작한다.	• 모음과 자음을 옹알이로 발성화한다.	• 시계소리, 음악소리, 양육자의 소리 등에 관심을 나타낸다.	• 6~9개월이 되면 음악을 듣고 팔을 흔드는 동작을 한다.
1~2세	• 음악적 선호가 분명해지며 악기보다는 사람의 목소리를 더 좋아한다. • 적극적 소리탐색이 증가하나 주의집중시간은 매우 짧다.	• 음악적 특성이 가미된 옹알이가 증가한다. • 어른이 노래를 부르면 한 음절의 음정을 그대로 반복할 수 있다.	• 소리를 만드는 특별한 사물을 찾고자 하며 간단한 리듬악기뿐 아니라 냄비 뚜껑, 그릇 등의 생활용품을 두드려 소리내는 것을 즐긴다.	• 박자를 맞추지는 못하지만 흔들기, 끄덕이기, 손뼉치기, 리듬 있게 흔들기 등으로 음악에 반응한다.
2~3세	• 분명한 리듬이 있는 음악을 좋아하고 음악적 게임의 지시를 따를 수 있다. • 주의집중 시간이 길어져 몇 분 동안은 조용히 앉아서 음악을 들을 수 있다.	• 한 노래를 끝까지 정확하게 부를 수는 없으나 노래부르기 시도를 많이 한다. • 친근하게 들었던 음정을 즐기고 성인에게 노래를 불러달라고 요청한다.	• 실제 악기에 대한 흥미가 증가한다. • 박자에 따라 악기를 다루려 한다.	• 짧은 시간 동안 규칙적인 리듬감에 맞춰 움직일 수 있다. • 음악에 맞추어 동작을 창의적으로 표현하려 한다.
3~4세	• 짧은 음악 연주 시 조용히 들을 수 있으나 자신이 들었던 음악에 대해 언어적 반응하기를 피한다.	• 단순한 음정의 노래를 정확하게 부를 수 있다. • 정확한 음정과 반복되는 리듬, 가락으로 자발적으로 노래를 만든다.	• 리듬악기를 사용하여 음악의 비트를 연주할 수 있다. • 노래의 분위기를 악기로 연주할 수 있다. • 타악기나 주변의 물건을 이용하여 리듬, 강약, 속도를 표현한다.	• 규칙적인 리듬에 맞춰 움직일 수 있는 시간이 길어진다. • 신체 협응력이 증가한다.

연령	듣기	노래부르기	악기다루기	동작으로 표현하기
4~6세	• 자신이 들었던 음악에 대해 언어로 이야기 나누는 능력이 확장된다. • 적극적 감상자가 되는 동시에 들으려는 욕구가 증가한다.	• 노래의 정확성이 점차 증가한다. • 집단에서 함께 노래하는 것도 즐기며 자신의 차례를 지켜 노래할 수도 있게 된다.	• 다양한 리듬악기로 자신의 노래를 만들기도 하고 노래의 반주나 악기연주를 시도하기 시작한다.	• 노래를 부르면서 손뼉치기, 춤추기와 같은 신체적인 움직임을 동반하는 경향을 갖는다. • 뛰고 스킵하고 춤출 수 있으며 공을 던지고 받을 수 있게 된다.

한편 이러한 음악적 발달은 영유아의 전인적인 발달과 맥락을 같이 한다고 할 수 있다. 그린버그(Greenberg, 1979)는 다음과 같이 영유아의 전인적인 발달과 음악적 반응이 밀접한 관계가 있다고 주장하였다.

첫째, 음악적 언어와 구어적 언어의 근원이 같은 뿌리에서 분기되고 있다. 음악과 언어는 영유아의 초기 발성법에 있어서 공동의 기반을 가지고 있으므로 구어적 언어와 음악적 언어를 함께 배울 수 있는 배경이 필요하다. 둘째, 음악적인 성장과 다른 발달영역들 간에 밀접한 관계가 있다. 예를 들어, 박자에 따라 움직일 수 있는 능력, 박자에 맞추어 규칙적으로 손뼉을 칠 수 있는 능력, 악기로 박자를 연주할 수 있는 능력은 부분적으로 영유아가 얼마만큼 자기 동작을 통제할 수 있고 음악에 맞출 수 있는지와 깊은 관련이 있다. 또 노래를 부를 수 있는 능력도 부분적으로는 단어들을 발음하고 이해하고 순서에 따라 기억할 수 있는 언어적·지적 능력에 달려 있고, 노래부를 때 성대를 조절할 수 있는 운동능력에 달려 있다. 이처럼 음악적인 성장은 독립된 별개의 현상이라기보다는 다른 발달영역들과 상호 교류하여 나타나는 것이다. 따라서 한 영유아의 음악적인 성장은 전반적인 운동능력 발달, 사회·정서적 발달, 인지적·언어적 발달에 의해 직접적인 영향을 받는다.

베이레스와 렘씨(Bayless & Ramsey, 1991)도 영유아의 음악적 발달은 다른 영역의 발달과정과 유사하다고 주장하였다. 대부분의 영유아는 주변의 다양한 소리를 듣고 반응하거나 자기 스스로 소리를 만들 수 있는 능력을 가지고 태어난다. 그러나 다른 발달영역과 마찬가지로 주변에서 들리는 소리와 움직임을 얼마나 많이 경험했느냐, 또 얼마나 의미 있고 즐겁게 경험했느냐에 따라 후의 음악적 성장 및 이해, 그리고 개인의 음악적 기호가 달라지게 된다는 것이다. 김명순과 조경자(2001)는 인간이 언어를 배울 능력을 타고난다 해도 어린 시기에 한 문화권 내에서 누군가 그 영유아에게 이야기를 해주거나 책을 읽어 주지 않는다면 구어나 문어를 배우는 데 매우 어려움을 겪게 된다고 보았다. 언어영역의 발달에서처럼 수없이 들려오는 소리와 아름다운 음악이 주변에 있다 해도, 영유아가 그것을 통해 음악적 개념을 이해하고 미적 아름다움을 느끼며 자신의 문화를 이해하기 위해서는 생의 초기부터 영유아의 삶에 연관된 소리와 음악에 대한 직접적 경험과 성인과의 풍부한 상호작용이 제공되어야 할 것이다.

참고문헌

김명순, 조경자(2001). **유아를 위한 음악교육의 이론과 실제**. 다음세대.

김영연(2002). **유아음악교육론**. 학지사.

김혜경(2021). **영유아음악교육 2021**. 창지사.

안경숙, 김소향, 나은숙(2022). **영유아 음악교육**. 양서원.

이관섭 편저(2002). **유치원 교사를 위한 유아음악교육**. 양서원.

이영, 유애열(1985). **유아를 위한 음악활동의 이론과 실제**. 융성출판.

Bayless, K. M. & Ramsey, M. E. (1991). *Music: A Way of life for the young child*(4th ed.). Columbus, OH: Merrill Publishing.

Greenberg, M. (1979). *Your Children Need Music*. Englewood Cliffs, NJ: Prentice-Hall.

Scott-Kassner, C. (1993). Musical characteristics. In M. Palmer & B. Crook(Eds.), *Music in prekindergarten: Planning and teaching*(pp.7-14). Reston, Virginia: The Music Educators National Conference.

Serafine, M. L. (1986). Music. In Ronna F. Dillon Robert J. Sternberg(Ed). *Cognition and Instruction.* Academic Press: Orland.

Chapter

3

영유아음악교육의 내용

1960년대 후반부터 심미적(aesthetic) 교육으로서 영유아음악교육에 대한 관심이 고조되기 시작하였다. 사실 이전까지의 전통적 입장에 의하면 음악교육은 우선적으로 피아노 등 악기연주 능력의 배양을 위한 것이었으며, 음악에 대한 이해는 부차적인 관심사였고, 창작은 일부 천부적인 재능을 가진 영유아에게만 가능한 것으로 보아 음악교육의 일반적인 내용으로 간주되지 않았다.

그러나 현대에 오면서 음악교육은 단순한 기술이나 기능을 습득하는 것이 아니라 음악 전체를 영유아가 그대로 받아들일 수 있게 하는 것이며, 분리되어 가르쳐지는 것이 아니라 생활 속에서 자연스럽게 이루어지는 것으로 보게 되었다. 즉 영유아기의 음악적 경험은 영유아에게 만족과 즐거움을 가져다주는 것이어야 하며, 음악적 숙달을 위한 반복적 연습 같이 결과 중심의 것이어서는 안 된다. 인간이 타고난 음악적 능력을 발전시키려면 생활 속에서 음악을 즐기는 영유아의 본능적 특성을 살려서 전인적 성장에 효과적으로 기여할 수 있는 환경과 음악적 경험을 제공해야 한다.

영유아를 위한 음악프로그램은 음악적 경험이 선행된 후 그 경험을 나타내는 상징(예:

언어, 음표 등)을 다루는 활동을 제공해야 한다. 또한 영유아는 다음과 같은 유형의 활동에 참여할 때 음악에 대해 학습하게 된다고 보는데, 이는 영유아음악교육의 내용을 시사해 준다(이은화, 이순례, 1995).

① 자유롭게 소리를 내보는 탐색활동
② 소리 또는 음악자료를 조직적으로 다루어 보는 활동(정확한 방법으로 다루기)
③ 소리에 관한 생각을 형성하는 활동(소리 구별하기)
④ 소리에 대한 단순한 개념과 관계를 발달시키는 활동(소리의 순서짓기와 분류하기)
⑤ 매체를 이용해 소리를 다루는 능력을 신장시키는 활동(소리를 조직하고 즉흥연주하고 기억하기)
⑥ 어휘와 상징들로 소리를 정의하는 활동(개념화, 상징화하기)

영유아음악교육의 내용에 대한 관점은 학자나 교육과정에 따라 약간씩 다르다.

성경희(1995)는 음악교육의 내용으로 다루어져야 할 기본개념을 셈여림, 빠르기, 리듬, 음의 높낮이, 음색, 음의 짜임새, 형식이라고 보았고, 그린버그(Greenberg, 1979)는 강약, 빠르기, 높낮이, 멜로디, 음색, 악구, 박자, 화성, 음악적 양식, 반복과 대비를 음악교육에서 다루어야 할 기본개념으로 보았다. 또한 이숙희(1993)도 셈여림, 빠르기, 리듬, 음의 높낮이, 음색, 화음, 형식 등 음악의 7가지 구성요소를 영유아음악교육의 내용으로 보았다. 이

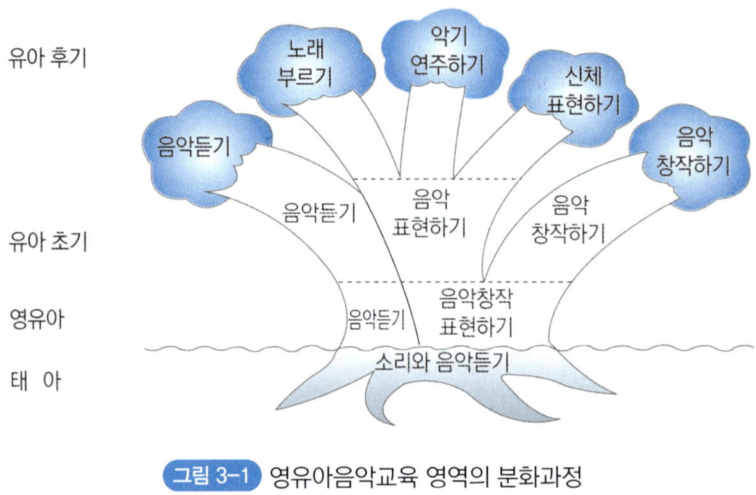

그림 3-1 영유아음악교육 영역의 분화과정

것은 영유아음악교육의 내용을 음악의 구성요소와 관련지어 다소 전문적이고 구체적인 개념으로 보는 입장이다.

이와는 달리 영유아음악교육의 내용을 실제 영유아에게 제공되는 활동 또는 경험으로 보는 입장이 있다. 먼저 전인옥·이숙희(2014)는 영유아음악교육의 내용으로 음악을 듣고 감상하기, 노래부르기, 악기연주하기, 신체표현하기, 음악창작하기 등의 5개 영역을 주장했으며 이를 '5대 기본적 음악활동 영역'이라 하였다. 영유아음악교육의 영역은 태아기 때 '소리와 음악듣기'에서부터 영유아가 점차 성장하여 연령이 높아짐에 따라 자연스럽게 분화하게 된다고 보고 이를 [그림 3-1]과 같이 정리하였다.

김혜경(2013)은 음악교육의 내용을 듣기, 노래부르기, 악기다루기, 몸으로 표현하기로, 안재신(2005)은 노래부르기, 악기다루기, 듣기, 음악 만들기, 신체표현, 국악으로 보고 있다. 또한 김명순과 조경자(2001)는 영유아음악교육의 내용으로 소리 탐색과 소리듣기, 노래부르기, 악기 탐색과 다루기, 음악감상하기를 들고 있다.

짐머맨(Zimmerman, 1975)은 2~6세 유아에게 적절한 음악활동의 내용을 음정에 맞춰 노래부르기, 리듬에 맞춰 반응하기, 간단한 악기연주하기, 주의 깊게 감상하기 등으로 보고 이 시기에 이 같은 경험이 부족하면 음악적 성장에 치명적 손상을 입을 수 있다고 하였다. 하이네스와 거버(Haines & Gerber, 1996)는 주변의 다양한 소리를 능동적으로 듣기, 움직이기, 노래부르기, 타악기 연주하기를 통해 영유아의 창의성이 발달된다고 하였으며 이러한 다양한 활동이 영유아음악교육에서 통합적으로 이루어져야 한다고 하였다.

이상은 모두 영유아음악교육의 내용을 실제 수업 상황에서 행하고 있는 교육활동으로 인식하는 입장이다. 결국 영유아음악교육은 음악을 듣고 음악적 요소를 이해하는 법을 배우고, 노래하기와 악기다루기를 통해 이 요소들을 다시 표현해 보고, 신체동작을 이 표현들과 연결시켜 보는 내용으로 구성되어야 한다고 볼 수 있다.

한편 2020년 3월부터 시행한 3~5세 누리과정에는 예술경험과 신체운동·건강 영역에서 음악교육의 내용을 기술하고 있다.

영유아음악교육의 내용과 관련된 예술경험 영역의 내용은 「아름다움 찾아보기」에서는 '자연과 생활에서 아름다움을 느끼고 즐긴다'와 '예술적 요소에 관심을 갖고 찾아본다'의 두 가지 내용, 「창의적으로 표현하기」 중 '노래를 즐겨 부른다', '신체, 사물, 악기로 간단한 소리와 리듬을 만들어 본다', '신체나 도구를 활용하여 움직임과 춤으로 자유롭게 표현한다', '극놀이로 경험이나 이야기를 표현한다'의 네 가지 내용, 「예술 감상하기」에서는 '다양한 예술을 감상하며 상상하기를 즐긴다', '서로 다른 예술 표현을 존중한다', '우리나라 전통 예술에 관심을 갖고 친숙해진다'의 세 가지 내용으로 〈표 3-1〉과 같이 구성되어 있다.

표 3-1 유아음악교육과 관련된 3~5세 누리과정의 예술경험 영역의 내용

내용 범주	내용
아름다움 찾아보기	• 자연과 생활에서 아름다움을 느끼고 즐긴다. • 예술적 요소에 관심을 갖고 찾아본다.
창의적으로 표현하기	• 노래를 즐겨 부른다. • 신체, 사물, 악기로 간단한 소리와 리듬을 만들어 본다. • 신체나 도구를 활용하여 움직임과 춤으로 자유롭게 표현한다. • 극놀이로 경험이나 이야기를 표현한다.
예술 감상하기	• 다양한 예술을 감상하며 상상하기를 즐긴다. • 서로 다른 예술 표현을 존중한다. • 우리나라 전통 예술에 관심을 갖고 친숙해진다.

유아음악교육의 내용과 관련된 신체운동·건강 영역의 내용은 「신체활동 즐기기」로 '신체를 인식하고 움직인다', '신체 움직임을 조절한다', '기초적인 이동운동, 제자리 운동, 도구를 이용한 운동을 한다', '실내외 신체활동에 자발적으로 참여한다'의 네 가지 내용으로 〈표 3-2〉와 같이 구성되어 있다.

표 3-2 유아음악교육과 관련된 3~5세 누리과정의 신체운동·건강 영역의 내용

내용 범주	내용
신체활동 즐기기	• 신체를 인식하고 움직인다. • 신체 움직임을 조절한다. • 기초적인 이동운동, 제자리 운동, 도구를 이용한 운동을 한다. • 실내외 신체활동에 자발적으로 참여한다.

음악교육의 내용은 표준보육과정의 예술경험 영역과 신체운동·건강 영역에서도 기술하고 있다. 음악교육과 관련한 표준보육과정의 예술경험 영역의 내용은 「아름다움 찾아보

기」, 「창의적으로 표현하기」의 총 5개 내용이며, 신체운동 · 건강 영역의 내용은 「신체활동 즐기기」의 총 5개 내용이다. 영유아음악교육 관련된 표준보육과정의 연령별 내용은 〈표 3-3〉, 〈표 3-4〉와 같다.

표 3-3 영유아음악교육과 관련된 표준보육과정의 예술경험 영역의 내용

내용 범주	내용	
	0~1세	2세
아름다움 찾아보기	• 자연과 생활에서 아름다움을 느낀다. • 예술에서 아름다움을 느낀다.	• 자연과 생활에서 아름다움을 느낀다. • 예술에서 아름다움을 느낀다.
창의적으로 표현하기	• 소리와 리듬, 노래로 표현한다. • 움직임으로 표현한다. • 모방하기를 즐긴다.	• 익숙한 노래와 리듬을 표현한다. • 움직임과 춤으로 표현한다. • 상상놀이를 한다.

표 3-4 음악교육과 관련된 표준보육과정의 신체운동 · 건강 영역의 내용

내용 범주	내용	
	0~1세	2세
신체활동 즐기기	• 다양한 감각을 경험한다. • 신체와 주변을 탐색한다. • 대소근육을 조절한다. • 기본 운동을 시도한다. • 실내외 신체활동을 즐긴다.	• 다양한 감각을 경험한다. • 신체를 인식하고 움직인다. • 대소근육을 조절한다. • 기본 운동을 즐긴다. • 실내외 신체활동을 즐긴다.

본서에서는 음악교육의 내용을 실제 수업 상황에서의 교육활동으로 인식하는 입장에서 음악감상하기, 노래부르기, 악기다루기, 동작으로 표현하기의 네 영역으로 나누어 제시하였으며 마지막으로 이러한 기본영역의 통합적 활동으로 음악극에 대해 살펴보았다. 음악극은 음악적인 내용의 구성요소인 음악감상하기, 노래부르기, 악기다루기, 동작으로 표현하기 등을 모두 포함할 수 있는 통합된 교육활동이다. 이러한 영유아음악교육의 내용 구성을 그림으로 나타내면 다음 [그림 3-2]와 같다.

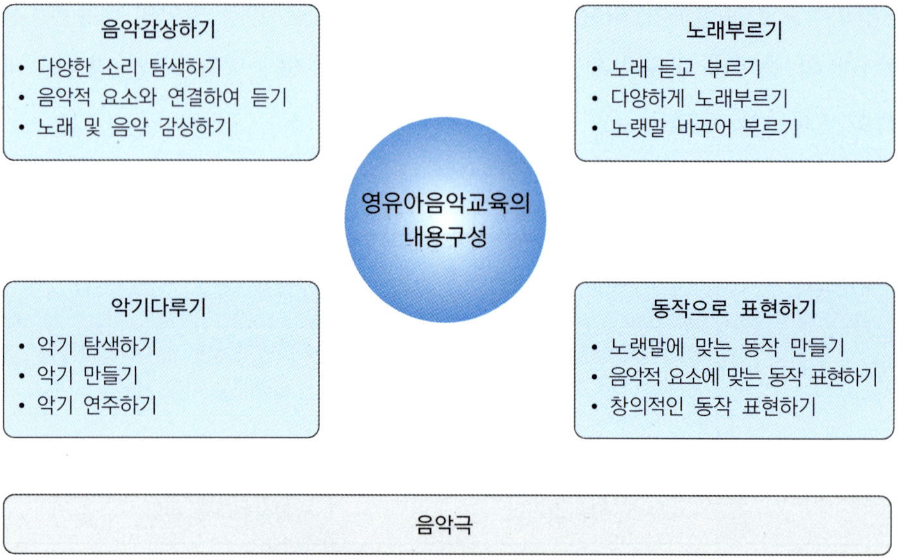

그림 3-2 영유아음악교육의 내용 구성

1. 음악감상하기

음악감상하기는 음악에 대해 느끼고 이해할 수 있는 가장 기본적인 음악활동이다. 모든 음악활동에 있어서 주의 깊게 들을 수 있는 능력은 매우 중요하다. 즉 노래를 배우려 해도 잘 들어야 하고, 동작을 하거나 악기연주 시에도 잘 들어야 한다. 또한 영유아교육과정에 있어서 가장 중요한 목표 중의 하나인 청각적 지각력, 다시 말해서 이해하며 듣기의 능력 발달을 위해서도 음악감상하기가 필수적이다.

소리는 진동하고 있는 물체가 공기를 울리면 마치 파도와 같은 다양한 모양과 세기의 파장이 형성되고 그 파장이 인간의 귀에 전달될 때 인식하게 된다. 즉 노래를 부를 때, 뿔나팔을 불 때, 줄을 손가락으로 뜯을 때, 두드릴 때의 소리가 각각 다른 것은 그 물체가 울리면서 형성하는 진동파장이 달리 만들어지고, 그 파장이 공기를 통해 우리 귀에 전달되기 때문이다. 따라서 진동의 빈도나 높낮이에 따라 다른 모양의 파장이 만들어지고 이것이 귀에 전달되어 울릴 때 우리는 소리의 차이를 식별할 수 있게 된다. 이러한 소리가 조화롭게 연출될 경우에 아름다운 음악이 만들어지는 것이다(김명순, 조경자, 2001).

영유아는 다양한 미디어를 통해, 그리고 주위의 어른이 노래하는 것 등 자신의 환경으로부터 많은 음악을 듣는다. 듣는 음악에 대한 느낌과 이해는 신체의 움직임을 통해서 나타난다. 즉 소리나 음악에 대한 초기 반응은 신체의 움직임을 통해서 나타나며, 듣고 움직이는 활동은 음악적 반응의 기초로서 영유아의 음악적 발달을 돕는다. 청각지각력은 대략 9세경에 절정에 이르며, 청각적인 경험은 영유아의 음악성 발달에 결정적인 요인으로 작용하며 성공적인 언어 발달과 읽기교육으로 직결되기도 한다. 영유아가 노래를 정확하게 배우려면 노래의 높낮이와 리듬 패턴을 정확하게 재현해야 하므로 그 노래를 듣고 기억해야 한다. 또한 영유아가 음악에 반응해서 창의적으로 움직이기 위해서도 듣기활동이 우선되어야 한다. 이처럼 주의 깊게 소리를 듣는 능력의 발달은 다른 음악활동의 기초를 이루는 중요한 경험이며 이를 통해 영유아는 다양한 소리의 요소들을 탐색하고 자신의 삶과 주변 세계에 대한 이해를 확장해 나가게 되는 것이다(Haines & Gerber, 1996).

스코트(Scott, 1989)는 영유아기가 일생을 통해 가장 개방적으로 모든 종류의 음악에 폭넓은 선호 경향을 보이는 시기라고 주장하였다. 즉 영유아기는 아직 특정 음악 종류에 대한 강한 선호가 나타나지 않는 시기이므로 여러 가지 악기소리와 다양한 주변의 소리, 여러 종류의 음악과 춤을 경험하도록 하여야 한다. 다양한 종류의 다문화권 음악을 소개할 뿐만 아니라 우리나라 전통음악도 충분히 제공해야 한다.

영유아에게는 감상을 목적으로 하는 특정한 좋은 곡이 따로 있다기보다 얼마나 흥미롭게 듣고 충분히 느낄 수 있도록 해주는가의 방법적인 측면이 더욱 중요하다. 예를 들어, 고전음악의 경우 영유아의 주의집중을 감안하여 짧게 편곡된 곡이나 일부분을 사용하면 감상이 용이하고, 흥미를 유발시키기 위해 영유아 자신이나 가족이 연주한 음악을 녹음하여 들려주는 것도 좋은 방법이다. 이외에 동요, 다양한 악기소리, 다양한 연주음악 등도 적합하다. 영유아의 음악감상활동에 자주 활용되는 곡은 〈표 3-5〉와 같다.

표 3-5 영유아 음악감상활동에 자주 활용되는 곡

분류	감상곡
이야기가 있는 곡	• 프로코피에프 : 피터와 늑대 • 차이코프스키 : 호두까기 인형
주제와 관련된 성악곡	• 최영섭 : 그리운 금강산-우리나라 • 홍난파 : 봄처녀-봄
고전음악	• 하이든 : 놀람교향곡 • 차이코프스키 : 잠자는 숲 속의 미녀 • 슈베르트 : 아베마리아 • 베르디 : 축배의 노래
우리나라 전통음악 (민요를 중심으로)	• 도라지 타령, 천안 삼거리, 쾌지나 칭칭, 뱃노래, 새야 새야 파랑새야, 아리랑
만화주제가, 영화음악	• 환타지아, 렛잇고, 로보캅 폴리, 또봇
종교음악	• 쉐파드 : 참 아름다워라 • 헨델 : 메시아 중 할렐루야

한편, 음악감상활동에서 반드시 음악만 소재가 되는 것은 아니며, 일상생활과 관련된 다양한 소리도 소재가 될 수 있다. 일상생활과 관련된 감상활동에는 소리를 듣고 탐색하기, 기억하기, 변별하기, 묘사하기, 소리 만들기, 음악적 요소와 연결하여 듣기 등이 있다. 또한 영유아의 음악감상활동은 조용히 앉아서 듣기만 하는 것보다는 들은 느낌을 동작이나 언어로 표현해 볼 수 있도록 하는 것이 바람직하다.

2. 노래부르기

노래부르기는 영유아가 즐기는 가장 일반적인 음악활동으로, 영유아는 노래를 통해 사고와 느낌을 표현할 수 있으며 언어능력이나 창의성 발달의 기회를 갖는다. 또한 다른 영유아와 함께 노래해 보는 경험은 협동심과 사회성 발달에 도움이 된다. 영유아의 노래부르기 활동에는 노래 듣고 부르기, 다양하게 노래부르기, 노랫말 바꾸어 부르기가 포함된다. 영유아를 위한 노래부르기 활동은 한 번 앉은 자세에서 너무 오랫동안 하는 것을 피하고 감상하기, 동작으로 표현하기, 악기다루기와 연관 지은 통합적 경험으로 제공되는 것이 좋다.

1) 발달단계에 적합한 노래부르기

영유아가 노래부르기를 배우는 것은 언어를 배우는 것과 마찬가지로 태어나면서부터 시작되는 긴 과정이라고 할 수 있다. 즉 영유아의 노래는 우는 것이나 옹알거리는 것을 포함하여 다양한 고저와 강도의 리드미컬한 음조를 내는 것으로부터 시작된다. 또한 다른 영유아의 노랫소리에 귀를 기울이면서 영유아의 노래부르기 발달이 본격적으로 시작된다고 볼 수 있다. 다음은 언어 발달과 관련지어 각 단계별로 노래부르기의 발달특징 및 그에 적합한 노래부르기 활동을 정리한 것이다(이영사, 이기숙, 이정욱, 2022).

(1) 초기 발성기(출생~3개월)

이 단계에서 내는 목소리는 훗날의 언어구사뿐만 아니라 모든 가창능력의 기초가 된다. 울음, 쿠잉 등은 다양한 높낮이, 음색, 리듬 형식, 크기 면에서 음악적인 것이며 생후 불과 몇 주일 되지 않아서 영아는 이러한 소리들을 조절할 수 있게 된다. 따라서 이 시기에는 누르면 소리가 나는 모빌이나 딸랑이 등이 음악 자료로 활용될 수 있으며 스스로 쿠잉을 시작함으로써 소리놀이를 즐기게 된다. 김영연(2020)에 의하면 이 시기 영아를 돌보는 사람은 높낮이가 곁들여진 많은 음절을 들려줌으로써 소리 내보는 활동을 자극해야 한다.

(2) 목소리 실험과 소리 모방하기(3개월~1년 6개월)

3~4개월째 언어적인 옹알이가 시작되고 6~9개월 무렵에 다양한 높낮이로 말소리를 내는 음악적 옹알이가 나타난다. 12~15개월째가 되면서 영아는 재잘거리는 말투로 노래를 부르게 되고, 1년 6개월이 되면 노래할 준비를 갖추게 된다. 따라서 이 시기는 노래의 원시적 형태라 할 수 있는 라임(rhyme : 운율을 뜻함. 예 : 도리도리)이나 찬트(chant : 간단한 리듬꼴의 2~3음을 반복하는 읊조림에 가까운 노래. 예 : 아침바람), 간단한 전래동요 활동이 가능하다. 또한 다양한 소리의 변화를 식별하고 간단한 음절어를 모방하는 시기이므로 영아가 직접 다양한 소리를 내보고 들려주는 활동이 적합하다.

(3) 대략적으로 노래부르기(1년 6개월~3년)

이 시기는 영아의 가창능력 발달에 매우 중요한 시기로, 더듬더듬하던 노래들을 제법 정확한 리듬을 갖고 부르게 된다. 약 2세 정도의 영아는 자신의 경험과 어른들의 도움으로 주위에서 그가 들은 노래들을 배우기 시작한다. 이 시기에 충분한 경험이 부족하게 되면 성인기에 이르러서도 이 단계를 뛰어넘지 못하는 수가 있으므로 다양한 형태의 노래를 들려주고 불러볼 수 있는 기회를 제공한다.

(4) 한정된 범위 내에서 정확하게 부르기(3~4년)

이때는 비교적 제한된 음역의 노래, 즉 몇 개의 음으로만 이루어진 멜로디의 노래를 부를 수 있다. 그린버그(1979)에 의하면 약 3세가 되면 대부분의 유아가 훈련을 통해 레(D)에서 솔(G)까지의 제한된 범위 내의 곡조를 부를 수 있다. 이 시기부터는 동서양의 다양한 노래를 소개할 필요가 있으며, 가능한 한 많은 노래를 들려주고 불러볼 수 있는 기회를 최대한 부여한다.

(5) 좀 더 넓은 범위 내에서 정확하게 노래부르기(4년 이상)

이 시기는 노래의 음악적인 측면을 표현하거나 노래의 강약과 속도에 주의해 가면서 노래부르기를 시작하는 단계이다. 또한 5세가 되면서 유아는 자신을 음악적으로 표현하는 일차적인 수단으로서 목소리를 사용하는 데 능숙해진다. 표현의 정확성이 향상되고 여러 활동의 동시작업도 가능하므로 노래부르면서 동작으로 표현하기 활동 등을 제공한다. 이 시기에도 음역에 알맞은 다양한 노래를 경험해야 하는데, 만 5세 이상이 되면 음역이 다소 넓은 노래의 지도도 가능하다.

2) 영유아에게 적절한 노래

모든 영유아는 천성적으로 노래부르기를 좋아하는데 영유아의 음정, 음역, 음질을 개발하기 위해서는 멜로디가 반복되고 노랫말에 반복이 있는 노래가 좋으며, 영유아의 음성 발달단계에 맞는 적합한 음역의 노래이어야 한다(Stellaccio & McCarly, 1999).

노래부르기 활동에 있어 중요한 것은 적절한 노래를 선정하는 것으로 다음과 같이 노래의 음역과 소재, 음악적 구성을 고려하는 것이 기본이다.

(1) 영유아가 가장 편안하게 노래할 수 있는 음역의 노래를 선택한다.

김명순과 조경자(2001)는 3~4세 유아는 레(D)에서 라(A)까지 음역을 지닌 노래를 쉽게 따라 부르며, 3~6세 유아는 낮은 음에서 높은 음으로 올라가는 노래보다 높은 음에서 낮은 음으로 내려오는 노래를 더 쉽게 부른다고 하였다. 또한 이영자·이기숙·이정욱(2022)은 영유아에게는 중앙 도(C)에서 라(A) 사이의 음역을 가진 곡이 노래부르기에 적절하다고 주장하였다. 즉 음역이 도(C)에서 라(A)를 벗어나지 않는 것이 적절하다고 할 수 있다. 이영과 유애열(1990)도 대개 멜로디 간격이 단순하고 5~6음으로 된 노래가 영유아에게 좋다고 하였으며 민요, 동요, 포크송이 이 기준에 맞는다고 하였다.

(2) 영유아에게 친숙한 소재를 내용으로 한 노래를 선택한다.

실제로 영유아를 위한 대부분의 노래는 전통적인 자장가, 손유희, 노래게임이나 동요 등으로 영유아는 다음과 같은 내용의 노래를 즐겨 부른다.

① 이야기가 있는 노래, 극화할 수 있는 노래(예: 숲속 작은 집 창가에)

② 자기 자신과 관련된 노래, 특히 자신의 이름을 넣어 부를 수 있는 노래(예: 복남이를 보았니?)

③ 영유아의 친근한 일상을 다루고 있는 노래, 즉 잠자러 가는 노래, 깨어나는 노래, 이닦는 노래 등
④ 가족이나 친구에 관한 노래, 생일과 관련된 노래
⑤ 지시가 있는 움직임을 유도하는 노래(예: 그대로 멈춰라)
⑥ 손유희를 할 수 있는 노래

(3) 멜로디나 노랫말에 반복이 있는 노래를 선택한다.

영유아는 반복되는 단어가 있는 노래, 멜로디의 반복이 있는 노래를 즐겨 부른다. 또한 주고받는 에코 형식의 노래(echo song)를 좋아한다.

3) 창의적인 노래부르기

영유아의 노래부르기 활동에는 전형적인 방식이 아니라 가능한 한 다양하게 창의적인 방법을 활용해야 한다. 다음은 창의적인 노래부르기 활동을 위한 구체적 방법들이다.

① 음의 고저(pitch) 변화를 교사의 손이나 팔로 표현해 본다.
② 그림이나 간단한 소품(손가락인형, 막대인형 등)을 사용하는 등 다양한 접근과 교수 기술을 사용한다. OHP자료나 차트, 포스터, 짧은 이야기 등도 흥미를 배가시킨다(Eliason & Jenkins, 2003).
③ 익숙한 노래의 가사를 바꾸어 불러본다.
④ 노래 전체나 일부분을 영유아 혼자(solo) 불러보게 하거나, 둘(duet)이서, 혹은 셋(trio)이서 부르게 한다.
⑤ 새 노래를 배우기 전에 다음과 같은 종류의 질문을 하여 관심을 집중할 수 있게 한다(Eliason & Jenkins, 2003).
   - 누구(who) : 이 노래를 듣고 누구에 관한 노래인지 말해 보렴.
   - 어디(where) : 이 노래를 듣고 ○○들이 어디로 가는지 말해 보렴.
   - 무엇(what) : 이 노래(예: 내 동생 곱슬머리 개구쟁이 내 동생~)를 듣고 동생의 별명은 무엇무엇인지 말해 보렴.

- 어떻게(how) : 이 노래(예: 엄마 개구리가 노래를 한다~)를 듣고 개구리 가족이 어떻게 울었는지 얘기해 보렴.
- 왜(why) : 이 노래(예: 한 마리 코끼리가 거미줄에 걸렸네~ …(중략)… 다섯 마리 코끼리가 거미줄에 걸렸네~ 너무 많은 코끼리가 올라탔네 랄랄랄 그만 그만 뚝 하고 끊어졌대요)를 듣고 거미줄이 왜 끊어졌는지 얘기해 보자.

⑥ 문학과 노래를 연결할 수 있는 그림책(예: 심스태백의 요셉의 작고 낡은 오버코트가…?)을 활용한다. 노래가 들어 있는 그림책은 영유아의 문학적 성장을 증진시키는 동시에 음악, 예술, 창의적 쓰기에 관련된 심미적 발달에 기여한다(Eliason& Jenkins, 2003).

⑦ 노래 속 인물들이 등장하는 역할놀이나 음악극 활동도 진행해 본다.

개구리

김성균 작사 · 곡

요셉의 작고 낡은 오버코트가…?

3. 악기다루기

악기다루기에는 악기 탐색하기, 악기 만들기, 악기 연주하기가 포함되며, 이러한 활동들은 영유아에게 폭넓고 다양한 악기의 경험을 제공함으로써 악기를 적절히 다루고 사용하는 법을 알게 해주고 악기연주의 기술을 길러줄 수 있다.

악기는 실제 시각적·촉각적 경험을 제공하므로 영유아의 음악적 능력 발달에 있어 매우 중요한 역할을 한다. 더구나 악기를 사용하면 영유아의 상상력을 길러줄 수 있고 표현력, 창작력 등도 길러질 수 있다(이영, 유애열, 1990). 악기는 창의적 자기 표현의 매체로 자유로운 악기소리 탐색, 즉흥연주, 주변의 물건(예: 국자, 냄비 뚜껑 등) 연주하기, 악기 만들어 연주하기 등의 활동을 통해 영유아의 창의력을 신장시킬 수 있다.

영유아는 소리를 내는 모든 물체를 매우 흥미 있어 하며, 기회가 되면 자발적으로 소리와 리듬, 음색을 탐색하며 즐긴다. 그러나 사회성 부족으로 다른 영유아가 악기로 만들어 내는 리듬 패턴에는 관심이 없으며 함께 맞추려고 시도하는 일이 드물다. 따라서 악기를 소개할 때는 한 번에 한 가지 악기만 보여줌으로써 영유아가 악기 자체에 호기심을 갖게 하는 것이 좋으며(이관섭, 2002), 무리한 합주활동은 부적절하다.

또한 영유아는 소근육 발달이 제한되어 있기 때문에 간단한 리듬악기를 많이 경험하도록 하는 것이 좋다. 악기를 연주하는 음악가를 초청해서 이야기 나누고, 매우 조심스럽게 악기를 만져보는 경험을 계획할 수도 있다. 영유아는 듣기 경험이 많아야 하고 여러 종류의 음악과 악기에 노출되어야 한다(Andress & Walker, 1992).

피아노, 바이올린, 플루트 같은 악기의 학습은 6세 이후에 실시하는 것이 바람직하며 형식적인 리듬합주도 피해야 한다. 오히려 간단한 리듬 패턴을 만들어 보거나 친구나 교사가 만든 리듬 패턴을 다 함께 따라 해보는 활동이 적절하다.

또한 영유아에게는 될 수 있는 대로 다루기 쉬운 악기를 사용하는 것이 좋다. 예를 들면 기타나 키보드, 신시사이저가 피아노보다 좋으며, 우쿨렐레는 더욱 좋다. 영유아 교육기관에서 지나치게 피아노에 의존하여 반드시 피아노가 교실에 자리를 차지할 필요는 없다. 더욱이 교사가 피아노를 사용할 때는 영유아를 마주 보지 못하고 등을 돌릴 수밖에 없는 한계가 있다.

이에 박수치기 등의 일반적인 신체 리듬 탐색에 사용되는 신체악기(body instrument) 활동이 영유아를 위한 악기다루기의 기본이 될 수 있다. 신체의 일부를 사용하여 다양한 소리를 만들어 보는 신체악기들은 휘파람 불기, 말하기, 허밍(입을 다문 상태로 노래하기), 넓적다리 두드리기, 머리 가볍게 두드리기, 고개 끄덕이기, 손가락 튕기기, 발 구르기, 혀 차기, 헐떡거리기(gasping), 눈 깜박이기, 쉿소리 내기(조용히 하라는 소리-신사적으로, 격정적으로, 큰 소리로) 등이다. 영유아는 이처럼 손, 무릎, 발 같은 신체의 일부분을 활용하여 박수치기, 바닥 두드리기, 가슴이나 등 두드리기를 하면서 박자를 맞추는 방식을 발견하게 된다(Jackman, 2001). 영유아는 천성적으로 여러 소리의 음색(tone color)에 대해서 관심을 가지고 있으므로 될수록 다양한 음색을 가진 악기를 실험·탐색해 볼 수 있는 기회를 많이 제공해 주어야 한다.

신체악기 외에 영유아에게 적절한 악기를 정리하면 다음과 같다.

1) 일반악기

악기의 종류는 전 세계적으로 그리고 역사적으로 수없이 많다. 악기는 일반적으로 음의 고저와 화음 등을 낼 수 있는지 없는지에 따라 리듬악기, 멜로디악기, 하모니악기로 나눌 수 있다(김명순, 조경자, 2001).

(1) 리듬악기

높낮이가 없이 악센트와 다양한 음색을 산출하는 악기이다. 영유아기에는 리듬악기 사용이 가장 적절하다. 교육내용으로는 리듬악기의 소리탐색, 다양한 리듬 패턴 만들어 보기, 친숙한 노래에 맞추어 박자치기, 간단한 리듬 패턴 연주하기 등이 포함된다. 리듬악기는 각 악기 나름대로의 독특한 연주방법이 있으나 처음 악기를 접하는 영유아에게 이러한 연주방법을 강요하는 것은 바람직하지 않다. 교사는 영유아가 개별적으로 각 악기의 소리 내는 방법과 쥐는 모습, 방법 등에 익숙해질 때까지 탐색을 하도록 충분한 시간과 장소를 허락한다. 또한 탐색의 의미가 마음대로 시끄러운 소리를 내는 것이 아니라 서로 다른 소리를 실험해 보는 것임을 인식시키는 것이 중요하다.

(2) 멜로디악기

각 음이나 멜로디를 연주하기 위해 일정한 음의 높낮이를 내는 악기이다. 멜로디악기는 음의 높낮이와 멜로디 개념의 발달을 돕고 친숙한 노래의 간단한 음정 패턴을 연주하는 데 사용된다(예: 실로폰, 멜로디언,* 계단벨).

> * 멜로디언은 멜로디를 느끼기 위해 영유아기에 경험할 수 있는 악기이지만 계이름을 외워 완벽한 멜로디를 연주하도록 하는 등의 방법은 적절치 못하다. 김영연(2002)은 멜로디를 강조하기 위해 멜로디언을 사용하는 것을 가급적 피하라고 하였다. 또한 멜로디언은 공기 주입 호스를 입에 물고 바람을 집어넣으며 동시에 건반을 움직여 소리를 내는 악기이므로 영유아의 입이 직접 닿는 부분은 철저한 위생관리가 필요하다.

(3) 하모니악기

여러 개의 음을 동시에 내어 멜로디를 반주하고 화음을 내는 악기이다. 대표적인 악기로는 피아노, 오토하프, 기타, 우쿨렐레 등이 있다.

일반적으로 영유아가 경험해야 할 일반적인 악기의 종류는 다음과 같다.

표 3-6 악기의 종류

리듬악기	심벌즈, 북, 손가락 심벌즈, 징, 장구, 꽹과리, 박, 리듬막대, 샌드블록, 마라카스, 탬버린, 트라이앵글, 톤블록, 우드블록, 캐스터네츠, 귀로 등
멜로디악기	실로폰, 멜로디언, 유리잔, 핸드벨 등
하모니악기	아코디언, 피아노, 오토하프, 벤조, 기타, 만돌린, 우쿨렐레 등

2) 폐품악기와 생활악기

일반적인 악기 이외에 주변의 생활용품이나 폐품을 이용한 악기다루기 활동이 있다. 또한 영유아가 직접 악기를 만들어 보는 경험도 필요하다. 냄비나 숟가락, 열쇠, 국자 등을 이용하여 소리를 탐색해 보거나 그릇에 씨앗이나 다양한 물체를 넣어 악기를 만들어 보는 활동은 영유아가 매우 좋아하며 창의적 사고나 미술적 표현의 기회를 제공한다는 점에서 가치가 크다. 영유아와 함께 만들어 볼 수 있는 폐품악기와 생활악기의 종류는 다음과 같다.

(1) 흔들이

① **족두리, 삿갓 흔들이** : 컵라면 용기를 펠트지와 다양한 재료로 족두리와 삿갓으로 꾸민 후 방울을 매단다. 족두리와 삿갓을 착용하여 흔들어 연주한다.

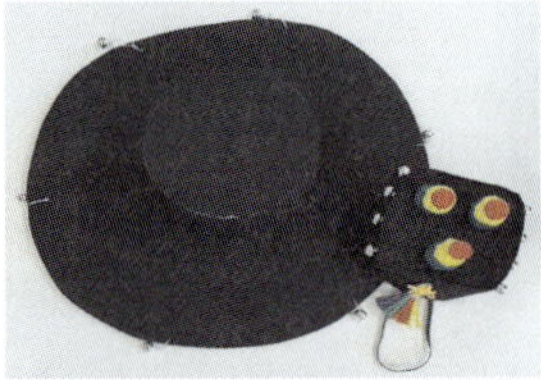

② **우산 흔들이** : 콩, 쌀, 조, 팥, 구슬 등의 재료를 넣은 재활용 용기를 다양한 교통기관 모양으로 꾸민 후 끈을 이용하여 우산에 매단다. 우산을 펼쳐 돌리거나 흔들며 연주한다.

③ **산타 흔들이** : 부직포로 산타장갑과 조끼를 만든 후 방울과 병뚜껑을 부착한다. 산타신발은 유아용 실내화를 펠트로 꾸민 후 방울을 달아 만든다. 산타장갑, 조끼, 신발을 착용 후 흔들거나 장갑으로 조끼에 달린 병뚜껑을 두드리며 연주한다.

(2) 탬버린

① **부채 탬버린** : 반으로 자른 일회용 접시를 부채 모양으로 꾸민 후 방울을 매단다.

② **운전대 탬버린** : 백업으로 운전대 모양을 만든 후 검은색 절연테이프와 펠트지로 꾸민다. 방울을 매단다.

(3) 마라카스

① **장승 마라카스** : 과자 통에 다양한 내용물(콩, 쌀, 조, 팥, 모래, 색깔빨대를 자른 것 등)을 넣고 색지로 장승 모양을 꾸민다. 장승을 흔들며 연주한다.

② **눈 오는 풍경 마라카스** : 투명 플라스틱 반원구 볼에 펠트로 만든 눈사람과 트리, 스티로폼과 진주 모양 구슬 등을 넣어 겨울풍경을 꾸민다. 반대쪽에 플라스틱 반원구를 부착하여 볼을 만든다.

③ **눈사람 마라카스** : 일회용기에 다양한 재료를 넣은 후 나무꼬치를 올리고 다른 일회용기를 포개어 부착한다. 스티로폼 볼과 펠트지로 눈사람 모양을 꾸민 후 나무 구슬을 끈으로 꿰어 눈사람 팔을 만든다. 나무 손잡이를 두 손 손바닥 사이에 놓고 돌려가며 연주한다.

(4) 북

① **장독대 북** : 장독대 모양의 된장이나 고추장 재활용 용기를 컬러 시트지와 한지로 꾸민 후 손이나 북채로 치며 연주한다.

② **겨울놀이 깡통북** : 다양한 깡통(분유통, 통조림 통)에 펠트지로 겨울놀이 하는 모습을 꾸미고 나무젓가락과 헌 면장갑을 이용하여 북채를 만든다.

(5) 여러 가지 귀로

① **교통기관 귀로**: 작은 플라스틱 빨래판에 시트지로 구름과 기차 길 모양을 붙여 꾸민다. PET 병에 펠트지를 이용하여 비행기와 기차 모양을 꾸민 후 장난감자동차 바퀴를 단다. 비행기와 기차로 연주한다.

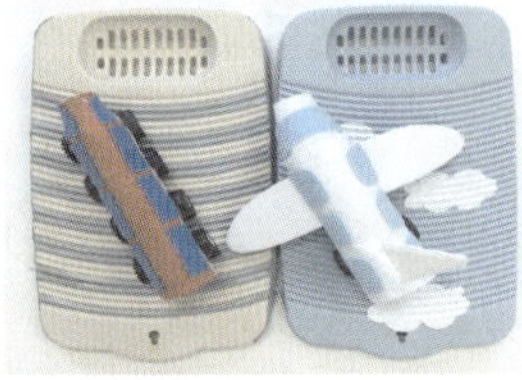

② **빨래판 주걱 귀로**: 폼보드를 한지로 꾸민 후 나무젓가락을 붙인다. 나무주걱으로 연주한다.

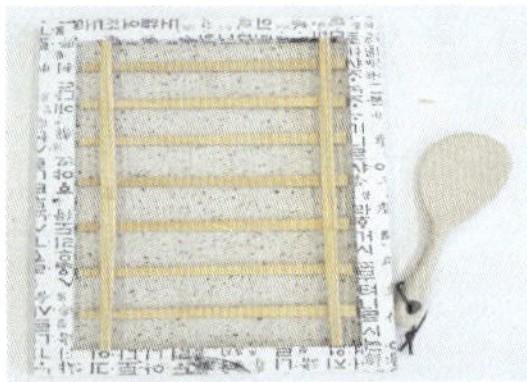

(6) 캐스터네츠

① **복주머니 캐스터네츠**: 복주머니 모양으로 자른 폼보드 2장을 색지로 꾸민 후 연결한다. 복주머니 안쪽에 병뚜껑을 부착한다.

② **붕어빵 캐스터네츠**: 펠트로 붕어빵을 2개를 만들어 연결한 후 안쪽에 병뚜껑을 부착한다.

(7) 차임

① **겨울아이 차임**: 펠트로 겨울아이 모양을 만든 후 재활용한 차임을 매단다.

② **노리개 차임**: 하드보드지로 만든 노리개 모형을 한지로 꾸민 후 재활용 차임을 매단다.

3) 영유아기에 적합한 악기다루기 활동

영유아교육기관에서 악기를 중심으로 전개할 수 있는 활동은 다음과 같이 다양하다.

① 영유아가 스스로 악기소리를 탐색·실험해 보고 새로운 소리를 창조해 본다.
② 단순한 음정 패턴을 연주한 후 그것을 노래해 보도록 하거나 교사와 함께 노래한다.
③ 피아노의 페달을 사용하여 소리를 만들어 보게 하거나 뚜껑을 열어 보여 주면서 소리의 과학성에 대해 관심을 갖게 한다.
④ 노래의 높낮이를 지도하기 위하여 멜로디악기를 사용하여 낮은 음과 높은 음을 찾아 보거나 음의 강약을 지도하기 위해 큰 소리와 작은 소리를 만들어 본다.
⑤ 반복되는 음 혹은 음의 형식이 반복되는 곡, 멜로디가 계단식으로 움직이는 곡들을 멜로디악기로 연주하는 것을 보여 준다.
⑥ 친숙한 노래에서 반복되는 음의 연주를 보여 주고 영유아가 해보도록 한다.
⑦ 악기 그림자를 보고 악기를 알아맞혀 본다.
⑧ 다양한 생활악기를 영유아와 함께 만들어 짧은 노래에 맞추어 합주해 본다.

[그림 3-3], [그림 3-4], [그림 3-5]는 생활주제에 맞게 제작한 다양한 생활악기세트이다. 생활주제 전개 시 배운 노래를 부르며 간단한 합주를 해볼 수 있다.

겨울놀이 북, 겨울풍경 마라카스, 붕어빵 캐스터네츠, 겨울아이 모양의 차임, 눈사람 북

그림 3-3 '겨울' 주제에 맞는 생활악기

장승 마라카스, 족두리와 삿갓 흔들이, 부채 탬버린, 노리개 차임, 복주머니 캐스터네츠, 장독대 북

그림 3-4 '우리나라' 주제에 맞는 생활악기

교통기관 귀로, 신호등 북, 우산 흔들이, 핸들 탬버린, 표지판 마라카스

그림 3-5 '교통기관' 주제에 맞는 생활악기

4. 동작으로 표현하기

동작으로 표현하기는 노랫말에 맞추어 신체표현하기, 음악적인 요소와 관련된 신체표현하기, 동시나 동화를 이용한 창의적인 신체표현 활동 등이 포함된다. 영유아는 끊임없이 움직이면서 성장한다. 움직임은 영유아에게 의사소통의 수단인 동시에 환경을 탐색하고 자신의 신체를 발견하는 방법이기도 하다. 영유아는 움직임을 통해서 자신과 외부세계를 지각하며 신체와 공간에 대한 기본 이미지를 발달시키고 반복적인 움직임 속에서 자신의 신체를 조정하는 능력과 다양하게 움직이는 방법들을 발견하고 새로운 운동기능을 습득하게 된다(황순각, 2005).

오르프(Orff)는 음악의 요소가 음악만으로 되어 있지 않고 동작(movement), 춤(dance), 언어

(speech)와 함께 이루어지는 단일체의 형태라고 보았다(안미자, 1989). 이는 동작, 춤, 언어가 모두 음악교육의 내용으로 포함되어야 함을 의미한다. 영유아에게 동작은 그 자체로도 의미가 있으나, 음악과 함께 경험하게 되면 달리거나, 기어오르거나, 미끄러지는 등의 갖가지 자연스런 동작에 빠르게 / 느리게, 가볍게 / 무겁게, 점점 크게 / 점점 여리게 등의 음악적 요소가 첨가되어 상호 보완적 역할을 하게 되면서 영유아의 성장에 더 큰 의미를 갖게 된다.

전통적으로 영유아교육기관에서는 영유아들에게 모두 똑같은 동작을 요구하는 손유희를 가르치고 순서가 있는 춤을 가르쳐 왔다. 그러나 최근에 와서 인간의 신체역학에 대한 연구와 체육학의 발달에 의해 영유아의 동작을 새로운 관점에서 보게 되었다. 즉 신체와 정신의 조화, 미적 감각, 전인아동, 개인차 등을 중시하고 움직임에 있어서 인간의 신체기관과 정신, 감정 간의 복합적 상호작용을 인식하게 되면서 창조적이고 탐색적인 동작을 강조하게 된 것이다.

움직이기에 대한 즐거움은 출생 이전부터 나타난다. 신체적 움직임은 음악의 구성을 탐색할 수 있도록 돕는다. 오르프, 코다이(Kodály)와 달크로즈(Dalcroze)는 몸의 움직임을 음악에 대한 학습과 창작의 통합적 부분으로 본다. 특히 신체적 표현활동은 영유아가 동작의 구조를 이해하고 자신의 신체적 기술과 협응을 개선시키도록 돕는다. 동작은 또한 환경의 발견을 의미한다. 그것은 시간, 공간, 방향 개념을 개발하는 데 중요한 요인이다. 동작은 신체적 억압으로부터의 자유와 독창적인 신체표현을 통해서 자신을 확대시키는 자유를 의미한다. 영유아에게 동작은 접촉과 의사소통을 확립시킬 수 있는 방법이며, 완전한 즐거움과 감각적 기쁨이다(김혜경, 2021).

동작으로 표현하기는 기본동작(이동 동작, 비이동 동작, 조작적 동작)과 음악에 반응하는 동작(구조적 음률활동, 비구조적 음률활동, 창의적 음률활동)으로 나눌 수 있다.

1) 기본동작

영유아기에는 전문적인 운동기술보다는 자신의 신체를 효율적으로 관리하는 기초적 동작기술의 습득이 더 중요하다.

Part 01

(1) 이동 동작

위치를 옮기면서 신체 전체를 움직이는 동작이다. 예를 들면, 엎드려 기기(배를 바닥에 대고), 기어가기, 걷기, 달리기, 두 발 모아 뛰기, 뛰어넘기, 말뛰기, 앙감질, 미끄러지기, 스키핑 등의 동작이 해당된다.

(2) 비이동 동작

발을 그대로 두고 신체의 다른 부분이 움직이는 동작이다. 예를 들면, 뻗기, 구부리기, 떨기, 회전하기, 흔들기, 흔들거리기, 꼬기, 당기기, 밀기, 들어올리기 등이 해당된다.

(3) 조작적 동작

도구를 이용해서 하는 동작이다. 예를 들면 공이나 훌라후프 등을 이용해서 던지기, 받기, 굴리기, 차기, 치기 등의 동작이 해당된다.

영유아의 경우 비이동 동작이 먼저 발달된 후 이동 동작이 발달되며, 동시에 다양한 동작을 할 수 있는 능력은 그 후에 발달한다. 즉 기본적인 이동·비이동 동작이 발달된 후에라야 걸으면서 손뼉치기, 공 던지고 받기, 튀기기 등이 가능하다. 기본동작은 복합적인 움직임을 장려하는 쪽으로 계획하는 것이 바람직하다.

2) 음악에 반응해서 움직이기

(1) 구조적 음률활동

교사가 보여 주는 동작 형태를 따라 움직이거나 특별히 지시하는 대로 움직이는 것, 또는 노랫말이나 노래 제목에 의해 특별하게 정해진 대로 움직이는 것이다. 즉 음악에 맞추어 정해진 대로 동작하는 활동으로 예를 들어, '머리 어깨 무릎 발', '작은 별', '둘이 살짝' 등이 있다.

(2) 비구조적 음률활동

음악이나 노랫말에 내포된 제한적 지시에 따라 창의적으로 동작하는 활동이다. 교사는 사용될 기초동작에 대해 제시는 하지만 전체 활동 안에서 영유아는 자유롭게 움직일 수 있다. 비구조적 음률활동으로는 '그대로 멈춰라', '한 시골 농가에', '쥐와 고양이' 같은 노래게임이나, 북소리에 맞춰서 코끼리처럼 걸어 보는 등 음악에 맞추어 물체나 사물을 모방하여 움직이기가 있다.

한 시골 농가에

미국 요
김순세 편곡

너무 느리지 않게

한 시골 농가에서 { 2. 농부 부인은 아기를 등에 업고 / 3. 농부 아기는 강아지를 끌고서 / 4. 강아지 한 마리 고양이를 불러서 / 5. 고양이 한 마리 새앙쥐를 쫓아서 / 6. 새앙쥐 한 마리 고구마를 찾아서 } 들로 나가네

7. 심친리 강산에 새봄이 왔구나 농부는 밭을 갈고 씨를 뿌린다

(3) 창의적 음률활동

음악에 대한 느낌이나 사고를 영유아 자신의 방법으로 해석하여 동작으로 표현하는 것이다. 언제 어떻게 움직이라는 지시가 전혀 없이 음악을 듣고 느낀 것과 안 것을 동작을 통해 창의적으로 표현해 보는 것으로, 영유아의 상상력을 자극하는 이야기나 사건, 질문을 사용한다. 가령, '팝콘이 되어 보아요(p.300)'나 '낙엽처럼 되어보기(p.270)' 같이 짧은 이야기를 듣고 상상하여 표현하기(pretending behavior)나, '코끼리 걸음(p.333)' 같이 음악을 듣고 음악적 요소에 초점을 두어 표현하기 활동이 창의적 음률활동에 속한다. 또한 서로 대조적인 음악(빠른 곡과 느린 곡, 음이 높은 곡과 음이 낮은 곡, 큰 소리와 작은 소리의 곡)을 녹음, 편집하여 들려주고 그 느낌을 동작으로 표현해 보도록 한다.

(4) 손유희

손유희(finger play)는 최초의 영유아교육과정이라고 할 수 있는 프뢰벨(Froebel)의 유치원(kindergarten) 교육과정의 구성요소 중 하나로, 지금까지도 영유아교육기관에서 일반적으로 많이 사용되고 있다. 손유희는 대부분 안정된 자세에서 간단한 노래나 찬트에 맞추어 주로 손과 팔, 그리고 경우에 따라서는 상반신을 이용해 동작하도록 되어 있다.

'엄지 어디 있어?'와 같은 경우가 고전적인 손유희의 대표적인 예이며, '우주선'(p.3670) 같이 최근에는 창의적인 손유희들이 다양하게 나와 있다.

영유아교육에서만 볼 수 있는 독특한 음률활동이라고 할 수 있는 손유희는 일반적으로 전이활동 시에, 그리고 모든 집단활동의 도입이나 주의집중을 위해 자주 사용된다. 손유희를 단지 주의집중을 위한 것으로만 사용하기 쉬우나 본래의 교육적 가치를 충분히 살릴 수 있도록 해야 할 것이다. 즉 손유희는 소근육 운동능력, 눈과 손의 협응력, 근육조절 능력을 발달시킬 뿐 아니라 어휘의 습득을 돕고 심미적 언어표현력의 발달을 돕는다. 또한 영유아와 함께 동작을 만들어 보거나 노랫말과 동작을 바꾸어 보는 것은 창의적 사고와 표현의 기회를 제공한다. 영유아가 좋아하는 손유희를 교육과정의 다양한 주제나 상황에 맞게 바꾸어 활용하는 것이 효과적이다.

5. 음악극

영유아교육의 현대적 경향 중 가장 두드러진 특징은 통합적 접근이다. 이는 통합적 경험을 통해 학습의 질을 높일 수 있는 교육활동의 모색을 강조하는 것이다. 즉 제 발달영역뿐만 아니라 여러 교과영역의 통합을 강조하며 학습에 있어서 통합적인 경험을 통해 한 가지 주제나 개념을 다양하고 유용하게 경험시키는 방법을 모색하고 있다.

이러한 영유아교육의 경향과 더불어 영유아음악교육에서도 음악내용 간, 예술영역 간, 교과영역 간의 통합적인 접근방법을 모색하고 있다(김영연, 2002). 이에 음악극이 하나의 구체적 대안으로 간주되고 있다. 음악극은 음악내용 간, 예술영역 간, 다른 교과영역 간의 통합적이고 총체적인 교육활동이다. 즉 음악극은 이야기, 노래, 음악, 동작, 그리고 미술 등의 예술영역들이 각각의 독특성과 함께 통합적으로 구성되어 있고(Leland & Horste, 1994), 역사, 과학, 수, 사회와 같은 일반교과들까지도 포함하는 통합적인 교육활동이다(Turks, 1999).

음악극의 구성요소를 보면 음악극의 음악교육 내용 간의 통합적 구성이 당연함을 알 수 있다. 음악극은 기본적으로 이야기, 노래, 그리고 몸짓언어로 구성된다. 말은 음악과 결합하고, 다시금 동작이 덧붙여지면서 극의 전달이 이루어진다(Ames, 1993; Leland & Horste, 1994). 음악극은 노래하는 것을 통하여 이야기의 줄거리를 전달하고(Lyra, 1993), 신체표현과도 통합적으로 연결된다(이성삼, 1981). 따라서 음악극은 음악교육 내용인 감상, 노래, 악기, 동작표현이 연관지어 구성되는 통합적 교육활동임을 알 수 있다. 음악극의 음악교육

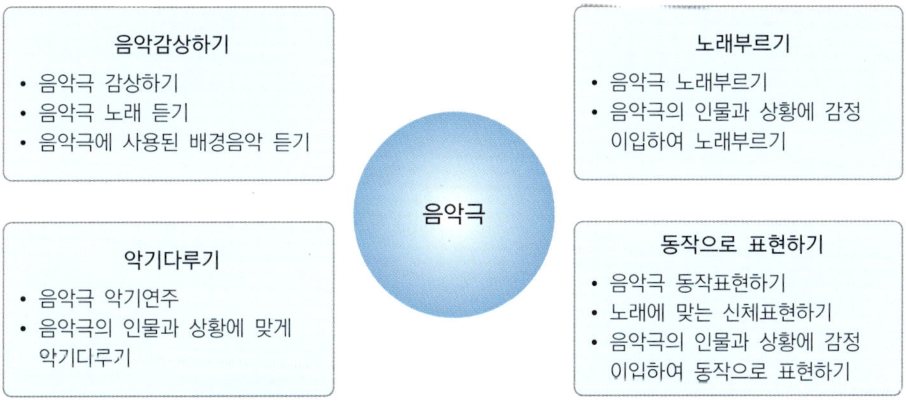

그림 3-6 음악극의 음악교육 내용 간 통합적인 구성

내용 간 통합적인 구성을 도식화하면 [그림 3-6]과 같다.

통합교육의 중요성과 더불어 음악극에 대한 연구는 주로 1990년대 이후에 이루어졌다. 이들 연구들은 공통적으로 음악극을 예술영역뿐만 아니라 다른 교과영역과도 통합적으로 연결된 교육활동으로 인식한다(Ames, 1993; Bullen, 1993; Sherwood et al., 1994). 스피크(Speake, 1993)는 음악극을 언어, 음악, 동작, 미술과 같은 예술적인 교과뿐만 아니라 사회, 과학과 같은 교과와도 통합될 수 있는 교육활동으로 인식한다. 즉 음악극은 먼저 음악, 동작, 미술 등의 예술영역과 통합적으로 연관된다. 음악극을 통해 영유아는 음악을 듣고 노래하고 연주하며, 다양한 신체동작을 탐색하고 인물의 성격에 맞게 신체표현을 하며, 의상과 소품을 만들고 무대배경을 디자인하고 꾸미는 미술활동에 참여한다. 다음으로 음악극은 언어, 과학, 사회 등 예술 외의 교과영역과 통합된다. 즉 음악극은 노랫말 만들기, 음악극 내용에 대해서 토의하기, 음악극 내용 이해하기(언어)와 음악극에 나온 사물 탐구하기

음악
- 음악극 노래 듣기
- 음악극 노래 익히기 (멜로디, 리듬, 하모니, 표현스타일)
- 악기다루기
- 작곡하기

언어
- 음악극의 주제 및 내용에 대해 이야기 나누기
- 음악극 극본 읽기·쓰기
- 저널 쓰기

문학
- 동화 읽기
- 음악극 인물 분석하기
- 음악극 이해하기
- 음악극 극본 창작하기

수·과학
- 사물에 대해 인식하기
- 무대배경 확대하기
- 무대배경 축소하기

음악극

사회·정서
- 역할 분담하기
- 책임감 및 협동심
- 자아인식
- 긍정적·부정적 감정표현
- 자기 요구 조절하기
- 타인의 감정 이해하기

미술
- 음악극에 필요한 의상, 소품 만들기
- 무대배경 디자인하기
- 무대배경 만들기
- 포스터 만들기

창의성
- 의상, 소품, 무대배경 제작, 아이디어 제출
- 노랫말 바꾸기, 신체표현 만들기
- 음악극 내용 바꾸기
- 음악극 창작하기

신체
- 음악극 인물과 상황에 대한 신체표현하기
- 노래에 맞는 신체표현하기

그림 3-7 음악극의 발달영역 간, 교과영역 간의 통합적인 구성

(과학), 배역과 스탭의 역할을 나누고 수행하기(사회)의 통합적 활동으로 구성된다.

또한 밀러(Miller, 1984)는 음악극을 영유아에게 다양한 극적 경험, 음악적 경험, 신체표현의 경험뿐만 아니라 창의적이고 정서적인 경험을 줄 수 있는 통합적인 교육활동으로 보았다. 음악극을 통하여 영유아는 이야기에 대한 느낌과 생각을 창의적으로 표현해 볼 수 있다. 영유아에게 있어서 음악극은 음악, 언어, 드라마, 그리고 신체표현으로 구성된 즐겁고 통합적인 경험이며, 이를 통해 영유아는 상상력을 기르고 통합적인 삶에 다가가게 된다(Mannis, 1994).

이처럼 음악극은 이야기, 음악, 노래, 동작의 요소들이 한데 결합되어 있고, 이들은 문학, 음악, 신체표현, 미술과 같은 예술영역뿐만 아니라 다른 교과영역들과도 통합적으로 연결된 활동임을 알 수 있다. 음악극의 발달영역 간, 다른 교과영역 간의 통합적인 구성을 도식화하면 [그림 3-7]과 같다(이효숙, 2001).

이상으로 영유아음악교육의 내용을 네 가지 영역(음악감상하기, 노래부르기, 악기다루기, 동작으로 표현하기)으로 나누어 살펴보고, 통합적 활동이라 할 수 있는 음악극에 대해 살펴보았다. 네 가지 영역은 독립된 각각의 영역으로 다루어지기보다는 통합적 접근을 꾀하는 것이 바람직하다. 이에 음악극이 그 효율적 교수-학습활동으로 제안될 수 있다. 또한 네 가지 내용영역별 지도에 있어서도 통합적 성격의 활동으로 제공되는 것이 바람직하다. 예를 들면, 주의 깊게 듣고 들은 소리를 식별해 볼 뿐 아니라 그 소리를 악기로 모방해 보는 활동, 또는 다른 영유아와 함께 음악을 듣고 창의적 신체표현을 해보고 그 느낌을 말이나 그림으로 표현해 보는 등의 통합적 활동이 효과적이다.

참고문헌

교육부(2019). 발간등록번호 11-1342000-000521-01, 교육부 고시 제2019-189호 유치원교육과정. 교육부.

교육부(2024.12.9.). 교육부고시 제2024-23호 2024 개정 표준보육과정(0-2세) 고시문.

김명순, 조경자(2001). **유아를 위한 음악교육의 이론과 실제**. 다음세대.

김영연(2002). **유아음악교육론**. 학지사.

김영연(2020). **유아음악교육의 이해**. 학지사.

김혜경 편저(2021). **영유아음악교육(제2판)**. 창지사.

성경희(1995). **유아들의 음악세계**. 세광출판사.

심스태백(2000). **요셉의 작고 낡은 오버코트가**. 베틀북.

안미자 역(1992). **음악교육론**. 이화여자대학교 출판부.

안재신(2005). **유아음악교육**. 교육과학사.

이관섭 편저(2002). **유치원 교사를 위한 유아음악교육**. 양서원.

이기숙, 김정원, 이현숙, 전선옥(2021). **유아교육과정**(제5판). 양서원.

이성삼(1981). **세계명작 오페라전집**. 세광출판사.

이숙희(1993). 5세 유아의 음악 청취력 향상 프로그램 개발과 그 효과에 관한 연구. 서울여자대학교 대학원 박사학위논문.

이진우, 이순영(2001). **유아음악교육**. 창지사.

이영, 유애열(1990). **유아를 위한 음악활동의 이론과 실제**. 웅성출판.

이영, 전인옥, 김은기(2004). **유아를 위한 창의적 동작교육**. 교문사.

이영자, 이기숙, 이정욱(2017). **유아 교수 · 학습방법**. 창지사.

이영자, 이기숙, 이정욱(2022). **유아 교수 · 학습방법(제4판)**. 창지사.

이은화, 이순례(1995). **유아를 위한 음률활동 자료집**. 교문사.

전인옥, 이숙희(2014). **유아음악교육**. 한국방송통신대학교 출판문화원.

황순각(2005). **유아신체활동 -이론과 실제-**. 양서원.

Ames, R. (1993). Collaborating to build an opera ensemble. *Music Educational Journal, 79*(6), 31-34.

Anderson, B. L. & Walker, L. M.(Eds.) (1992). *Reading in early childhood music education*. Reston, VA: Music Educators National Conference.

Andress, B. (1984). **유아를 위한 음악교육** (이은화, 김영희 공역 편). 교문사.

Bullen, N. (1993). Making opera part of the curriculum. *Music Educational Journal, 79*(6), 35-39.

Eliason, C. & Jenkins, L. (2003). *A practical guide to early childhood curriculum*(7th ed.). Merrill Prentice-Hall.

Greenberg, M. (1979). *Your children need music*. Englewood Cliffs, NJ: Prentice-Hall.

Haines, B. & Gerber, L. (1996). *Leading young children to music*(5th ed.). Columbus, OH: Charles E. Merril Publishing.

Jackman, H. L. (2001). *Early education curriculum: A child's connection to the world*(2nd ed.). Delmar, a division of Thomson Learning, Inc.

Leland, C. & Horste, J. (1994). Multiple ways of knowing: Curriculum in new key. *Language Arts, 71*, 337-344.

Lyra, H. (1993). Opera and art in the french foreign language classroom. *Mid-Atlantic Journal of Foreign Language Pedagogy, 1,* Spr., 136-141.

Mannis (1994). Bridge building in early-childhood music. *Music Educational Journal, 80,* 1-6, 37-43.

Miller, S. (1984). Opera made elementary. *Music Educators Journal, 71*, 52-54.

Scott, C. R. (1989). How children grow musically. *Music Education Journal*, October, 28-31.

Sherwood, A. & Connie, J. et al. (1994). Creating original opera at lake agassiz elementary school. *Insights into Open Education, 26*(1), Apr.

Speake, C. (1993). Create an opera with elementary students. *Music Educators Journal, 79,* 22-26.

Stellaccio, C. K. & McCarly, M. (1999). Research in early childhood education. In C. Seefeldt(Ed.), *The early childhood curriculum*(3rd ed.)(pp. 179-200). New York: Teacher College Press.

Turks, J. L. (1999). *You say potato, I say potato: Implementation strategies used by teachers.* Paper presented at the annual meeting of American Educational Research Association. Montreal, Quebec, Canada, April, 19-23.

Zimmerman, M. P. (1975). Research in music education with very young children. Paper presented at the fourth international seminar on research in music education.

Chapter

4

영유아음악교육을 위한 환경

1. 영유아교육기관의 음악환경

1) 영유아교육기관의 음악환경 구성

영유아교육기관의 음악환경은 흥미영역으로서의 음률영역을 구성하고 배치하는 것이 중심이 된다. 음률영역은 영유아교육기관의 다른 영역과 마찬가지로 각 영역의 독립성을 유지하면서 일반적인 흥미영역의 구성원리를 고려하여 구성되어야 한다. 일반적으로 흥미영역 구성은 활동성 정도, 활동의 관련성, 물의 사용 여부를 고려하여 배치된다.

프로스트(Frost)에 의하면, 영유아교육기관의 흥미영역은 실내영역을 네 개의 공간으로 구분하여 구성되어야 한다. 즉 활동적인 곳과 조용한 곳, 건조한 곳과 물이 있는 곳이라는 두 축을 중심으로 네 개의 지역으로 나눈다. 제1지역은 건조하고 조용한 곳, 제2지역은 건조하고 활동적인 곳, 제3지역은 조용하고 물이 있는 곳, 그리고 제4지역은 활동적이고 물이 있는 곳으로 구분된다(Frost & Kissinger, 1976).

이 중 음률영역은 활동성이 높기 때문에 소꿉놀이나 블록놀이 등과 같이 활동적이고 건조한 제2지역에 해당된다. 이러한 환경구성의 원리에 기초하여 배치된 유아교육기관의 음률영역의 예는 [그림 4-1]과 같다.

그림 4-1 유아교육기관의 흥미영역(음률영역) 배치의 예

일반적으로 음률영역은 음악감상하기, 노래부르기, 악기다루기, 동작으로 표현하기를 모두 할 수 있는 영역이다. 음률영역에서는 감각적인 놀이에서 창의적인 놀이에 이르기까지 다양한 활동이 이루어진다. 즉 준비된 기자재를 이용해서 음악을 듣고, 악기나 음악적 놀잇감 등을 흔들고 두드리고 치면서 다양한 감각적인 경험을 하며, 노래를 부르고 악기를 연주하고 음악에 맞추어 몸을 자유롭게 표현해 봄으로써 창의적인 사고와 표현의 기회를 갖는다. 영유아교육기관에서 구성할 수 있는 음률영역은 [그림 4-2]와 같다.

그림 4-2 영유아교육기관의 음률영역

2) 음률영역의 구성원리

음률영역은 영유아가 음악에 반응하고 표현할 수 있는 능력을 개발시킬 수 있어야 하며, 그러한 음악적 능력의 발달뿐 아니라 인지적·신체적·사회적 측면의 통합적 발달을 도울 수 있도록 구성되어야 한다.

음률영역의 구성원리를 구체적으로 살펴보면 다음과 같다.

(1) 음률영역은 하나의 독립된 공간으로 구성한다.

음률영역은 독립된 하나의 흥미영역으로 제공되어야 한다. 단순히 책상 위나 상자 속에 악기 몇 가지를 나열해 놓는 것만으로는 음률영역이라고 할 수 없다. 선반, 가리개, 교구장 등을 구비하여 다른 흥미영역과 분명한 경계를 둔다.

(2) 음률영역은 자유로운 탐색과 다양한 활동 전개를 위한 충분한 공간을 갖추어야 한다.

음률영역은 영유아에게 악기와 재료를 자유롭게 탐색하고 조작해 볼 수 있는 충분한 시간과 장소를 제공해 주어야 한다. 음률영역에서 영유아는 노래를 부르고 악기를 연주할 뿐 아니라, 음악에 맞추어 몸을 자유롭게 표현해 볼 수 있어야 한다. 또한 이러한 음악활동들은 개별활동으로만 이루어지기보다는 다양한 크기의 집단활동으로 이루어진다. 즉 음률영역은 영유아에게 풍부한 감각적 경험과 창의적인 표현의 기회를 제공하고, 다양한 형태의 집단활동이 가능할 수 있도록 하기 위해 충분한 공간을 필요로 한다.

(3) 음률영역에는 종류와 쓰임새에 따라 악기를 교구장이나 선반에 적절하게 배치해 준다.

악기는 영유아가 언제라도 사용하기 쉽도록 배치해 준다. 신시사이저, 큰북과 같이 영유아가 쉽게 움직일 수 없는 악기들은 음률영역의 특별한 장소에 배치해 주는 것이 좋다. 샌드블록, 캐스터네츠 등과 같은 작은 종류의 악기들은 각각의 상자나 바구니를 사용하여 배치하고, 리듬막대는 커피병이나 통에 수직으로 세워서 배치하여 영유아들이 쉽게 꺼내 쓸 수 있는 위치에 종류별로 배치해 준다.

또한 악기는 재질이나 연주방법에 따라 분류하여 배치한다. 즉 멜로디악기, 타악기, 리듬악기는 종류별로 다른 위치에 보관하고 악기는 2~3주마다 다양하게 바꾸어 주는 것이 바람직하다.

그림 4-3 음률영역의 악기 배치의 예

(4) 음률영역에는 다양한 음악활동의 전개를 위한 교수자료와 기자재를 배치해 준다.

음률영역은 악기 이외에도 다양한 음악활동을 전개할 수 있는 교수자료와 기자재를 배치한다. 교수자료의 예는 다양한 음악 테이프, 음악에 관련된 책, 개사한 노래묶음, 음악적 개념에 대한 이해를 도울 수 있는 오선악보 자료, 바닥에 붙인 그림 건반, 음악을 듣고 몸을 움직일 수 있는 게임판, 인형, 얼굴 가면 등을 들 수 있다. 교수자료는 2~3주마다 영유아교육기관에서 이루어지는 생활주제에 맞게 바꾸어서 제시한다.

그림 4-4 노래부르기 교수자료의 예

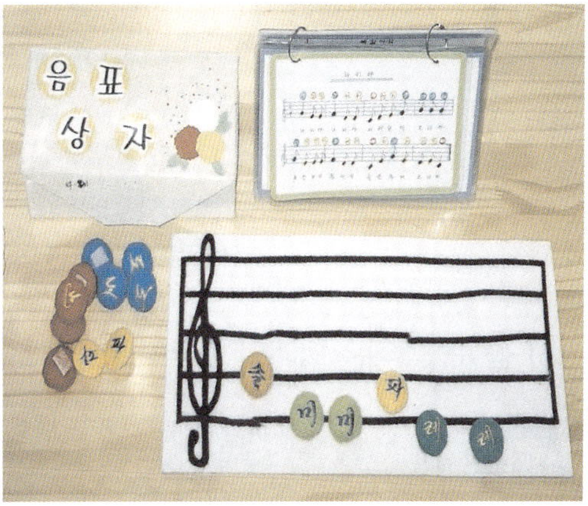

그림 4-5 오선악보 교수자료

또한 녹음기, 오디오, CD플레이어, 헤드폰 등 음악활동을 할 수 있는 기자재를 배치해 주어야 한다. 이때 질 좋은 음악기기를 사용해야 하며, 영유아가 기자재를 쉽게 조작할 수 있도록 사용하는 방법에 대한 설명자료를 벽면에 게시해 준다. 최근에는 블루투스 스피커, 세이펜(말하는 펜) 등 전자기기와 접목한 교육용 자료를 활용하기도 한다. 또한 영유아는 청력이 매우 민감하므로 이어폰을 사용하면 나쁜 영향을 미칠 수도 있으므로 주의하여야 하고 헤드폰은 영유아들의 귀를 충분히 덮을 수 있는 것을 마련하는 것이 좋다.

그림 4-6 세이펜(말하는 펜) 교수자료

(5) 음률영역에는 악기와 교수자료, 기자재를 제자리에 정리할 수 있도록 표시를 한다.

교구장이나 선반 위에 악기의 그림자 형태를 그려놓아 그 위에 정리할 수 있도록 한다. 또한 정리된 바구니와 상자에도 앞면에 악기나 교수자료의 이름을 종류별로 부착하여 제시해 준다. 악기를 종류별로 배치하여 정리하도록 하는 것은 악기의 종류를 자연스럽게 익히도록 돕는다.

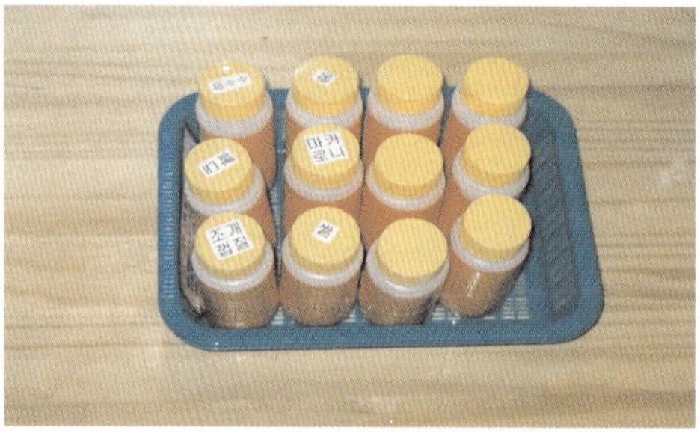

그림 4-7 악기 정리의 예 1

그림 4-8 악기 정리의 예 2

(6) 음률영역은 음악적인 분위기가 나도록 꾸민다.

교구장, 낮은 탁자나 선반, 가리개, 천장, 벽면을 이용해 음률영역임을 알 수 있는 표시와 장식을 한다. 예를 들어, 천장에 모빌을 달거나, 교구장 옆면을 활용하여 음률영역임을 알 수 있도록 그림악보를 붙인다. 또한 벽면에는 악기의 그림과 사진, 음악가(작곡자, 지휘자, 성악가, 연주자)의 사진, 오선지, 노랫말판, 음악관련 포스터 등을 전시함으로써 음악적 분위기를 마련해 준다. 이는 영유아에게 음악적 활동의 동기를 제공하고 흥미를 유지시키며 활동을 확장시키는 데 효과적이다.

그림 4-9 음악적 분위기가 나도록 꾸민 예

(7) 음률영역은 카펫이나 가리개를 이용하여 최대한 소음을 줄인다.

음률영역은 악기를 두드리고 연주하는 등 다양한 탐색활동이 일어나기 때문에 소음을 피할 수 없다. 따라서 다른 영역에 확산될 수 있는 소음의 피해를 줄이고 음률영역에서도 활동 간의 피해를 줄이는 조치가 필요하다. 소음 방지를 위해서는 바닥에 카펫을 깔고, 다른 영역과의 경계선에 가리개나 커튼을 치고, 종이 계란판을 천장과 벽면에 붙이는 등의 방법이 있다.

(8) 음률영역은 다른 흥미영역과의 연관성을 살린 공간구성을 필요로 한다.

음률영역은 활동적이고 시끄러운 영역이므로 쌓기영역이나 극화놀이영역과 인접하여 구성하는 것이 좋다. 특히 영유아가 음악활동을 할 때, 두 영역은 창의적인 활동과 표현에 많은 자극을 줄 수 있다.

2. 가정의 음악환경

가정은 영유아가 자연스럽게 음악을 접하는 최초의 환경이다. 영유아가 태어나면서부터 다양한 음악을 자주 접하고 듣고 표현할 수 있도록 하는 것은 매우 중요하며, 이러한 기회의 제공은 영유아가 교육기관에 오기 이전에 이미 가정에서부터 이루어져야 한다. 또한 교육기관에 다니게 된 이후에도 기관과 일관성을 가지고 가정에서 음악적 환경을 제공하는 것이 필수적이다. 영유아의 음악적 발달을 도와 줄 수 있는 가정의 음악환경 조성을 위한 방법을 제시하면 다음과 같다.

(1) 영유아가 좋아하는 노래나 음악을 일상생활에서 자연스럽게 틀어준다.

가정의 자연스러운 상황에서 음악을 쉽게 접하고 즐겨 듣는 경험은 음악을 보다 친근하게 느끼게 한다. 부모는 영유아가 좋아하는 노래나 영유아에게 적합한 다양한 음악을 자연스런 일상생활이나 놀이상황에서 들려준다.

(2) 부모와 영유아가 함께 다양한 음악활동을 한다.

① 영유아가 좋아하는 노래를 함께 부르고, 영유아의 이름을 넣어서 노래부른다.
"○○야 ○○야 어디를 가느냐? 깡총 깡총 뛰면서 어디를 가느냐?"
"숲 속 작은 집 창가에 작은 ○○가 섰는데 ……"

② 신체 악기를 이용하여 소리를 만들어 본다(손뼉치기, 발구르기 등).

③ 집 안에서 사용하는 여러 가지 일상생활용품을 악기로 대용하여 사용한다. 예를 들어, 의자를 뒤집고, 의자 다리 하나하나에 소리나는 물건들을 걸어놓고 긴 나무젓가락이나 막대로 두드려 본다.

④ 다양한 악기를 탐색하고 실험해 본다.

⑤ 주의 깊게 음악을 듣고 리듬에 따라 몸으로 표현해 본다.

(3) 온 가족이 함께 음악공연을 보러 가거나 음악 체험학습에 참여해 본다.

우리나라의 경우 7세 미만의 영유아가 경험할 수 있는 공연문화는 극히 제한적이다. 하지만 열린 공간에서 이루어지는 음악회는 영유아들도 함께 참여할 수 있기 때문에 온 가족이 편안한 분위기에서 음악을 감상할 수 있다. 또한 우리나라의 경우 아직 이루어지고 있지 않으나, 주말이나 방학을 이용한 음악캠프 등의 음악 체험학습은 실제적으로 음악을 경험할 수 있는 좋은 기회이다.

(4) 가족음악회를 열어 본다.

가족끼리 또는 이웃이나 친척들과 함께 가족음악회를 개최해 볼 수 있다. 전문적 능력이 있는 가족이 연주를 하되, 영유아가 직접적으로 참여해 볼 수 있는 기회를 주는 것이 좋다. 영유아가 악기를 연주할 수 있다면 영유아의 수준에 맞는 곡을 선정하여 연주할 수 있도록 하고, 악기연주가 어려우면 노래를 부르거나 마라카스와 같은 간단한 리듬악기를 연주함으로써 참여시킬 수 있다.

(5) 음악과 관련된 물건을 파는 장소를 방문한다.

악기, 오디오 노래테이프, CD 등을 파는 곳에 가서 실제로 구입해 본다. 물건을 구입할 때는 영유아에게 적합하고 필요한 것을 고르고, 전문적인 견해를 참고하고, 책자 등을 면밀히 검토한 후에 구입한다.

(6) 음악회 포스터나 음악가, 악기 사진 등으로 집 안을 꾸며 음악적인 분위기를 마련한다.

특히, 음악회에 가기 전과 후에 음악회에 대한 포스터나 연주자, 작품의 작곡가, 악기 등을 소개하는 자료를 이용해 집 안을 장식하는 것이 적절하다. 또한 음악회에 관련된 책자도 함께 볼 수 있도록 마련해 준다.

3. 지역사회의 음악환경

현대에 와서 영유아교육기관과 지역사회와의 통합적인 연계활동에 대한 필요성이 높아지고 있다. 음악과 같은 전문분야의 경우 전문단체나 전문인력의 도움이 교육활동 속에 통합되어 이루어진다면 영유아의 음악적인 성장 발달을 보다 효과적으로 지원할 수 있다. 영유아음악교육을 위해 지역사회의 자원을 활용하기 위한 몇 가지 활동을 소개하면 다음과 같다(전인옥, 이숙희, 2003; 김영연, 2002).

(1) 일상생활에서 들을 수 있는 다양한 소리를 들어보고, 다양한 소리를 들을 수 있는 여러 장소를 견학한다.

거리, 시장, 역, 비행장, 동물원, 공장, 자연 등은 다양한 소리를 들을 수 있는 좋은 환경이다. 이러한 곳에서 나는 소리들을 귀 기울여 들어보고 비교해 봄으로써 영유아의 다양한 듣기활동을 도와줄 수 있다.

(2) 음악에 관련된 물건을 파는 곳이나 만드는 곳을 견학한다.

다양한 음악소리를 들어보고, 악기를 직접 보고 소리를 들어본다. 악기 공장에서는 악기를 만드는 과정을 보면서 악기에 대한 이해를 도울 수 있다.

(3) 음악회, 뮤지컬과 같은 지역사회의 음악공연을 관람한다.

지역사회에서 하는 음악공연을 관람하는 기회를 자주 갖는다. 또한 영유아는 자신보다 조금 나은 수준의 음악활동에서 많은 동기를 얻을 수 있으므로 인근 초등학교의 음악수업이나 특별활동에 참여하는 등 연계활동에 참여하게 하는 것은 매우 효과적인 방법이다. 이 밖에 대학의 유아교육과에서 이루어지는 각종 음악행사에 참여하는 것도 음악활동에 대한 동기를 제공할 수 있는 좋은 경험이 된다.

(4) 지역사회 음악단체의 리허설이나 총연습을 관람한다.

리허설이나 총연습이 끝난 후 무대에 올라가 악기들을 소개받고 연주자들에게 연주방법에 대해 자세하게 알아보고, 영유아가 궁금한 점을 자유롭게 질문하고 토론할 수 있는 기회를 주는 것도 좋다.

(5) 음악과 관련된 공연장이나 교육기관을 견학한다.

영유아가 공연장을 견학함으로써 공연 시에 볼 수 없었던 무대, 음향, 조명 등의 관계를 알 수 있다. 영유아는 음악교육기관(예: 국악원, 예술학교)을 방문함으로써 쉽게 볼 수 없었던 서양악기나 전통악기 등에 대해 이해하는 기회를 가질 수 있다.

영유아교육기관과 가정과 지역사회의 환경이 서로 연관성을 지닐 때 영유아의 음악활동은 더욱 자연스럽게 활성화될 수 있다. 영유아교육기관과의 상호적 음악환경을 마련하고자 할 때 고려해야 할 점은 다음과 같다.

첫째, 영유아음악교육의 개념이나 방법 등에 대한 이해를 돕기 위해 부모교육을 실시한다. 바람직한 교육이 이루어지기 위해서는 교육에 대한 부모의 인식이 무엇보다도 중요하다. 음악과 같은 예술분야는 자칫 특기교육으로 오인될 소지가 많으며 부모의 지나친 관심과 도를 넘는 요구는 영유아의 타고난 음악적 재능과 관심 마저 저해시킬 수 있기 때문에 특히 부모교육이 요구된다. 영유아음악교육은 예술가를 만드는 것이 아니라 영유아의 전인적인 발달을 도모할 수 있는 영유아교육의 일부분이라는 인식의 확립이 필수적이다.

둘째, 가정통신문을 활용하여 영유아교육기관에서 이루어지는 음악활동이 가정에서 자연스럽게 연계될 수 있도록 한다. 가정에서 부모와 영유아가 함께 할 수 있는 음악활동을 위해 노래의 가사, 악보, 감상곡 목록 등을 제공한다. 또한 부모와 영유아가 함께 만들어 볼 수 있는 악기를 소개한다.

셋째, 부모와 영유아가 함께 볼 수 있는 음악공연의 정보를 제공한다. 지역사회의 공연단체나 문화센터에서 이루어지는 공연에 대한 정보를 줌으로써 영유아가 부모와 함께 음악적인 경험을 할 수 있는 기회를 가질 수 있도록 한다. 문화센터의 공연은 무료로 이루어지는 경우가 많기 때문에 경제적이다.

넷째, 영유아에게 유용한 텔레비전 프로그램, 동영상 목록, 인터넷 주소를 소개한다. 현대사회의 영유아는 대중매체에 친숙하고 개방되어 있다. 부모가 영유아에게 유용한 미디어 정보를 알고 있는 것은 매우 중요하다. 교사는 정기적으로 생활주제에 맞거나 교육적인 미디어 자료 목록을 부모에게 제공할 필요가 있다.

다섯째, 전문적인 인적자원을 활용한다. 음악을 전공한 학부모들에게 부탁하여 영유아에게 적합한 음악을 선정하고 영유아교육기관에서 작은 음악회를 개최한다. 음악을 전공한 부모와 지역의 음악전문가들에게 음악활동을 위한 일일교사를 부탁할 수도 있다.

여섯째, 음악과 관련된 기관이나 장소를 견학한다. 영유아교육기관에서 현장학습은 정기적으로 이루어지는 일반적인 교육활동이다. 대부분의 현장학습은 소방서, 우체국, 파출소와 같이 사회학습에 관련된 장소로 제한되는 경우가 많다. 각 지역사회에 있는 공연장, 음악회가 열리는 장소, 음악학교, 악기상가, 악기 공장 등의 방문은 영유아의 음악적인 관심을 높이는 데 기여할 것이다.

참고문헌

김영연(2002). **유아음악교육론(개정판)**. 학지사.

전인옥, 이숙희(2003). **유아음악교육**. 한국방송통신대학교 출판부.

Frost, J. L. & Kissinger J. B. (1976). *The young child and the educative process*. Holt, Rinehart & Winston.

Chapter

5

영유아음악교육의 교수방법

1. 영유아음악교육의 내용조직

영유아음악교육의 내용은 전체 교육과정의 주제, 가령 누리과정에서 제시하고 있는 생활주제(또는 주제)를 중심으로 통합적으로 조직될 수 있다. 예를 들어, '크리스마스'라는 주제를 중심으로 하여, 음악교육의 내용별로 음악교육활동을 통합적으로 조직하면 [그림 5-1]과 같다.

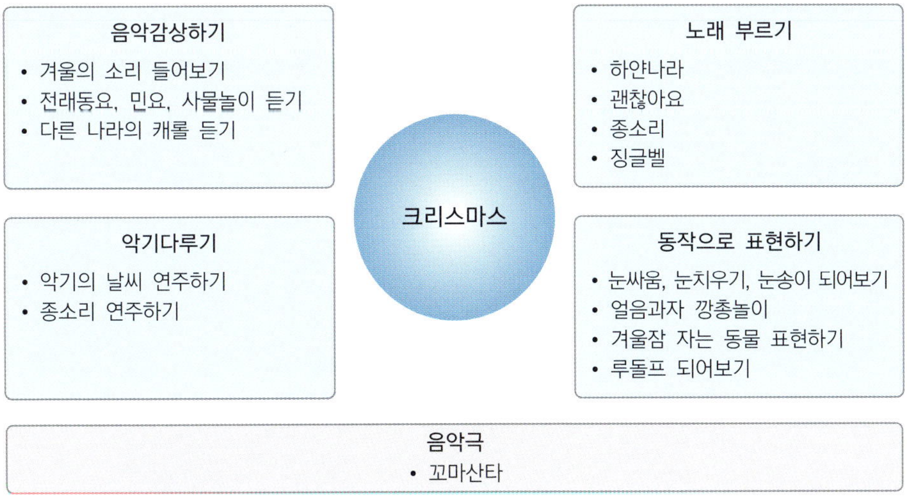

그림 5-1 영유아음악교육 내용의 통합적 조직 : '크리스마스' 주제의 예

또한 음률영역과 기타 영역과의 통합적인 조직은 영유아교육기관에서 한 가지 주제에 대한 보다 연관성 있는 교육활동의 계획과 전개를 용이하게 해준다. 다시 '크리스마스' 주제를 예로 하여 이를 도식화하면 [그림 5-2]와 같다.

크리스마스

언어

- 듣기 - 동화, 동시 듣기
- 말하기 - 사계절의 특징 말하기
  - 설날을 보내고
  - 만약 겨울만 있다면
- 읽기 - 동화, 동시 읽기
  - 성탄카드 읽기
  - 춤추는 글자
- 쓰기 - 성탄카드 쓰기
  - 산타 할아버지에게 편지쓰기

음악 · 음률

- 음악감상하기 - 겨울의 소리 들어보기
  - 전래동요, 민요, 사물놀이 듣기
  - 다른 나라의 캐롤 듣기
- 노래부르기 - 하얀나라, 괜찮아요
  - 종소리, 징글벨
- 악기다루기 - 악기로 날씨 연주하기
  - 종소리 연주하기
- 동작으로 표현하기 - 눈싸움, 눈치우기, 눈송이 되어보기
  - 얼음과자 깡총놀이
  - 겨울잠 자는 동물 표현하기
  - 루돌프 되어보기

미술

- 그림그리기 - 산타 그리기
  - 겨울풍경 그리기 (공동작업)
- 조형작품 만들기 - 눈사람 만들기
  - 성탄절 종 만들기
  - 트리 만들기

수 · 과학

- 수 - 12월은 며칠일까?
  - 새해 달력
- 과학 - 겨울의 자연현상
  - 눈, 고드름, 얼음 관찰하기
  - 얼음 얼리기
  - 요리하기
    : 크리스마스 케이크 만들기
    : 트리장식용 과자 굽기

문학

- 동화(동시) - 고드름, 겨울
  - 밤 한 톨이 떽때굴, 겨울엄마
  - 토끼의 지혜
  - 눈사람 돌이
- 극놀이 - 잃어버린 장갑(동극)
  - 꼬마산타(음악극)

사회

- 가족에게 카드보내기
- 불우이웃돕기 장터 열기
- 여러 나라의 크리스마스 알아보기

그림 5-2 음률영역과 기타 영역과의 통합적인 교육활동 조직 : '크리스마스' 주제의 예

2. 영유아음악교육을 위한 교사의 역할

음악에 대한 교사의 흥미는 영유아의 음악활동을 보다 효과적으로 이끌 수 있는 기본적인 요소가 된다. 또한 음악교육을 위해 교사는 기본적으로 음악적 구성요소에 대한 이해, 영유아의 음악적 발달과 행동에 대한 이해, 교수방법에 대한 실천적 지식을 갖추어야 한다. 영유아음악교육의 효율적 수행을 위한 교사의 역할을 정리하면 다음과 같다(Eliason & Jenkins, 2003).

① 음악을 창조하려는 영유아의 자발적인 시도에 관심을 기울인다.
② 듣기만 하는 음악이 아니라 참여하는 음악을 만든다. 이때 능동적인 참여가 가장 좋다. 음악의 장점은 음악을 "행하는 것(doing)"에 있다.
③ 교사 자신의 음악가로서의 정신(musicianship)에 자신감을 갖는다.
④ 매일 계획된 음악활동을 제공할 뿐 아니라 다른 교육과정 영역을 지원하고, 교육과정을 다양하게 만들며, 전이활동을 위해서도 음악을 사용한다.
⑤ 적절한 공간을 제공한다. 특히 창의적 동작과 표현활동을 위해서는 충분한 공간이 필요하다.
⑥ 참여 여부에 대한 자유뿐만 아니라 표현의 자유를 충분히 허용한다. 영유아가 음악활동에 참여할 때 자신의 느낌과 분위기, 이해를 표현함에 있어서 자유로워야 한다.
⑦ 음악적 기술의 완벽한 수행을 요구하거나 비판하지 않는다.
⑧ 적절한 음악학습 환경을 제공한다. 음악적 참여와 표현을 격려할 수 있는 활동을 계획할 뿐만 아니라 창의적인 사고와 행동을 자극할 수 있는 교수자료나 경험을 제공함으로써 적절한 음악학습 환경을 구성한다.

이외에 김혜경(2013)은 영유아음악교육을 위한 교사의 역할로 음악에 대한 이론적 배경의 습득, 음악경험의 계획, 새로운 아이디어 찾기, 노래 익히기, 악기 및 음악기기의 활용, 교사 자신의 흥미 유지, 즉흥적인 표현 격려하기를 제안하였으며, 개러비(Gharavi, 1993)는 교사의 음악 레퍼토리 넓히기, 영유아에게 맞는 질 좋은 음악에 친숙하기를 제안하였다.

3. 영유아음악교육 내용에 따른 교수방법

1) 음악감상하기

음악감상하기는 영유아의 음악성 발달에 결정적 요인이 되며 성공적인 언어 발달과 밀접한 관련이 있다. 듣기의 목적은 영유아들이 음악을 듣고 느낄 수 있도록 자극을 주는 데 있으므로 다양한 음악적 요소(셈여림, 고저, 음색, 역동성 등)를 나타내는 음악과 여러 장르(민요, 세미클래식, 록음악, 동요, 민속음악)의 다양한 음악을 들려주는 것이 중요하다. 또한 영유아에게 있어 음악감상활동은 단순히 음악작품을 듣기만 하는 정형적 형태의 활동이 아니다. 즉, 다양한 소리를 듣고 탐색하기, 기억하기, 변별하기, 묘사하기, 그리고 소리만들기까지를 포함하는 광범위한 의미를 갖는다. 영유아의 음악감상활동은 다양한 소리 듣기, 음악감상하기, 음악동화 듣기로 구분할 수 있다. 각각의 지도방법을 구체적으로 살펴보면 다음과 같다.

(1) 다양한 소리 듣기

다양한 소리 듣기는 주변에서 쉽게 들을 수 있는 여러 가지 소리를 듣고, 변별하고, 만들어 보는 활동을 말한다. 예를 들어, 사람의 목소리, 기계의 소리, 자연의 소리들(비, 바람, 파도 등)이 대상이 된다.

① 소리에 대한 탐색은 쉽게 변별할 수 있는 소리부터 시작한다.

예를 들어, 여자 목소리 / 남자 목소리, 높은 소리 / 낮은 소리, 큰 소리 / 작은 소리와 같이 대조적인 소리의 비교처럼 현저하게 차이를 구별할 수 있는 소리를 먼저 들려준다. 그 후에, 높게 ■ / 점점 높게 ■ ■ ■ / 아주 높게 ■, 낮게 ▬ / 점점 낮게 ▬ ▬ ▬ / 아주 낮게 _ 와 같이 복잡하게 구성하여 들려준다. 이때 주의할 점은 소리의 차이를 뚜렷이 나타날 수 있도록 녹음하여 자료를 사용하는 것이 중요하다. 또한 소

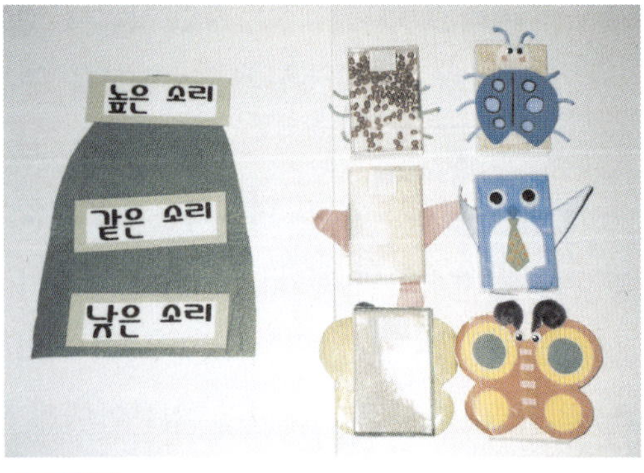

그림 5-3 소리의 차이를 시각적으로 보여줄 수 있는 교수자료의 예

리의 차이를 시각적으로 보여주는 그림자료 등 교수자료를 함께 사용하는 것도 좋다.

② 음악적 요소와 연결된 소리를 듣고 비교해 보도록 한다.

영유아가 세기, 박자, 리듬, 강약, 고저와 같은 음악적 요소와 연결지어 다양한 소리를 경험할 수 있게 한다. 음악적 요소와 연결된 소리를 들려줄 때는 박자나 리듬, 멜로디의 특성을 시각적으로 부호화하여 들려주면 좋다. 추상적인 소리를 눈으로 볼 수 있기 때문에 영유아들은 보다 쉽게 소리를 이해할 수 있다. 소리를 비교할 때 네 박자 ○○○○와 두 박자 ○○의 차이, 큰 소리 □와 작은 소리 ■의 차이, 같은 리듬 □□■■, □□■■과 다른 리듬 □□■■, □■■■ 차이를 음악적 요소와 연관지어 듣는다.

③ 다양한 소리를 만들어 보도록 한다.

신체나 주위에서 쉽게 볼 수 있는 물건들을 이용하여 소리를 만들어 보도록 한다. 예를 들어, 손뼉치기, 발구르기, 몸 두드리기, 신문지 두드리기, 책상치기, 바닥치기 등과 같은 활동을 통해 다양한 소리를 흥미롭고 자연스럽게 만들어 볼 수 있다. [그림 5-4]의 '풍선의 소리 찾기' 활동은 좋은 예이다.

풍선의 소리 찾기

목표
- 소리 식별하기
- 창의적으로 소리 만들기

교수자료
- 풍선, 클립, 카드

활동방법
- 부풀린 풍선을 준비한다.
- 클립으로 풍선을 문지르며 소리를 만들어 본다.
- 준비된 카드에서 소리를 찾아 본다.
- 새로운 카드를 제시하고 묘사하는 소리를 만든다.
- 창의적으로 소리를 만들고 카드를 그려 본다.

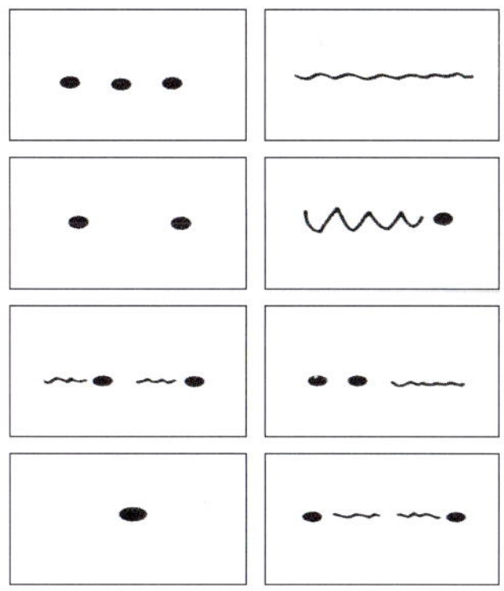

그림 5-4 다양한 소리를 만들어 보는 활동의 예(출처: 김혜경, 1996, p. 47)

Part 01

(2) 음악감상하기

음악감상하기는 독립된 감상활동으로 전개할 수도 있고, 자유선택활동 시간에 배경음악으로 들려주는 방법도 있다. 독립된 음악감상활동의 지도방법을 살펴보면 다음과 같다.

① 교사는 감상할 곡을 충분히 이해하고 있어야 한다. 교사는 영유아에게 들려줄 곡을 완전히 파악하고 있어야 한다. 작곡자, 음악에 관련된 이야기, 음악의 분위기, 연주되는 악기 등을 충분히 파악한 후 수업을 진행한다.

② 감상할 곡은 3~4분 정도가 적합하다. 영유아의 집중시간은 길지 않기 때문에 3~4분 정도의 곡을 반복적으로 들려주는 것이 좋다. 만약 감상할 곡이 길다면 곡의 중심부분만 녹음해서 들려주거나 두세 번에 나누어서 들려준다.

③ 감상할 곡은 친숙한 것부터 생소한 것으로, 단순한 것부터 복잡한 것으로 선택한다. 또한 초기에는 대조되는 악기나 음성으로 연주된 곡을 들려주고 비교해 보도록 하는 것이 좋다.

④ 동일한 음악이 다른 악기로 연주되거나, 음색과 분위기가 다르게 편곡된 곡을 들어본다. 예를 들어, 크리스마스 캐롤곡을 피아노와 핸드벨로 연주된 곡을 들려주거나, 외국의 민요와 번안 곡을 듣고 비교해 본다. 또는 결혼행진곡과 군대행진곡을 듣거나 밝은 음악과 어두운 음악을 들어본다.

⑤ 다양한 장르와 문화권의 질 좋은 음악을 제공한다. 음악감상을 위해 고전음악이나 유명한 작품뿐 아니라 여러 나라의 민속음악, 재즈, 록음악, 동요 등 다양한 음악을 제공한다. 또한 영유아의 청감각은 예민하므로 양질의 좋은 음악을 제공해야 한다.

⑥ 음색이나 빠르기, 분위기 등 음악적 요소와 관련지어 서로 비교할 수 있는 음악을 함께 제공한다. 즉 같은 곡을 다른 악기로 연주한 것이나 독주곡과 합주곡으로 된 것, 서양의 민요와 그 번안곡을 비교해서 들어보게 할 수 있다. 또는 다양한 형태의 행진곡(결혼행진곡, 군대행진곡 등)이나 슬픈 분위기와 기쁜 분위기의 곡을 서로 비교해서 들어보게 할 수 있다.

⑦ 감상할 작품에 대한 이해를 돕는 그림자료, 비디오 등 교수자료를 제공한다. 작품과 관련지어 작곡가의 생애, 음악이 만들어진 배경, 음악 속의 이야기를 그림자료나 동화자료로 만들어서 다루어 준다. 또한 음악을 들을 때 연주되는 악기 그림을 음악에

맞게 제시하거나, 작품의 음악적 요소를 시각화할 수 있는 교수자료나 비디오 자료를 활용할 수도 있다. 예를 들어, 음악을 들으면서 빠르기의 변화를 손가락인형으로 움직이면서 나타내 볼 수도 있다. 또한 음악을 비디오로 형상화한 작품을 보여줄 수도 있다. 월트 디즈니의 '환타지아 1, 2'는 음악을 비디오 자료로 효과적으로 표현한 대표적인 예이다.

그림 5-5 손가락인형

월트 디즈니의 환타지아

그림 5-6 음악을 비디오 자료로 표현한 대표적인 예(출처: http://image.search.naver.com)

⑧ 음악감상의 느낌을 동작, 그림, 말(편지)로 표현해 보게 한다. 음악을 들으면서 자연스럽게 몸을 움직여 보게 한다. 몸을 좌우로 흔들고, 손을 흔들고, 손뼉을 치고, 책상을 치고, 발을 구르면서 영유아는 자연스럽게 리듬감과 박자감을 익힌다. 또한 음악을 듣고 난 후, 그림을 그리거나 말이나 글을 통해 음악에 대한 느낌과 생각을 표현하도록 한다. 음악에 대한 느낌은 단순히 "좋았어요"라는 표현보다는 "바람이 세게 부는 것 같았어요. 새가 아파서 우는 것 같았어요"와 같이 구체적인 표현이면 더욱 좋다. 하지만 영유아에게 음악의 느낌이나 해석을 강요해서는 안 된다. 음악듣기 및 감상하기 활동계획안은 〈표 5-1〉, 〈표 5-2〉와 같다.

표 5-1 음악듣기 활동계획안의 예

<table>
<tr><td>활동명</td><td colspan="3">첼로와 바이올린 연주 듣기</td><td>생활주제</td><td colspan="2">기계와 도구</td></tr>
<tr><td>활동목표</td><td colspan="6">• 첼로와 바이올린 음색의 차이를 알 수 있다.
• 첼로와 바이올린으로 연주된 음악의 차이를 알 수 있다.</td></tr>
<tr><td>집단형태</td><td>대집단</td><td>대상연령</td><td>만 4세</td><td>활동시간</td><td colspan="2">10~15분</td></tr>
<tr><td>교수자료</td><td colspan="6">첼로와 바이올린 사진, 첼로와 바이올린 소리, 연주하는 동영상, 첼로와 바이올린으로 연주된 음악</td></tr>
<tr><td rowspan="3">활동 방법</td><td>도입</td><td colspan="5">① 준비한 악기의 소리를 듣고 알아맞추어 본다.
- 선생님이 악기 소리를 준비해 왔는데, 어디서 들어보았는지 잘 들어보자.
② 활동에 대한 소개를 한다.
- 오늘은 첼로와 바이올린 소리를 비교해 볼 거야.</td></tr>
<tr><td>전개</td><td colspan="5">① 첼로와 바이올린 소리를 들려 준다.
- 첼로 소리를 들어보자.
- 바이올린 소리를 들어보자.
- 두 악기의 소리가 어떠니? 어떤 악기 소리가 더 낮게/ 높게 들리니?
- 악기를 본 적이 있니? 본 친구가 나와서 이야기해 보자.
- 이 악기는 어떻게 연주할까? 연주하는 모습을 본 적이 있니?

첼로
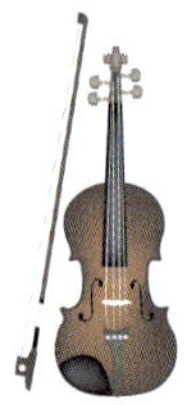
바이올린
② 첼로와 바이올린 연주하는 동영상을 보여준다.
- 첼로(바이올린)는 어떻게 연주하니?
- 첼로와 바이올린 소리를 들려 줄텐데, 소리를 들으며 연주가가 되어 보자.
- 연주가가 되어 보니 어떠니?
- 이번에는 첼로와 바이올린으로 연주되는 음악을 들어보자.
③ 첼로곡(바흐의 무반주곡)과 바이올린 곡(엘가의 사랑의 인사) 음악을 들려준다.
- 음악을 들어보니까 어떠니?
- 첼로(바이올린)로 연주된 음악은 어때? 음악이 어떻게 다른 거 같아.
- 이번에는 눈을 감고 연주자가 된 것처럼 상상하면서 들어보자.
- 이번에는 음악을 들으면서 너희들이 연주가가 되어서 연주해 보자.</td></tr>
<tr><td>마무리</td><td colspan="5">① 악기 소리 비교를 하고 난 느낌을 이야기한다.
- 두 악기 소리를 들어본 느낌이 어때?
② 악기로 연주된 음악에 대해 이야기한다.
- 연주된 음악을 들어보니까 어때?</td></tr>
</table>

표 5-2 음악감상하기 활동계획안의 예

<table>
<tr><td colspan="2">활동명</td><td colspan="3">양치기 소년</td><td>생활주제</td><td>건강한 몸과 안전</td></tr>
<tr><td colspan="2">활동목표</td><td colspan="5">① 음악동화를 듣는다.
② 동화 장면에 맞는 음악을 연결해 본다.
③ 음악동화를 만든다.</td></tr>
<tr><td colspan="2">집단형태</td><td>대집단</td><td>대상연령</td><td>5세</td><td>활동시간</td><td>15~20분</td></tr>
<tr><td colspan="2">교수자료</td><td colspan="5">손인형, OHP 동화, 동화장면그림, CD, CD플레이어</td></tr>
<tr><td rowspan="3">활동방법</td><td>도입</td><td colspan="5">① 거짓말을 해서 엄마한테 혼나서 울고 있는 손인형을 이용한다.
- 어디서 누가 우는 소리가 들리네. 우리 친구들도 들리니?
② “양치기 소년” 그림동화를 들려준다.
- “양치기 소년”이란 동화를 들려줄게. 우리 조용히 하고 한 번 들어보자.
③ 활동을 소개한다.
- 음악을 세 곡 듣고 그 음악으로 음악동화를 만들어 볼 거야.</td></tr>
<tr><td>전개</td><td colspan="5">① 다른 종류의 음악 3곡을 들려주며 어떤 느낌이 나는지 이야기 나눈다.
- 선생님이 지금부터 세 가지 음악을 들려줄 텐데, 어떤 느낌이 드는지 잘 들어보자.
(음악1) 양치기 소년 chorus A: My favorite Thing(사운드 오브 뮤직 삽입곡) 중의 일부분
(음악2) 양치기 소년 chorus B: My favorite Thing(사운드 오브 뮤직 삽입곡) 중의 일부분
(음악3) 늑대 노래: 만화주제가인 ‘손오공’에서의 저팔계 송의 일부분
- 처음(두 번째, 세 번째) 음악은 어땠니?
② 3종류의 음악이 동화의 어떤 부분에 들어가면 좋을지에 대해 이야기 나눈다.
- 3종류의 음악이 동화의 어떤 장면과 어울릴까?
- 선생님이 준비한 동화장면 그림을 보면서 이야기해 보자.
③ 동화장면과 맞는 음악을 연결해 본다.
(음악1) 양치기 소년 chorus A: My favorite Thing 중의 일부분
- 양치기 소년이 심심해서 처음 거짓말을 하는 장면
(음악2) 양치기 소년 chorus B: My favorite Thing 중의 일부분
- 두 번째 거짓말을 하는 장면
(음악3) 늑대 노래: 만화주제가인‘손오공’에서의 저팔계 송의 일부분
- 진짜 늑대가 나타나는 장면
(음악1) 양치기 소년 chorus A: My favorite Thing 중의 일부분
- 동화를 끝내면서
④ 동화와 음악을 함께 들려준다.
- 동화와 음악을 함께 들어보도록 하자.
- 동화장면과 음악은 어떤 것 같니?
⑤ OHP 자료를 보여주면서 음악동화를 들려준다.</td></tr>
<tr><td>평가 및 마무리</td><td colspan="5">① 음악동화감상 후 느낌을 이야기해 본다.
② 음악동화를 만들면서 재미있었던 부분과 어려웠던 점에 대해 이야기한다.
③ 다음 활동으로 전이한다.
- 나는 “양치기 소년(양들, 사람들)이 좋아요”하는 친구 먼저 화장실 갔다 오도록 해요.</td></tr>
</table>

(3) 음악동화 듣기

음악동화는 말이나 그림으로 된 것이 아니라 음악으로 듣는 동화이다. 음악동화로는 조수미의 '피터와 늑대' 같이 상품화된 음반을 사용한다. 다음은 음악동화 듣기활동의 전개 방법이다.

① 동화를 들려준다. 음악동화를 듣기 전에 사전활동으로 간단하게 그림, 융판, 자석, OHP자료 등을 이용하여 동화를 들려준다.

② 음악동화를 들려준다. 등장인물과 악기를 표현하는 그림, 융판, 자석, OHP자료 등을 음악동화 내용에 맞게 제시해 주면서 들려준다. 영유아는 조용히 듣도록 하고, 교사가 곡의 중간중간에 해설을 할 수 있다.

③ 동화의 상황에 맞는 악기소리나 음악을 생각해 보게 한다.
"이런 상황에서 어떤 악기(음악) 소리가 났었지?"와 같은 질문을 통해 동화의 상황에 맞는 악기나 음악을 회상해 보게 한다. 또는 음악동화를 들려주기 전에 "이런 상황에서는 어떤 악기(음악)를 사용할 수 있을까?"와 같은 질문을 통해 창의적으로 생각해 보도록 할 수 있다. 음악동화는 여러 악기들의 다양한 음악으로 구성되므로 음악동화를 더 잘 이해할 수 있도록 하기 위해 미리 부분적으로 어떤 상황에서 어떤 악기로 어떤 음악이 연주될지를 알려 주는 것이 효과적일 수도 있다.

④ 음악동화에 대한 느낌을 말 또는 그림으로 표현해 보게 한다.

한편, 교사가 기존의 동화에 맞는 음악을 준비하여 들려주거나 동화의 상황과 여러 악기소리(음악)를 들려주고 영유아와 함께 음악동화를 만들어 볼 수도 있다.

2) 노래부르기

노래부르기는 매일매일의 영유아교육활동에 포함되어야 한다. 영유아의 노래는 영유아에게 친숙한 경험을 포함한 노랫말을 담고 있고, 즐겁고 아름다운 선율로 구성되어 있으며, 도(C)-라(A)의 음역을 넘지 않고, 반복적인 노랫말과 리듬으로 구성된 것이 적합하다. 일주일에 한두 번은 주제와 관련된 새노래를 가르쳐주는 활동을 실시한다.

(1) 새노래부르기 활동의 지도방법

영유아의 노래는 이야기가 있고, 기승전결의 흐름이 있다. 노래의 흐름을 전체적으로 이해하도록 노래를 끊지 않고 처음부터 끝까지 듣고 불러보면서 익히도록 하는 것이 '전체노래방법(whole-song method)'이다. 이에 비해 한 마디나 두 마디씩 끊어서 따라 불러보게 하는 것은 '부분노래방법(phrase-phrase method)'이다. 또한 전체노래방법으로 하되, 어려운 부분은 따로 떼어서 부분노래방법을 사용하는 '결합노래방법(combination whole-song, phrase-by phrase method)'도 있다. 영유아의 노래는 대부분 짧기 때문에 '전체노래방법'과 '결합노래방법'을 사용하는 것이 적절하다(김혜경, 2013; Eliason & Jenkins, 2003). 다음은 새노래부르기 활동의 구체적인 지도방법이다.

① 새노래를 지도할 때는 교사의 철저한 사전준비가 필요하다. 교사는 가사와 음을 정확하게 외우고, 즐겁고 감정표현이 풍부하게 노래부를 수 있도록 노래를 충분히 익힌다. 노래부르기 활동을 할 때 교사의 분위기는 매우 중요한데, 준비를 철저하게 할수록 자신감 있고 여유 있게 편안하고 즐거운 노래부르기 활동을 유도할 수 있다.

② 새노래부르기 활동의 지도단계는 다음과 같다.

ㄱ. 도입(동기유발)

다양한 방법으로 영유아의 흥미를 이끈다. 예를 들어, "오늘 배울 새노래에는 이 동물이 나올 거야. 어떤 동물인지 맞추어 보자. 나는요, 귀가 커요……" 등으로 수수께끼를 낼 수 있다. 또는 노래에 이야기가 들어 있는 경우 짧은 이야기나 동화로 각색하여 들려준다. 그림 자료를 사용해서 들려주고, 노래를 들려주거나 함께 부르면서 배울 때 그림 자료를 다시 활용하면 효과적이다.

ㄴ. 전개

ㄱ) 노래 소개하기 : 교사가 노래를 전체적으로 불러 준다.

노래가 가지고 있는 본래의 분위기를 살려서 정확하게 들려준다. 노래를 들려줄 때는 교사의 육성으로 자신감 있게 불러 주며, 반주를 하지 않고 노래만 들려주는 것도 좋다. 한 번 들려주고 난 후 노랫말에 대해서나 또는 어떤 느낌인지에 대해 간단히 이야기를 나눈 후 다시 한 번 들려준다.

ㄴ) 부분적으로 노래부르기: 영유아에게 노래를 부분적으로 불러보게 한다.

처음에는 노랫말 없이 "라" 또는 "아" 소리로 불러보게 하여 멜로디를 익히게 한다. 다음으로 부분적으로 노랫말을 넣어 부르게 하는데, 의성어 부분만 불러 보게 하거나 묻고 대답하는 노래의 경우에는 대답(또는 묻는) 부분만 부른 후 바꾸어 부르거나 하는 식이 적절하다.

ㄷ) 전체적으로 노래부르기: 영유아에게 노래 전체를 불러 보도록 한다.

노랫말을 넣어서 처음부터 끝까지 노래를 불러 보게 한다. 3~5번 이상 부르게 하지 않으며, 다양한 방법으로 불러 보게 한다. 새노래부르기 활동은 모든 영유아가 그 시간에 노래를 다 익히도록 하는 것을 목표로 해서는 안 된다. 미리 알고 있는 영유아의 경우를 제외하고는 새노래부르기 활동 시간에 노래를 다 익히는 것은 어려운 일이므로 추후로 자주 불러 볼 수 있는 기회를 제공하여 자연스럽게 익히도록 하는 것이 적절하다.

ㄷ. 평가 및 마무리

ㄱ) 노래에 대한 느낌과 생각을 이야기 나눈다.

"노랫말 중에 제일 재미있었던 부분은 어디니?"와 같은 질문을 통해서 노래에 대한 느낌과 생각을 자연스럽게 이야기해 보도록 한다.

ㄴ) 음악적 요소와 관련지어 이야기 나눈다.

노래의 특성(음악적 요소, 가사내용 등)을 생각하여 구체적으로 이야기 나눈다. 즉 "노래에서 가장 빠른 부분은 어디니?", "올챙이가 어떻게 개구리가 되었니?"와 같은 질문을 할 수 있다.

표 5-3 노래부르기 활동계획안의 예

활 동 명	꼬부랑 할머니		생활주제	가족	
활동목표	① 동요의 노랫말을 이해한다. ② 전래동요의 반복적인 운율을 통해서 우리말의 즐거움을 경험한다.				
집단형태	대집단	대상연령	5세	활동시간	15~20분
교수자료	고개가 있는 배경 그림, 꼬부랑 할머니의 자석자료				

<table>
<tr>
<td rowspan="3">활동방법</td>
<td>도입</td>
<td>① 노래가사를 동시로 들려주어 전래동요에 대한 흥미를 유발한다.
- 선생님이 꼬부랑 할머니라는 동시를 들려줄게. 우리 조용히 하고 잘 들어보자.

꼬부랑 할머니
꼬부랑 할머니가 꼬부랑 고갯길을 꼬부랑 꼬부랑 넘어가고 있네
꼬부랑 꼬부랑 꼬부랑 꼬부랑 고개는 열두 고개 고개를 고개를 넘어간다.

② 동시를 들려준 후 동시에 대해 이야기를 한다.
- 이 동시에서 어떤 말이 가장 많이 나왔었니?
- 동시에 누가 나왔지?</td>
</tr>
<tr>
<td>전개</td>
<td>① 교사가 먼저 노래를 불러준다.
- 선생님이 먼저 불러볼게. 잘 들어보자.

꼬부랑 할머니
꼬부랑 할머니가 꼬부랑 고갯길을 꼬부랑 꼬부랑 넘어가고 있네
꼬부랑 꼬부랑 꼬부랑 꼬부랑 고개는 열두 고개 고개를 고개를 넘어간다.

② 노랫말을 이야기식으로 들려준다.
- 선생님이 지금부터 들려주는 이야기 속에 노래가사가 들어 있는데, 우리 한 번 들어 보자.
- 선생님이 들려준 이야기 속 내용을 우리 친구들이 말해 볼까?

③ 여러 가지 방식으로 교사와 영유아가 함께 노래를 불러본다.
• 교사가 노래 부를 때 영유아는 입만 벌려 노래하기
- 선생님이 다시 노래를 불러볼 텐데, 친구들은 입만 벌려서 불러보자.
• 꼬부랑은 영유아가, 나머지는 교사가 노래하기
- 노랫말엔 무슨 말이 가장 많이 나오니?
- 꼬부랑은 우리 친구들이, 나머지는 선생님이 불러보자.
• 꼬부랑 대신에 영유아 이름을 넣어 노래하기
- 이번에는 할머니란 가사 대신에 우리 친구 이름을 넣어 불러보자, 누구 이름을 넣어 불러볼까?

④ 노래에 동작을 만들어 노래한다.
- 우리 친구들이 노래를 불러주면, 선생님은 율동을 할게. 선생님이 하는 율동을 잘 보고 함께 해보자.</td>
</tr>
<tr>
<td>평가 및 마무리</td>
<td>① 노래부르기에 대한 느낌을 이야기한다.
- 우리 친구들 오늘 배운 노래가 어땠니?

② 재미있었던 부분과 어려웠던 부분에 대해 이야기한다.
- 노래를 하면서 가장 재미있었던 부분은 어느 부분이었니?

③ 다음 활동을 소개한다.
- 다음은 시골에 계시는 할머니, 할아버지를 생각하며 얼굴을 도화지에 그려보도록 하자.</td>
</tr>
</table>

(2) 노래부르기 활동 시의 일반적인 고려사항

다음은 새노래부르기를 포함해서 모든 노래부르기 활동 지도 시 고려할 사항들이다.

① 노래부르기 활동 시 교사의 시선은 항상 영유아를 보면서 노래한다.

눈을 마주하고 노래하기(eye to eye singing)는 가장 효과적인 노래부르기이다. 교사가 즐거운 마음으로 노래하고 영유아의 눈을 보면서 노래할 때, 노래의 느낌과 분위기를 효과적으로 전할 수 있다(Eliason & Jenkins, 2003). 따라서 노래의 반주를 할 때도 영유아와 시선을 마주할 수 있는 신시사이저, 기타와 같은 악기를 사용하는 것이 좋다.

② 다양한 접근방법과 교수기술을 사용한다(Eliason & Jenkins, 2003).

노래를 부를 때는 한 가지 방법을 사용해서는 안 된다. 다양한 방법과 교수기술을 이용하여 영유아가 재미있게 흥미를 유지하면서 노래부를 수 있게 해야 한다. 다음의 방법을 사용할 수 있다.

- 허밍으로 불러본다.
- 한 소리(아아, 오오, 우우 등)로 불러본다.
- 노래 속에 나오는 재미있는 의성어(콩콩콩, 싹싹싹)로 불러본다.
- 교사가 노래할 때 영유아는 소리내지 않고 입만 벌려 노래한다.
- 교사와 영유아, 영유아와 영유아가 한 절씩 교대로 부른다.
- 영유아 혼자 또는 소그룹으로 노래하게 한다.
- 다양한 악기를 이용하여 노래부른다.
- 속도나 크기에 변화를 주어 노래부른다.
- 동작을 붙여 노래부른다.

③ 교수자료나 소품을 활용한다.

노랫말을 전달하기 위한 교수자료로 노랫말판을 만들 때 3~4세의 경우는 글보다는 그림을 주로 사용하고, 5세는 가능한 글자(노랫말)로 음의 길이까지 표현하도록 한다.

그림 5-7 노랫말 전달을 위한 교수자료의 예1

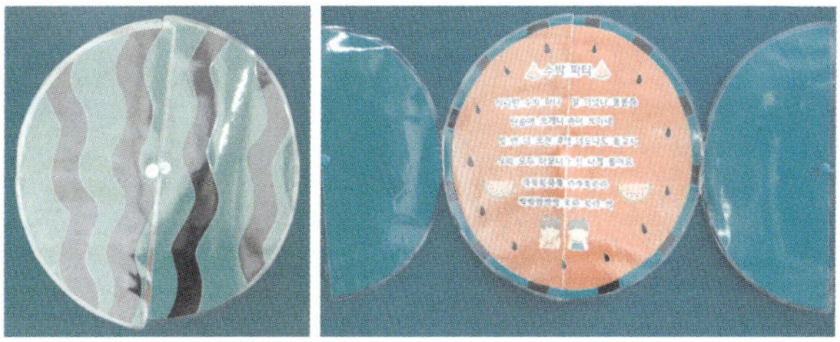

그림 5-8 노랫말 전달을 위한 교수자료의 예2

또한 노래부르기 활동을 도울 수 있는 소품을 이용할 수 있다. 예를 들어, 상자 인형으로 입을 크게 작게 벌린다든지, 개구리의 혀를 이용하여 길게 짧게 움직이면서 노래부른다.

그림 5-9 노래부르기 활동을 도울 수 있는 소품 활용의 예(상자인형)

④ 영유아가 노래 가사나 느낌을 이해하면서 노래부를 수 있도록 지도한다.

일반적으로 영유아에게 노래를 잘 불러보자고 하면 목청껏 크게 부르는 것으로 인식하는 경우가 많다. 노래를 잘 부른다는 것은 무조건 크게 부르는 것이 아니라 노래의 가사나 느낌을 이해하고 부르는 것을 의미한다. 또한 노랫말은 노래와 함께 이해하도록 한다. 영유아가 노래를 이해하는 것과 같이 노래 속의 새로운 단어도 이해해야 하지만 노래와 분리되어 노래 속의 단어만 반복하여 가르쳐서는 안 된다(Wolf, 1992). 흔히 교사는 노랫말을 노래와 분리시켜 가르치려는 경향이 있다. 노래부르기는 새로운 단어를 읽고, 익히는 활동이 아니라는 점을 주지해야만 한다.

이를 위해 내청법, 손음정 기호, 감정이입하여 부르기 같은 방법을 활용할 수 있다.

ㄱ. 내청법

- 교사와 영유아가 신호를 정한다.
- 교사가 신호를 보내면서 노래를 멈추도록 하면 영유아들은 심창(마음속으로 노래 부르기)을 한다.
- 교사가 두 번째 신호를 하면 영유아들은 다시 크게 노래를 부른다.

ㄴ. 손음정 기호

- 손으로 음정을 표시하면서 노래를 부른다.
- 손 이외에도 몸 전체를 이용하여 음정을 표시하면서 노래부른다.

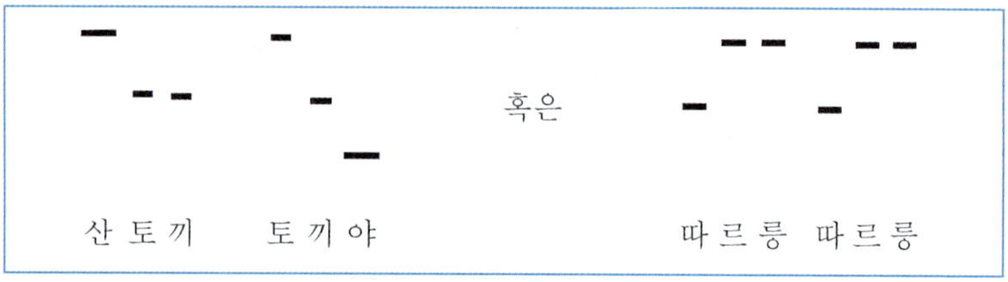

그림 5-10 손음정 기호

ㄷ. 감정이입하여 노래하기

- 노래의 감정을 고려하여 노래부른다. 예를 들어, 빠르게 / 느리게, 크게 / 작게, 씩씩하게 / 아름답게, 기쁘게 / 슬프게, 점점 여리게 / 점점 크게 등과 같이 음악적 요소와 정서적인 표현을 노래에 담아 부를 수 있도록 한다.

⑤ 영유아에게 노래부르기를 강요하지 않는다(Eliason & Jenkins, 2003).

다른 영유아들과 그룹으로 편안하게 노래부를 수 있기까지 시간이 걸리는 영유아도 있다. 참여를 강요하는 것은 효과적이지 않다. 그러나 노래부르기를 거부하는 영유아에게는 가능한 한 자주 참여의 기회를 주어 자연스럽게 더 많은 참여를 유도할 수 있다.

(3) 노래부르기 활동의 후속활동

노래부르기 활동은 다음과 같은 다양한 후속활동과 연관될 때 더 효과적이다.

① 영유아들이 부른 노래를 녹음하여 들려준다.
영유아들이 부른 노래를 녹음하여 들려주는 것은 노래부르기에 대한 반성적인 평가의 방법이며 영유아의 자신감과 성취감을 높일 수 있다. 녹음한 노래를 들을 때는 모든 영유아가 노래부르기에 참여하고 있는지, 음의 높낮이가 안정되어 있는지, 교사와 영유아의 목소리, 영유아들 간의 목소리에 균형이 있는지를 유의해서 듣는다. 또한 녹음한 자료를 집에 가져가서 부모들과 함께 듣고 함께 노래 불러볼 수 있게 한다.

② 노랫말을 바꾸어 불러본다.
노랫말을 바꾸어 불러봄으로써 영유아의 창의적인 사고를 기를 수 있다. 노랫말을 바꾸어 부를 때는 처음에는 한두 소절이나 후렴부분만 하다가 점차 폭을 넓혀 나가서 노랫말 전체를 바꾸어 부른다. 노래 가사를 바꿀 때는 무엇보다도 노래의 전체적인 맥락을 고려하도록 유의한다. 개사한 노래 가사를 묶어서 책으로 만들어 볼 수도 있다.

③ 노래의 내용이나 멜로디를 이용해서 동극이나 음악극 등 극놀이 활동을 한다.
노래 속 이야기를 동극으로 해보거나, 등장인물이나 상황에 맞는 노래를 선택해서 개사하여 동화를 음악극으로 꾸며볼 수 있다.

3) 악기다루기

악기다루기는 영유아에게 소리의 과학적인 지식에 대해 알 수 있게 해주고, 소리를 만들어 가는 과정을 통해 음악적인 요소에 반응해 볼 수 있게 해준다. 영유아는 다루기 쉽고, 재미있고, 다양한 악기를 경험하는 것이 좋다. 폭넓고 다양한 악기의 경험은 영유아에게 악기를 적절히 다루는 방법과 연주방법에 대한 감각을 길러준다. 나이가 어리거나 처음으로 악기를 다루는 영유아에게는 타악기나 리듬악기를 주고, 그 다음에 멜로디악기를 주는 것이 좋다. 악기다루기는 악기탐색하기와 악기연주하기로 구분된다.

(1) 악기탐색하기

① 악기의 이름과 사용방법을 자유롭게 탐색한다.

교사는 영유아에게 악기를 제공할 때 악기의 이름과 사용방법을 일방적으로 알려주지 않는다. 영유아가 악기를 보고, 만지고, 두드리는 과정을 통해 악기의 이름을 알아가고, 악기의 사용방법을 정확하게 터득해 나가도록 하는 것이 중요하다. 예를 들어, "오늘은 선생님이 이렇게 생긴 악기를 가지고 왔는데, 이 악기를 본 적이 있니?", "악기를 본 적이 있다면 어디서 보았니?", "무슨 악기라고 하는지 아니?", "이 악기는 어떻게 소리를 낼 수 있을까?" 등 발산적 질문을 사용하여 언어적 상호작용을 한다.

② 악기의 특성에 따라 어떻게 정확한 소리를 낼 수 있는지 탐색해 본다.

여러 가지 악기에 대한 소리의 비교, 만들어진 재료의 비교, 연주되는 방법에 대해 다양하게 탐색하여 어떤 방법으로 소리를 냈을 때 가장 아름답고 정교한 소리가 나는지를 알아본다.

(2) 악기연주하기

① 계획적인 악기연주하기 활동의 지도 단계는 다음과 같다.

ㄱ. 도입

ㄱ) 악기연주하기를 위해 준비된 악기를 소개한다.

교사는 악기의 소리만 들려주거나 악기에 대한 수수께끼를 내면서 동기유발을 할 수 있다.

ㄴ) 악기연주하기에 적합한 곡을 소개한다.

너무 길거나 복잡하지 않고, 영유아가 전부터 알고 있는 친숙한 노래(동요)를 선택한다. 노래 전체를 다 악기로 연주할 수도 있으나 노래의 특징적 부분만 악기로 연주할 수도 있다.

ㄴ. 전개

ㄱ) 악기연주를 위한 그림악보를 만든다.

(ㄱ) 연주할 악기를 선정하여 그림악보에 표시한다.

노랫말과 음악에 맞는 악기를 영유아와 함께 토의하여 선정한다. 예를 들어, '시계'라는 노래로 악기연주를 한다면 큰 시계는 어떤 악기로, 오빠 시계는 어떤 악기로, 언니 시계는 어떤 악기로 연주해야 하는지를 토의한다. 영유아들과 함께 결정한 대로 악기의 그림자료를 그림악보의 해당되는 노랫말 위나 아래에 붙여 표시한다.

시계						〈악기그림〉
				■	■	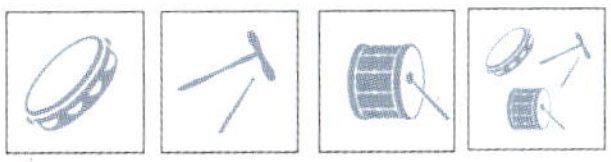
벽에	걸린	큰	시계	땡~~	땡~~	〈악기 연주방법 카드〉
				■	■	
책상	위에	오빠	시계	뚝 딱	뚝 딱	
				■	■	
언니	팔의	예쁜	시계	째깍째깍	째깍째깍	
				■	■	
장	단이	모두	다른	우리집 시	계~~	

그림 5-11 그림악보의 예

(ㄴ) 악기를 연주하는 방법을 선정하여 그림악보에 표시한다.

선정한 악기를 어떤 방법으로 연주할 것인지를 정하고, 해당되는 노랫말 위나 아래에 연주방법의 그림자료를 (악기 그림 옆에 함께) 붙여 표시한다. 예를 들어, 시계의 경우에 큰 시계는 큰북으로 둥둥 두 번을 치고, 오빠 시계는 우드블록으로 똑똑똑똑 네 번을 치고, 언니 시계는 탬버린으로 찰찰찰찰 빠르게 네 번을 칠 수 있다.

ㄴ) 그림악보를 보면서 신체를 이용하여 연주한다.

악기로 연주하기 전에 신체악기를 이용하여 연주해 본다. 예를 들어, 입으로 '둥둥', '똑똑똑똑', '찰찰찰찰' 하고 소리낼 수 있다. 교사의 노래나 피아노 반주에 맞추어 연주하며, 부분적으로만 연주하는 경우에는 나머지 부분을 영유아도 함께 노래부르면서 할 수 있다.

ㄷ) 그림악보를 보면서 악기로 연주한다.

그림악보대로 악기를 연주한다. 여러 명의 영유아가 함께 연주하는 경우에는 악기를 맡아서 연주한다. 가령, 세 명의 영유아가 함께 연주한다면 '시계' 노래의 경우 첫 번째 영유아는 큰북, 두 번째는 우드블록, 세 번째는 탬버린을 연주하고 마지막은 다 같이 연주할 수 있다.

ㄹ) 상황에 따라 그림악보를 수정하여 악기로 연주하는 단계를 몇 회 반복할 수 있다.

ㄷ. 평가

악기연주를 하고 난 느낌, 약속된 방법으로 악기를 연주했는지, 연주가 조화롭게 되었는지, 한 악기 소리만 너무 크게 나지는 않았는지 등에 대해 이야기 나눈다.

② 악기연주하기 활동 지도 시 일반적인 유의점은 다음과 같다.

ㄱ. 연주할 노래나 음악을 주의 깊게 들을 기회를 준다.

익숙한 노래일지라도 강조되는 부분이나 박자, 리듬, 분위기 등을 강조하며 2~3번 정도 주의 깊게 들려준다.

ㄴ. 다양한 악기를 연주하도록 격려한다. 영유아가 한 악기만을 연주하지 않도록 한다. 가능한 한 다양한 악기를 연주해 볼 수 있는 기회를 제공한다.

ㄷ. 영유아의 악기연주를 녹음하여 들려준다.

자신의 연주를 들음으로써 스스로 평가해 보도록 격려한다.

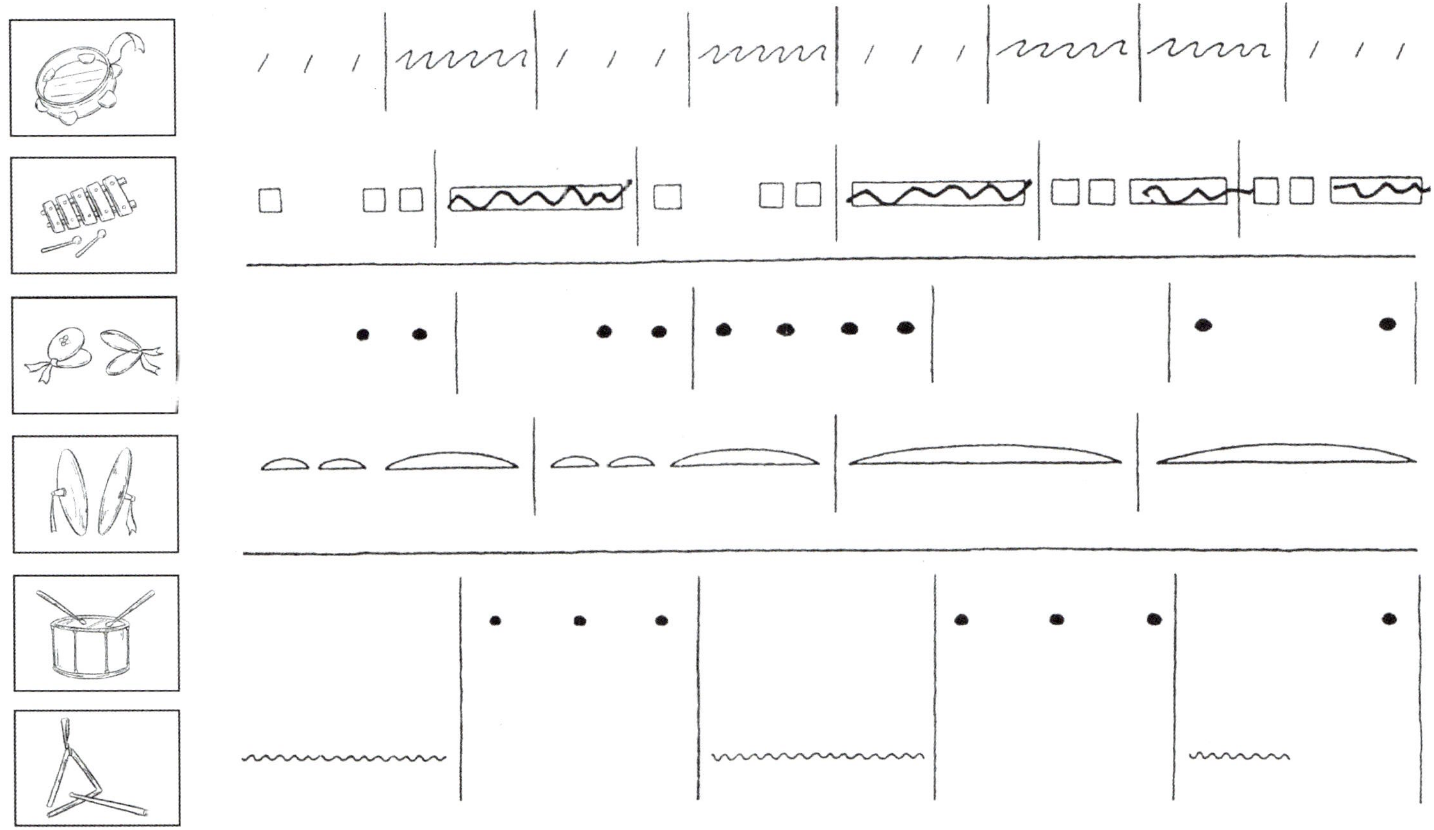

그림 5-12 악기연주를 위한 그림악보 표시의 예

표 5-4 악기다루기(악기연주하기) 활동계획안의 예

<table>
<tr><th colspan="2">활 동 명</th><td colspan="3">꼭꼭 약속해</td><th>생활주제</th><td>친구</td></tr>
<tr><th colspan="2">활동목표</th><td colspan="5">① 리듬(박자)에 맞추어 악기를 연주할 수 있다.
② 노랫말에 맞추어 악기를 연주할 수 있다.</td></tr>
<tr><th colspan="2">집단형태</th><td>대집단</td><th>대상연령</th><td>5세</td><th>활동시간</th><td>15~20분</td></tr>
<tr><th colspan="2">교수자료</th><td colspan="5">노랫말 판, 악기(탬버린, 캐스터네츠), 그림악보, 사인펜</td></tr>
<tr><th rowspan="2">활동방법</th><th>도입</th><td colspan="5">① 준비한 악기의 소리만 들려준다. 가리개를 이용해 악기는 보이지 않도록 한다.
- 선생님이 들려주는 악기 소리가 무슨 악기인지 잘 들어보도록 해요.
② 나머지 한 악기는 영유아가 나와서 소리를 들려주게 한다.
- 자 이번에는 친구 한 명이 나와서 악기소리를 들려주도록 하자.
- 누가 나와서 악기소리를 들려줄까?</td></tr>
<tr><th>전개</th><td colspan="5">① 탬버린과 캐스터네츠 다루는 방법을 알아본다.
- 탬버린은 어떻게 치는 걸까?
- 캐스터네츠는 어떻게 치는 걸까?
② 두 악기의 소리를 비교해 본다.
- 탬버린의 소리는 어떠니?
- 캐스터네츠의 소리는 어떠니?
③ '꼭꼭 약속해' 노래를 부른다.
- 지난 시간에 배운 '꼭꼭 약속해' 노래를 불러보도록 해요.
④ 노래에 맞추어 악기를 마음껏 연주해 본다.
- 노래에 맞추어 마음대로 연주하니까 어떠니?
- 노래에 맞게 악기를 연주하려면 어떻게 해야 할까?
⑤ 노랫말에 맞게 악기를 연결해 본다.
- '너하고 나는'은 어떤 악기로 연주하는 것이 좋을까?
- '꼭꼭 약속해'는 어떤 악기로 연주하는 것이 좋을까?
⑥ 선정한 악기를 노랫말에 맞게 연주할 방법에 대해 이야기한다.
- 이 부분은 탬버린을 어떻게 연주하면 좋을까?
- 이 부분은 캐스터네츠를 몇 번 어떻게 연주하면 좋을까?
⑦ 영유아들과 토의한 내용대로 그림악보를 완성한다.
⑧ 악기를 나누어준다.
- 탬버린을 하고 싶은 친구 나와서 가지고 들어가자.
- 악기는 연주할 때까지 무릎(옆)에 가만히 놓아두자.
⑨ 그림악보를 보면서 악기를 연주해 본다.</td></tr>
</table>

	평가 및 마무리	① 악기를 그냥 연주할 때와 그림악보를 보면서 연주할 때의 차이점을 이야기한다. - 악기를 그냥 연주할 때는 어땠니? - 그림악보를 보면서 연주할 때는 어땠니? ② 그림악보를 잘 지키면서 연주했는지 이야기한다. ③ 악기연주할 때 지켜야 할 약속은 잘 지켰는지 이야기한다. ④ 재미있었던 부분과 어려웠던 부분에 대해 이야기한다. - 연주를 하면서 가장 재미있었던 부분은 어떤 거였니? ⑤ 다음 활동을 소개한다. - 다음은 간식을 먹을 거예요. 탬버린이 “재미있었어요” 하는 친구 먼저 화장실에 다녀오자.

③ 집단으로 악기연주하기 활동은 혼란스러워지기 쉬우므로 규칙이 특히 중시되어야 한다. 한 번에 2~3종류 이상의 악기를 다루도록 하지 않는데, 다만 다양하고 폭넓은 악기소리의 비교와 분류학습을 목표로 할 때는 예외로 한다. 지도 시 유의점을 정리하면 다음과 같다(Greenberg, 1979).

ㄱ. 영유아에게 악기를 조용히 나누는 방법을 알려준다. 소그룹인 경우, 악기가 담긴 상자나 통 앞에 한 줄로 서서 자신이 연주하고 싶은 악기를 가져가도록 하거나 한 영유아로 하여금 나누어주게 한다. 대그룹인 경우에는 악기를 종류별로 상자에 넣고 그룹별로 악기를 나누어준다.

ㄴ. 때로는 악기를 실험해 보도록 허용한다. 나이 어린 영유아는 가능한 한 빨리 악기를 만지고 소리 내 보고 싶어 한다. 이때 주의할 점은 활동을 멈추는 신호(손을 들거나, 피아노나 다른 악기소리로)를 정해서 신호에 따라 멈추도록 하는 것이다.

ㄷ. 악기는 조심스럽게 다루기로 규칙을 정한다. 악기는 장난감이 아니라 수업활동을 위한 자료라는 것을 인식하도록 한다. 규칙을 어긴 영유아는 연주를 한 번 쉬게 하거나 악기를 회수한다.

ㄹ. 교사가 이야기하고 있는 동안은 악기를 연주하지 않으며, 악기연주 중에 옆의 영유아와 이야기를 하지 않도록 한다.

ㅁ. 연주를 시작하는 신호가 있기 전까지는 악기소리를 내지 않도록 한다. 악기를 연주하지 않을 때는 무릎 위, 의자 옆, 교실 바닥에 가만히 놓게 한다.

ㅂ. 영유아들이 서로 악기를 바꾸어 연주해 보도록 한다.

ㅅ. 악기연주가 끝난 후, 영유아 각자가 악기를 약속된 보관장소에 놓거나, 혹은 한 영유아가 통을 들고 다니면서 걷어서 정리하도록 한다.

4) 동작으로 표현하기

동작으로 표현하기는 음악적 경험과 밀접한 관련이 있다. 또한 영유아의 초기 발달은 감각적이고 운동지각적인 경험과 밀접한 관련이 있기 때문에 동작으로 표현하기는 중요한 음악교육의 내용영역으로 간주된다. 음악에 맞추어 영유아가 만들어 낸 신체표현은 단순히 음악에 맞추어 몸을 움직이는 것뿐만 아니라 음악에 대한 이해와 사고, 느낌을 전달한다. 영유아에게 있어서 신체표현활동은 자신의 감정과 욕구, 사고를 표현하는 수단이 되는 것이다. 동작으로 표현하기 교육내용 중 기본동작(이동 · 비이동 · 조작적)은 음악에 반응해서 움직이기 활동에 포함되어 지도되는 것이 일반적이다. 따라서 음악활동과 관련된 창의적 동작표현활동에 대해 살펴보고자 한다. 즉 노랫말에 동작 만들기, 음악적인 요소와 연결하여 동작표현하기, 동시나 동화 등 주제에 따라 동작표현하기의 지도방법을 살펴보면 다음과 같다.

(1) 노랫말에 동작 만들기

① 영유아가 익숙한 노래를 선택한다.
노랫말에 동작을 만들 때는 영유아에게 익숙하며, 짧고 단순한 노래가 적합하다. 처음부터 길고 복잡한 노래를 선택하면 영유아가 어려워할 수 있다. 동작으로 만들기에 적합한 노래로는 8마디 정도의 길이가 좋다.

② 노래 전체를 동작으로 만들기 어려우면 노랫말의 부분부분 동작만을 만들어 본다.
처음에는 반복되는 부분이나 노래의 한두 부분만을 선택하여 동작을 만든다. 그 후에, 또 다른 동작으로 바꾸어 표현해 보고 점차 노래 전체를 동작으로 만들어 간다.

③ 영유아와 함께 협의하여 동작을 만든다.
영유아에게 충분히 생각할 여유를 주고 영유아의 생각을 최대한 반영하여 동작을 만

들도록 한다. 교사와 영유아 간의 합의된 동작은 노랫말 옆에 그림으로 기록하여 영유아에게 제시해 준다.

(2) 음악적 요소와 연결하여 동작표현하기

① 동작표현활동을 위해 준비된 음악을 주의 깊게 듣게 한다.

음악에 대한 감정과 느낌, 생각을 표현하려면 능동적인 듣기가 필수적이다. 영유아가 음악을 듣고 동작하기 전에 생각할 시간을 충분히 주어(Haines & Gerber, 1992) 한 번만 듣고 동작을 하도록 요구하지 않는다.

② 음악적 요소를 쉽게 알 수 있도록 선명하고 분명하게 들려준다.

음악적 요소를 분명하게 인식할 수 있는 음악을 선택하거나 편집하여 들려주어야 한다. 즉 음악요소를 분명하게 대비하여 비교할 수 있는 음악(예: 빠른 곡 / 느린 곡, 행진곡 / 자장가, 높은 음 / 낮은 음)을 제시한다.

③ 음악적 요소와 관련된 언어적 지원을 한다.

교사는 음악을 들려주고 어떤 느낌과 생각이 드는지, 음악적 요소와 연결하여 어떻게 동작으로 표현할 수 있는지에 대해 언어적 지원을 한다. 즉 음악을 들으니까 느낌이 어떤지, 음악이 어떻게 점점 빨라지고 느려졌는지, 빠를(느릴) 때는 어떻게 몸을 움직여야 하는지에 대한 언어적 지원을 해주는 것이 좋다.

④ 학기 초에는 간단한 리듬에 맞추어 탐색할 수 있도록 짧은 음악을 사용한다.

영유아가 동작 탐색에 익숙해진 후에는 긴 음악을 듣고 창의적인 표현을 할 수 있다.

⑤ 리듬막대, 리본 테이프, 스카프 등 음악적 요소를 표현하기에 적절한 교수자료를 제시해 준다.

⑥ 교사가 활동주제에 따라서 모델이나 시범을 보이는 경우 이외에는 동작을 시범 보이는 것은 가능한 한 지양한다.

(3) 주제에 따라 동작표현하기

① 활동할 주제에 대한 충분한 관찰과 탐색의 기회를 준다.

활동할 주제에 대한 주의 깊은 관찰과 탐색과정은 영유아의 동작표현을 효과적으로 지원할 수 있다. 주제에 대한 탐색이 면밀하게 이루어질 수 있도록 교수자료를 사용한다. 주제에 적합한 실물, 모형, 그림자료, 비디오, 슬라이드, 움직이는 인형 등을 제시한다. 예를 들어, 파도를 표현할 때 교사는 다양한 파도의 움직임(잔잔한 파도, 성난 파도 등)을 관찰하고 탐색할 수 있는 그림자료나 비디오 자료를 활용할 수 있다.

② 주제에 따라 영유아가 동작표현을 생각할 수 있는 다양한 유형을 질문한다.
교사의 질문은 구체적인 답을 제시하는 유형이 아니라 문제를 해결할 수 있는 발산적·발견적 유형이어야 한다.

③ 영유아의 독특한 표현을 장려한다.
영유아에게 상상할 기회를 풍부하게 제공해 준다. 즉 '바람에 날리는 나뭇잎'이 되거나 '점점 커지는 풍선'이 될 때 영유아 나름의 나뭇잎과 풍선이 표현되도록 한다. 이러한 독창적인 자기표현은 창의적인 동작활동의 중요한 요인이다.

④ 창의적인 동작표현을 할 수 있는 언어적 지원을 한다.
예를 들어, '가볍게', '무겁게', '느리게', '모양을 따라서' 등과 같은 동작요소를 포함한 언어적 표현이나 영유아의 동작표현을 확장시키는 추후질문을 사용(예: "풍선이 나뭇가지에 걸렸네 어떻게 될까?")한다. 영유아는 대개 비슷한 표현을 하는 경우가 많은데, 영유아 나름대로의 생각을 찾을 수 있도록 지속적인 제안을 하는 것이 좋다.

⑤ 동작활동에 필요한 자료를 활용하며, 올바른 사용방법을 영유아와 토의한다.
스카프 한 장이나 줄 하나만으로도 창의적 표현이 잘 이루어질 수 있다. 영유아는 새로 접하는 자료에 흥미를 갖고 사용하지만 익숙해지면 목적에서 벗어나 잘못 사용하게 될 수도 있다. 올바른 사용방법에 대한 토의 기회가 도움이 된다.

⑥ 영유아 자신의 생각을 표현할 수 있도록 최대한 개방적이고 자유로운 분위기를 마련한다.

⑦ 교사는 활동 중 영유아의 표현을 주의 깊게 관찰한다.
교사는 세밀한 관찰을 통해 다양한 동작표현을 영유아 스스로 발견하도록 격려와 칭찬을 한다.

⑧ 영유아가 팔을 벌려서 서로 닿지 않을 정도의 충분한 공간이 필요하다.

(4) 손유희

새로운 손유희를 배울 때는 먼저 교사가 처음부터 끝까지 노래와 동작을 함께 소개하고, 자연스럽게 영유아가 따라해 보도록 한다. 손유희는 독립된 활동으로 소개하기도 하지만 전이활동이나 집단활동 시 도입이나 주의집중을 위해 주로 활용된다. 또한 손유희의 부분이나 전체를 바꾸어 보거나, 노래를 배운 후에 노랫말이나 음악적 요소와 관련하여 손유희를 만들어 볼 수 있다. 하나의 손유희를 주제에 따라서 융통성 있게 바꾸어서 활용하는 것도 효과적이다. 예를 들어, '가위바위보로 무얼 만들까?'를 주제에 따라 활용하면 〈표 5-5〉와 같다.

표 5-5 생활주제에 따른 손유희 활용의 예

생활주제	손유희(가위바위보로 무얼 만들까?: '아직 자니?' 멜로디에 맞추어 할 수 있다.)
교통기관	가위바위보로 / 가위바위보로 / 무얼 만들까 / 무얼 만들까/ 왼손은 주먹 / 오른손은 보 / 헬리콥터 / 헬리콥터 / 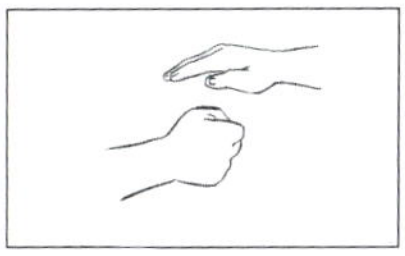
동 물	가위바위보로 / 가위바위보로 / 무얼 만들까 / 무얼 만들까 / 왼손은 주먹 / 오른손은 가위 / 토끼 / 토끼 / 
곤 충	가위바위보로 / 가위바위보로 / 무얼 만들까 / 무얼 만들까 / 왼손은 보 / 오른손은 보 / 나비 / 나비 / 
겨 울	가위바위보로 / 가위바위보로 / 무얼 만들까/ 무얼 만들까 / 왼손은 주먹 / 오른손은 주먹 / 눈사람 / 눈사람 / 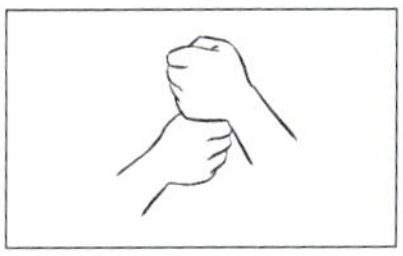

표 5-6 동작으로 표현하기 활동계획안의 예

<table>
<tr><td>활 동 명</td><td colspan="3">로봇처럼 움직이기</td><td>생활주제</td><td colspan="2">지구와 우주</td></tr>
<tr><td>활동목표</td><td colspan="6">① 신체를 이용하여 로봇의 움직임을 창의적으로 표현한다.
② 음악에 맞추어 로봇의 움직임을 표현해 본다.</td></tr>
<tr><td>집단형태</td><td>대집단</td><td>대상연령</td><td>5세</td><td>활동시간</td><td colspan="2">15~20분</td></tr>
<tr><td>교수자료</td><td colspan="6">로봇 장난감(건전지로 움직이는 것), 로봇의 움직임을 나타내는 비디오, 음악</td></tr>
<tr><td rowspan="3">활동방법</td><td>도입</td><td colspan="5">① 상자 안에 로봇을 보이지 않게 준비해 온다.
- 선생님이 상자 안에 어떤 물건을 가져왔는데 무엇일까?
② 선생님이 혹은 영유아가 수수께끼를 낸다.
- 선생님이 상자 안에 있는 물건이 무엇인지 수수께끼를 낼게 잘 들어보도록 하자.
- 친구 중 누가 나와서 상자 안에 있는 물건을 보고 수수께끼를 내보자.
- 다른 친구들은 잘 듣고 알아맞혀 보자.</td></tr>
<tr><td>전개</td><td colspan="5">① 로봇 장난감을 보면서 로봇의 모양과 움직임을 탐색해 본다.
- 로봇의 모양은 어떠니?
- 로봇이 어떻게 움직일까? 선생님이 로봇을 움직여 볼 테니까 잘 보자.
- 사람들의 움직임과 어떻게 다르다고 생각하니?
② 다양한 로봇의 움직임을 비디오를 보면서 알아본다.
- 로봇은 어떻게 걸어다닐까?
- 로봇은 어떻게 뛸까?
- 로봇은 어떻게 날아다닐까?
- 로봇이 쉴 때는 어떨까?
③ 로봇처럼 동작을 표현해 본다.
- 우리 로봇이 되어 보자.
④ 로봇의 움직임을 도울 수 있는 음악을 들려준다.
- 음악을 들려줄 테니까 로봇이 움직이는 모양을 잘 생각하면서 들어보도록 하자.
- 이 음악은 로봇이 어떻게 움직이는 것 같니?
⑤ 음악에 맞추어 로봇을 표현한다.</td></tr>
<tr><td>평가 및 마무리</td><td colspan="5">① 재미있었던 부분과 어려웠던 부분에 대해 이야기한다.
- 로봇이 되어 보니까 어땠니?
- 무엇이 재미있었니, 무엇이 어려웠니?
② 다음 활동을 소개한다.
- 다음은 실외놀이를 할 거예요.
- "나는 걸어다니는 로봇이 좋아요" 하는 친구 먼저 로봇처럼 걸어서 실외놀이터로 나가도록 해요.</td></tr>
</table>

5) 통합적으로 표현하기(음악극하기)

음악극은 음악감상하기, 노래부르기, 악기다루기, 동작으로 표현하기를 통합한 음악교육활동이다. 음악극은 동화, 동시의 내용 또는 주제에 관련된 내용을 극화하거나 노래극으로 구성하는 창작극에 속하는데(교육부, 1998), 창작극은 공연을 중시하는 구조화된 전통적 극놀이와는 달리 자발적으로 친숙한 상황과 주제를 발현적으로 선택하기 때문에 직접적인 참여자로서의 영유아의 역할이 강조된다. 창작극을 통하여 영유아는 능동적으로 모든 활동과정에 참여하게 되며, 공연의 결과가 아닌 과정에 교육적 가치를 둔다(Dillon, 1988; Erickson, 1998; McCaslin, 1990; Shaftel & Shaftel, 1983; 조동희, 1990).

케이(Kay, 1996)는 음악극을 초등학교 저학년 또는 유치원 시기 영유아들에게도 적합한 활동으로 제안한다. 음악극은 대사의 전달이 말이 아니라 노래, 신체표현, 음악요소들에 의해서 이루어진다. 음악극은 언어의 자유로운 표현이 미흡한 영유아에게 노래나 신체표현으로 자신의 생각과 느낌을 전달하게 해주는 용이함을 갖는다. 또한 음악극 속에는 어린 영유아가 좋아하는 많은 요소들, 즉 이야기, 음악, 무용, 시각적 예술, 그리고 상상적 요소들이 포함되어 있다(Miller, 1984). 또한 음악극은 환상적인 캐릭터와 함께 흥분되고 모험적인 이야기로 구성되고, 말과 노래와 동작이 완벽하게 어우러진 체험활동이다(Metropolitan Opera Guide, 2000). 따라서 음악극을 통해서 영유아는 자신들의 삶에 대한 이야기를 읽고, 쓰고, 노래하고, 춤추고, 웃으면서 그들의 삶과 결부된 경험을 자연스럽게 체험한다(Freire, 1987; Rossi, 1997).

이와 같이 음악극은 창작극의 한 유형으로, 음악극 활동은 자발적인 참여학습이 되도록 유도되어야 한다. 능동적이고 자발적인 음악극 경험은 영유아에게 자신이 경험한 세계를 이해해 나가고, 이야기를 구성하거나 대사를 익히고 분석하며, 그룹 안에서 협동작업을 하면서 지적, 언어적, 사회적 발달을 통합적으로 이루어 나가게 해준다. 이를 위해 교사는 영유아에게 음악극을 보고 즐기는 경험이 아니라 직접적인 체험이 되도록 이끌어 주어야 한다.

(1) 영유아에게 적합한 음악극

영유아에게 흥미롭고 친숙하며 발달수준에 맞는 내용의 음악극을 선정해야 한다. 동화는 영유아에세 친숙하고 흥미롭기 때문에 음악극의 내용으로 적합하다. 또한 소요시간이

20분 이상 넘지 않는 것이 좋다. 음악극의 내용이 어렵거나 길 경우에 주제의 전달이 산만하거나 모호하지 않은 범위 내에서 내용을 수정하여 활용한다. 또한 음악극의 내용은 전체 교육과정의 생활주제와 연관성을 갖는 것이 좋다. 선정된 음악극은 영유아의 흥미와 요구를 고려하고, 생활주제 중심의 내용에 근거해서 융통성 있게 그 내용을 변화시킬 수 있다(이효숙, 2001). 누리과정에 따른 생활주제를 중심으로 실시할 수 있는 음악극의 목록을 정리하면 <표 5-7>과 같다.

표 5-7 생활주제에 따른 음악극 목록

	동물	친구·가족·이웃	우리나라·세계 여러 나라	계절	
음악극	세 마리 곰	쥐순이의 결혼	검둥이 삼보	봄	아기 돼지 열두 마리 흰나비의 눈물
	아기 토끼 존	뚱보 아줌마	백설공주와 난쟁이		
	브레멘 음악대	털보 아저씨	떠버린 계란구이	여름	사랑의 빛
	늑대와 일곱 마리 아기 양	선녀와 나무꾼	인디언 이야기	가을	밀알을 누가 심었을까
	원숭이와 모자장수	콩쥐 팥쥐	나는 코끼리 덤보		
	황금 거위	효성스런 호랑이	혹부리 할아버지	겨울	꼬마 산타
	별주부전	서울쥐 시골쥐	흥부와 놀부		

(2) 음악극의 지도방법

음악극의 활동과정은 계획하기, 실행하기, 그리고 공연 및 평가하기로 이루어진다(이효숙, 2001). 위의 단계를 구체적으로 설명하면 다음과 같다.

① 음악극활동 계획하기

영유아에게 실시할 음악극에 대해 소개하고 활동을 구체적으로 계획한다. 음악극에 대한 소개와 이해를 돕기 위하여 어른이나 영유아가 공연한 음악극을 직접 관람시키거나 비디오를 보여준다. 음악극에 대한 소개와 이해는 사전활동으로 미리 이루어질 수도 있으며 이를 토대로 음악극활동을 계획한다. 음악극에 대한 계획은 주로 이야기 나누기 시간에 대그룹으로 토의에 의해 이루어진다. 음악극을 보고 난 느낌, 음악극을 할 수 있는 방법, 음악극을 위한 준비에 대해서 이야기 나눈다.

② 음악극활동 실행하기

계획에 따라 음악극활동을 실행한다. 구체적이고 실질적으로 공연을 위해 준비하는 과정으로 등장인물 분석하기, 노래부르기, 동작으로 표현하기, 역할분담하기, 소품 만들기 등을 포함한다.

ㄱ. 등장인물 분석하기

등장인물에 대한 분석은 등장인물 분석도를 작성함으로써 이루어진다. 대개 4~5명이 그룹지어 공동으로 토의하여 등장인물 분석도를 작성한 후에 모든 영유아가 함께 가장 적절한 등장인물 분석도를 완성한다. 등장인물 분석도를 통해서 인물들의 느낌, 정서, 성격 등을 이해할 수 있다.

ㄴ. 노래부르기

음악극 구성에 맞게 동화의 내용을 다시 구성하여 동화의 장면과 연결된 노래를 다양한 방법으로 부른다. 음악적인 요소인 리듬, 박자를 다양하게 탐색하고, 다양한 악기를 가지고 노래를 부른다. 노래를 배운 후, 음악극에 사용하기 위해서 노래를 녹음한다. 노래를 배우기 전이나 후, 자유놀이활동 시간에 자주 들어볼 수 있는 기회를 준다.

ㄷ. 동작으로 표현하기

등장인물 분석도를 통하여 분석한 인물들에 대해 신체표현을 좀 더 구체적으로 탐구하고 표현해 본다. 등장인물들이 화가 났을 때, 겁이 났을 때, 겁을 줄 때 등의 신체표현이나 표정을 장면에 보다 적합하게 표현해 본다.

ㄹ. 역할분담하기

주인공, 등장인물, 그리고 스탭의 역할에 대해서 이야기 나눈 후에 배역을 정한다. 이때 영유아들은 주인공과 등장인물, 그리고 스탭이 해야 할 일들을 구체적으로 토의하여 결정한다.

ㅁ. 소품 만들기

소품으로는 어떠한 것이 필요하고, 무엇으로 만들 수 있는지를 토의한 후 만들 작품과 재료를 결정하여 작업한다. 예를 들어, 포스터나 무대의상을 만들고 무대배경을 꾸밀 수 있다.

계획하기

- 음악극을 할 수 있을까?
- 음악극을 어떻게 할 수 있을까?
- 음악극을 하려면 어떤 준비를 해야 할까?

노래부르기

- 대집단, 소집단, 개별활동 -

- 기존의 음악극 노래 반복해서 듣기
- 동화의 장면과 연결된 노래를 다양한 방법으로 부르기
- 리듬, 박자, 악기와 연결하여 노래부르기
- 노래가사 바꾸어 부르기
- 노래 녹음하기
- 리듬이나 박자, 악기와 함께 활동할 수 있는 놀이자료를 음악영역에 배치하기

등장인물 분석도 구성하기

- 대집단, 소집단 -

- 동화를 듣고 동화의 인물 분석하기
- 4~5명이 공동으로 토의한 후 등장인물 분석도를 작성하기
- 등장인물 분석도를 통해서 인물들의 느낌, 정서, 연기 분석하기

실행하기 (통합활동 구성하기)

역할분담하기

- 대집단 -

- 주인공, 등장인물, 스탭의 역할에 대해 의논하여 역할 정하기
- 등장인물들을 늘릴 수 있는 방법들에 대해서 토의하기
- 주인공과 등장인물 그리고 스탭이 해야 할 일들을 구체적으로 토의하기
- 주인공과 등장인물, 그리고 스탭의 역할을 바꾸어 하기

동작으로 표현하기

- 대집단, 소집단 -

- 인물들에 맞는 신체표현하기
- 등장인물들이 화가 났을 때, 겁이 났을 때, 겁을 줄 때 등에 대한 동작이나 표정을 장면에 보다 적합하게 표현하기
- 신체표현 탐색을 위해서 교사는 사람이나 동물들이 화가 나거나 겁을 줄 때 그림자료나 비디오 화면을 보여줌으로써 신체표현을 지지하기

소품만들기

- 대집단, 소집단, 개별활동 -

- 소품으로는 어떠한 것이 필요하고, 무엇으로 만들 수 있는지를 토의한 후 만들 작품과 재료를 결정하여 작업하기
- 포스터 만들기, 무대의상, 무대배경, 소품 만들기

전시하기

- 음악극이 진행된 전개과정 전시하기
- 진행순서에 따른 사진과 결과물 전시하기
- 등장인물 분석도, 역할 분담표 전시하기
- 노래에 맞게 정해진 신체표현하기
- 의상, 소품, 무대배경 디자인 및 결과물 공연하는 모습 전시하기

공연 및 평가하기

- 음악극 공연 및 감상하기
- 영유아음악극을 비디오로 시청 후 반성적인 평가하기
- 음악극을 실행해 보고, 공연한 후의 느낌이나 감상을 자유놀이시간에 저널쓰기하기

그림 5-13 영유아음악극 활동과정

③ 음악극 공연 및 평가하기

준비한 음악극을 공연하고 평가해 본다. 음악극에 대한 공연은 두 팀으로 나누어 모든 영유아가 음악극의 역할과 스탭의 역할을 경험할 수 있게 실시한다. 음악극이 끝난 후에 잘된 점과 고쳐야 할 점에 대해서 토의하고, 영유아들이 공연한 영상을 시청하면서 반성적인 평가를 실시한다.

음악극의 활동과정을 도식화하면 [그림 5-13]과 같다(이효숙, 2001).

또한 음악극 활동은 생활주제에 맞게 음악극을 선정하여 통합적으로 계획할 수 있다. 다음은 '우리나라'라는 생활주제에 따라 음악극 '흥부와 놀부'를 선정하여 통합적으로 활동을 구성한 것이다.

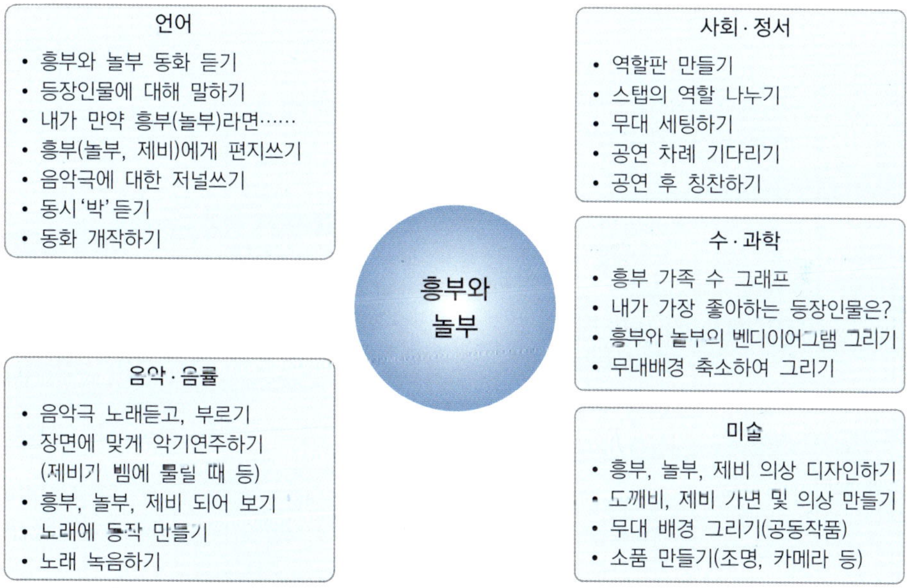

그림 5-14 '흥부와 놀부' 음악극의 통합적인 활동구성

'흥부와 놀부'를 예로 들어 음악극 활동과정에 따라 활동내용, 활동형태, 집단구성의 방법을 구체적으로 제시하면 〈표 5-8〉과 같다.

표 5-8 '흥부와 놀부' 음악극 활동과정

기간	활동과정	활동내용		활동형태	집단구성
1주	계획하기	동화 듣기	• 흥부와 놀부 동화 듣기	동화	대집단
		음악극 계획하기	• 흥부와 놀부 음악극 계획하기 • 음악극의 준비절차에 대해 이해하기	이야기 나누기	대집단
		등장인물 분석도 작성하기	• 등장인물 분석도 작성하기 흥부, 놀부, 아내, 아이들, 제비, 도깨비 • 흥부/놀부 벤다이어그램 그리기 • 소그룹으로 등장인물 분석도를 작성한 후 대그룹에서 종합적으로 완성하기	이야기 나누기 자유놀이	대집단 소집단
		노래 듣기	• 흥부와 놀부 음악극 노래테이프를 자유롭게 듣기	자유놀이	대·소집단
2~3주	실행하기	노래 부르기	• 흥부와 놀부 음악극 노래부르기 • 리듬, 박자를 다양하게 활용하여 노래부르기 • 역할, 상황에 따라 노래부르기 • 노래가사 개작하여 부르기	노래부르기	대집단
		소품, 의상, 무대 디자인하기	• 여러 가지 동화의 삽화를 보고 비교하기 • 등장인물과 제비의상 및 박, 보물소품 디자인하기 • 흥부와 놀부의 차이점 비교하여 디자인하기 • 재료의 선택과 기존의 설비를 활용할 수 있는 방법 토의하기(예: 보물-블록, 의상-한복)	작업	대집단
		역할 정하기	• 역할 및 스탭 정하기 • 등장인물과 스탭은 두 조로 나누어 배정하기	이야기 나누기	대집단
		노래 녹음하기	• 노래와 대사 녹음하기(이때 녹음되는 내용은 영유아음악극 활동에 참여한 영유아들이 직접 노래나 대사를 녹음)	노래부르기	대집단
		동작으로 표현하기	• 노래에 따라 상황에 맞는 신체표현하기 • 등장인물 분석도를 참고하여 흥부, 놀부, 아이들, 도깨비, 제비에 맞는 신체표현하기 • 노래의 가사나 음악적 요소에 맞게 신체표현하기	신체표현하기	대집단
		소품, 의상, 무대배경	• 디자인한 소품, 의상 만들기 • 무대배경 그리기(공동)	자유놀이	개별 대·소집단

기간	활동과정	활동내용		활동형태	집단구성
		만들기	• 색종이 찢어 제목 만들기(공동) • 무대 위 작은 조명 만들기		
		저널쓰기	• 흥부와 놀부 음악극을 준비하면서 느낀 점에 대해 저널쓰기	자유놀이	개별
4주	공연 및 평가하기	무대배경 설치하기	• 무대배경을 무대 위에 설치하기 • 기존의 설비를 활용하여 설치하기	자유놀이	대·소집단
		연습하기	• 영유아들이 녹음한 노래테이프를 이용하여 연습하기 • 두 조로 나누어진 등장인물과 스탭의 역할 연습하기	자유놀이 노래부르기 신체표현하기	대집단
		공연 및 평가하기	• 1조와 2조 공연하기 • 공연할 때 찍은 영상을 보면서 평가하기	자유놀이 이야기 나누기	대집단
		저널쓰기	• 공연이 끝난 후에 감상과 느낌을 저널 쓰기	자유놀이	개별

(3) 음악극 지도 시 일반적인 고려점

① 음악극은 행사 시 발표용이 아니라 정규 교육과정의 일부로 진행한다.

음악극은 학기 말에 재롱잔치식의 발표용으로 실시되는 경우가 많다. 그러나 음악극은 교육활동의 일환으로 인식되고, 영유아교육기관에서 진행되는 교육과정의 하나로 실시되어야 한다(심성경, 이효숙, 2001).

② 음악극 활동은 통합적으로 구성한다.

음악극 활동은 모든 교과영역이 통합되어 있는 활동이므로 전체 교육과정의 주제를 중심으로 다른 교육과정 영역의 활동과 연관지어 통합적으로 계획되고 실시되어야 한다.

③ 하나의 음악극을 계획에서 공연 활동까지 진행시키려면 기간은 한 달 또는 그 이상이 적당하다. 음악극은 통합적 활동으로 단기간에 훈련시키는 식이 아니라 장기적인 프로젝트로 진행할 때 보다 질적인 교육활동으로 전개할 수 있다(심성경, 이효숙, 2001).

④ 영유아의 생각을 가능한 한 존중하고 수용한다.

예를 들어, 동작을 만들거나 소품을 만들 때는 영유아들의 생각을 중심으로 만든다.

이는 영유아에게 활동에 대한 흥미를 높여 주고, 학습성향을 지속하는 동기가 되며, 자긍심을 길러줄 수 있다.

⑤ 가능한 한 많은 영유아가 역할을 맡아 참여할 수 있도록 한다.
한두 명의 영유아가 주인공으로 한정되기보다는 많은 영유아가 참여할 수 있도록 등장인물이 많은 것이 좋다. 음악극에 참여하는 영유아의 수가 등장인물보다 많을 경우에는 동일한 등장인물을 늘린다. '늑대와 일곱 마리 아기 양'이나 '브레멘 음악대'는 등장인물이 많고, 등장인물의 수를 많이 늘릴 수 있는 좋은 예이다.

⑥ 소극적인 영유아는 자연스럽게 참여를 유도한다.
내성적이거나 소극적인 영유아는 음악극에 강제로 참여시키지 않고, 친구와 동일한 역할을 주거나, 소품의 역할을 하게 한다. 예를 들어, '브레멘 음악대'의 경우에 말의 역할을 두 명으로 짝을 이루게 한다든지, 무대 위의 나무와 같은 소품의 역할을 하게 한다.

4. 영유아음악교육의 활동 유형에 따른 지도방법

1) 영유아음악교육의 활동 유형

영유아음악교육의 활동은 독립적으로 계획된 음악활동, 자유선택활동으로서의 음악활동, 우연한 음악활동으로 유형을 구분할 수 있다. 계획된 음악활동은 가장 구조적이고 의도적인 교육활동으로 주제나 영유아의 흥미에 따라 거의 대그룹으로 진행된다. 자유선택활동으로서의 음악활동은 반구조적인 활동으로 교사가 의도하여 계획해서 제공한 활동 중 영유아가 자발적으로 선택하여 이루어진다. 또한 음악영역을 중심으로 소그룹이나 개별활동으로 진행된다. 우연한 음악활동은 가장 비구조적인 활동으로 미리 계획된 것이 아니라 하루일과 중에 우연히 수시로 나타난다.

(1) 계획된 음악활동

계획된 음악활동을 전개할 때 고려해야 할 점은 다음과 같다(Greenberg, 1979).

① 영유아교육기관의 일과 중 계획된 음악활동에 적합한 시간은 하루가 시작될 때, 간식 전후, 동화나 자유선택활동 후이다.
영유아교육기관의 하루가 시작될 때는 영유아의 정신이 맑고 민첩하므로 계획한 음악활동을 실시하기에 적합하다. 또한 대부분의 음악시간은 신체적인 활동이 포함되어 있기 때문에 실외활동 이후, 점심과 낮잠 직후, 이른 아침은 피하며, 영유아가 피곤한 상태이거나 흥분되어 있을 경우에도 피하는 것이 좋다.

② 계획된 음악활동은 학기초 부터 시작할 수 있다.
계획된 음악활동은 일반적으로 대그룹으로 진행되는데, 다른 대그룹활동에 비해 계획된 음악활동은 영유아가 흥미롭게 대그룹활동에 익숙해지는 데 도움이 된다.

③ 계획된 음악활동 시간은 10~20분으로 계획한다.
계획된 음악활동 시간은 지나치게 길어서는 절대 안 되며, 학기 초에는 5~10분 정도로 하고, 학기 중간쯤부터 10~15분 정도의 시간으로 진행한다. 학기 말에는 영유아의 흥미도와 집중도에 따라 15~20분 정도의 시간을 할애할 수도 있으며, 종일반의 경우에는 짧은 음악시간을 오전과 오후에 두 번 하는 것도 가능하다.

④ 계획된 음악활동 시간은 반원이나 원의 형태로 활동을 진행한다.
원의 형태가 교사와 영유아가 얼굴을 마주하고, 서로 간의 친밀한 상호작용을 하도록 도울 수 있고, 영유아들 간의 상호작용에도 도움이 된다.

(2) 자유선택활동으로서의 음악활동

자유선택활동으로 음악영역에서 이루어지는 음악활동은 대그룹활동에서 간과할 수 있는 영유아의 개별적인 탐구와 표현의 기회를 극대화시킬 수 있다. 영유아는 자신의 흥미에 맞는 한 가지 이상의 활동에 능동적으로 참여함으로써 창의적인 음악활동을 경험하게 된다. 또한 영유아는 음악영역 이외에 다른 흥미영역의 활동과 통합적으로 음악적 활동을 자연스럽게 전개해 나갈 수 있다. 예를 들면, 소꿉놀이영역에서 극놀이를 하며 악기를 연주하거나 인형을 이용하여 음악극을 할 수 있다.

(3) 우연한 음악활동

영유아음악활동은 미리 계획되지 않았더라도 영유아교육기관의 하루일과 중 다양한 시간에 일어날 수 있다. 영유아교육기관의 하루일과 중 우연한 음악활동의 기회가 되기에 적합한 시간은 다음과 같다.

① 영유아교육기관의 하루가 시작될 때 : 등원 시, 교사나 친구들과 인사할 때, 자유선택활동을 시작할 때 등
② 간식 전후 : 간식을 기다리며, 간식을 먹은 후
③ 동화를 들려준 후 : 동화를 듣고 나서 귀가 준비할 때
④ 자유선택활동 후 : 놀잇감을 정리할 때, 다른 활동을 준비할 때
⑤ 주제와 관련된 대그룹 또는 소그룹 활동 시 : 이야기 나누기, 게임, 실험, 요리하기 활동을 시작할 때나 마칠 때, 또는 중간중간에
⑥ 산책이나 견학 시 : 출발 전, 산책이나 견학 중 이동할 때, 놀이할 때

2) 영유아음악교육활동의 전개

선정된 음악활동을 효과적으로 전개하기 위해서는 구체적인 수업과정을 계획하고 실행해야 한다. 대부분의 수업활동은 도입-전개-평가 및 마무리의 과정으로 진행된다. 특히 계획된 음악활동의 경우 거의 대집단으로 이루어지는데, 그 전개과정을 살펴보면 다음과 같다.

(1) 도입

도입과정은 영유아에게 전개될 활동에 대한 학습동기를 유발하여 자연스럽게 활동에 몰입할 수 있도록 이끄는 과정이다. 따라서 도입과정은 영유아가 활동에 대한 흥미와 호기심을 갖도록 진행하는 것이 가장 중요하다. 영유아가 이전의 경험과 연관지어 볼 수 있게 하거나 다양한 시청각 교수매체를 사용하는 것이 효과적이다. 도입과정을 위한 방법을 구체적으로 제시하면 다음과 같다.

① 영유아의 이름을 부르거나 간단한 손유희, 익숙한 노래부르기 등으로 시작한다. 음악활동 주제와 관련된 자료를 효과적으로 사용한다. 노랫말을 전달할 때 사용하는 교수자료를 이용하여 짧은 이야기나 동화로 각색하여 들려준다.

② 다양한 방법으로 활동에 대해 추측해 보게 한다.
수수께끼를 내거나, 짧은 이야기 들려주기, 간단한 손인형을 이용한 극화 등의 방법을 사용한다.

③ 전개될 활동의 이름과 구체적 활동내용을 간단히 소개한다.

④ 도입과정은 3~5분 정도가 좋다. 도입과정이 길면 영유아의 흥미가 떨어질 우려가 있다.

(2) 전개

전개과정은 계획된 대로 영유아를 실제 음악활동에 참여시키는 과정이다. 전개과정에서 가장 중요한 것은 영유아가 즐겁고 자유롭게 음악활동을 충분히 경험할 수 있도록 하는 것이다. 이를 위해 교사는 영유아의 활동에 민감하게 반응해 주고, 언어적으로 지원하면서 적절한 상호작용을 제공해야 한다. 전개과정에서 고려해야 할 점을 제시하면 다음과 같다.

① 교사는 영유아에게 적절하고 다양한 질문을 한다.
전개과정에서 영유아의 호기심을 유발하고 활동을 보다 심층적으로 전개할 수 있도록 하기 위해 교사의 질문이 매우 중요하다. 특히, 영유아의 음악적 사고를 자극하고 창의적 사고를 유발하는 발산적 유형의 질문이 필요하다. 예를 들어, "지금까지 '호두까기 인형'에서 나오는 '중국 춤'과 '러시아 춤'이란 곡을 들어보았는데 어떤 점이 서로 다른 것 같니?, 빠른 부분과 느린 부분은 어느 부분이었니?", "빠른 부분(느린 부분)에서는 악기가 어떻게 연주되는 것 같니?"와 같은 질문을 할 수 있다.

② 활동에 맞는 적절한 교수자료를 활용한다.
다른 대그룹활동과 마찬가지로 영유아의 흥미 유지를 위해 다양한 교수자료를 이용한다. 음반이나 녹음자료, 여러 가지 악기, 그림이나 동화자료, 인형자료, 소품 등을 활동에 따라 적절히 선택하여 사용한다.

③ 영유아가 참여할 수 있는 방법을 적극 활용한다.

교사의 일방적인 수업활동의 전개가 아니라 영유아의 참여를 최대화하여야 한다. 교사가 준비한 융판자료를 영유아에게 붙여 보게 하거나 악기소리를 내보게 하는 등과 같이 영유아를 활동에 참여시킨다.

④ 영유아의 자유로운 질문과 표현을 격려한다.

영유아는 활동 중에 수시로 질문하고 자기만의 독특한 생각이나 표현을 한다. 이때 교사는 항상 친절하게 응해주고, 영유아의 독창적인 사고나 표현을 격려한다.

(3) 평가 및 마무리

평가 및 마무리 과정은 음악활동을 끝내는 과정이다. 음악활동에 참여하고 느낀 것을 회상하고, 음악활동의 수행에 대해 구체적으로 평가해 보고, 다음 활동으로 전이하는 활동까지가 포함된다. 평가는 영유아의 연령에 따라 다르지만 가능한 한 짧게 하는 것이 좋다.

① 음악활동을 한 후의 느낌과 생각을 표현하도록 한다.

② 음악활동의 수행에 대해 영유아와 함께 구체적으로 평가한다.

교사는 영유아가 활동에 대해 평가해 볼 수 있도록 질문과 정보를 제공한다.

③ 다음 활동으로 자연스럽게 전이하는 것으로 마무리한다.

5. 영유아음악교육의 평가

영유아음악교육에서 평가는 상당히 중요하지만 어려운 작업이다. 음악이라는 특성, 즉 창조력을 기초로 한 예술성, 표현성 등은 주관적이며 측정하기 어려운 속성을 내포하고 있기 때문에 객관적으로 평가하기 어렵다(안재신, 2005).

영유아음악교육의 평가는 음악활동의 교육목표의 성취 정도와 교육목표에 따른 영유아의 변화과정을 파악하고, 다음 활동에 필요한 기초자료를 제공하기 위해서 필요하다. 즉 영유아음악교육 평가는 영유아의 음악적 발달에 대한 정보를 취하고 이후의 수업 계획과 전개를 보다 용이하게 해주며, 또한 교사와 부모 간의 의사소통을 원활하게 해준다.

영유아음악교육 평가는 음악교육활동에 대한 평가, 영유아 개인에 대한 평가, 부모에 의한 평가로 이루어진다.

1) 음악교육활동에 대한 평가

음악교육활동에 관한 평가는 매일매일 이루어져야 한다. 매 수업활동에서 그리고 하루 일과 중 모든 음악적 활동에서 영유아가 어떻게 반응하고 학습하였는지에 대한 평가는 다음 활동의 계획과 전개에 매우 중요하기 때문이다.

음악교육활동에 대한 평가는 첫째, 음악활동에서 설정했던 목표를 어느 정도 달성했는가, 둘째, 활동 전개과정에서 계획과 다르게 진행된 점은 무엇인가, 셋째, 음악활동에 사용한 교수자료가 적합했는가에 대해 평가하는 것이다.

음악교육활동에 대한 평가도구로는 안재신(2005)에 기초하여 만들어진 [그림 5-15]와 같은 관찰기록지를 들 수 있다. 이 도구는 영유아의 음악활동의 전체적인 특성을 교사 스스로 평가할 수 있도록 되어 있다. 즉 활동의 성격이 영유아 주도의 탐색적(자발적) 활동인

음악교육활동 평가모형

활동명 : 날짜 :

활동의 특성(시작)	(과정)	활동에 참여한 영유아 수:	교수 자료:
- 영유아 자발적 - 교사 주도적	- 자유 탐색 - 교사의 간섭 - 교사의 지시	(이름).	

교사의 역할	영유아의 역할			
	활동의 유형	음악적 경험	음악적 사고	관찰된 행동
	- 음악감상하기 - 노래부르기 - 악기다루기 - 동작으로 표현하기	- 탐색 - 연주 - 창작	- 이름 붙이기 - 인식하는 것 - 구별하기 - 분류짓기 - 순서짓기 - 비교하기	

그림 5-15 음악교육활동 평가모형의 예

지, 교사 주도의 개입활동인지, 몇 명의 영유아가 참여했는지, 무슨 자료를 사용했는지를 평가한다. 교사는 활동과정에서 영유아의 행동과 사고과정을 알 수 있는 말을 체크하고, 교사의 역할을 기술한다.

2) 영유아 개인에 대한 평가

영유아에 대한 평가는 주로 음악활동에 대한 행동 관찰에 의해 이루어진다. 교사는 음악활동을 전개하면서 영유아의 음악표현을 세밀하게 관찰하고, 음악활동 이외에 다른 활동과의 통합적인 발달과정을 관찰하고 평가해야 한다. 영유아 개인에 대한 평가는 영유아의 음악적 행동에 대한 평가와 음악적 능력에 대한 평가로 구분할 수 있다.

(1) 영유아의 음악적 행동 평가

3~5세 유아의 음악적 행동 평가를 위한 음악적 행동의 관찰 항목은 다음과 같다(안재신, 2005).

① 3세 유아의 음악적 행동

- 소리의 차이(일반환경에서나 음악에서)를 점차 알아간다.
- 어디에서 소리가 나는지 아는 능력이 늘어난다.
- 여러 가지 다른 음악적 소리에 호기심을 갖는다(똑똑, 딸랑딸랑, 쿵쿵).
- 음악용어가 늘어난다.
- 제한적이나마 그룹으로 소리를 분류하거나 조직할 능력을 갖게 된다.
- 소리에서 같은 점과 다른 점을 들을 수 있는 능력이 생긴다.
- 보지 않고도 소리의 같고 다름을 들을 수 있다.
- 목소리를 이용해서 자신의 멜로디를 만들거나 작곡된 노래의 일부를 부를 수 있는 능력이 커간다.
- 노래활동을 하는 그룹을 세심하게 선택하여 참여한다.
- 적절한 노래에 맞추어 동작하게 하는 지시에 따른다.

- 음악적 자극에 상호작용하여 즉흥적인 동작을 하게 된다.
- 소리채(sound starter)의 소리에 반사적으로 반응하는 것에서부터 조절하는 행위를 하게 된다.
- 기본박자에 대한 자신의 구체적 감정을 반응한다.
- 깊은 상상이나 개념적인 사고를 포함하지 않는 지시나 음악에 대해서도 동작한다.

② 4세 유아의 음악적 행동

- 그룹에 참가하여 함께 음악을 즐기는 능력이 커간다.
- 쉽게 음악활동에 접하고 흥미를 지속하는 능력이 신장된다.
- 자기 나름대로의 놀이로 악기연주를 계속할 수 있다 : 점차로 다른 악기의 반주와 관계를 알게 된다.
- 소리의 단계를 눈으로 보고 귀로 듣는 능력이 자란다 : 간단한 음과 음색을 구별하는 놀이를 할 수 있다.
- 소리를 표현적으로 사용할 수 있다.
- 즉흥연주에서 목소리나 악기로 악절의 느낌을 나타낸다.
- 무의미한 말이나 웃기는 어휘를 좋아하고, 노랫말이나 곡조가 있는 말을 좋아한다.
- 악기나 노래의 이중주에 더 민감한 반응을 보인다.
- 특정한 곡조의 노래를 음에 맞게 노래할 능력이 생긴다.
- 악기의 반주에 맞추어 즉흥 노래를 부를 때, 음계의 시작음에 반응하는 능력이 커간다.
- 노래하면서 움직이는 활동에서 목소리로 참여하는 횟수가 늘어난다.

③ 5세 유아의 음악적 행동

- 집단활동을 잘 해나갈 수 있는 능력이 커진다.
- 단순한 표현적인 움직임과 즉흥으로 만든 노랫말에서 더욱 폭넓은 상상력을 사용한다.
- 보다 기술적이고 짜임새 있는 즉흥곡을 사용한다.

- 음악적 활동에서 순서(원인과 결과)를 보다 효과적으로 다루게 된다.
- 반대로 사고하는 능력이 신장된다 : 간단한 반복패턴을 기억하고 연주하는 능력이 생긴다.
- 움직임이 신장된다 : 균형감, 안정된 박자의 느낌, 반복되는 움직임의 패턴 등이 신장된다.
- 찬트나 노랫말의 기본박자와 리듬 패턴을 손뼉으로 쳐 볼 때, 리듬이 정확해진다.
- 다른 사람의 음에 맞추는 능력이 증가되고, 음과 리듬의 기억력이 늘어나고, 간단한 내면적 감상을 하기 시작한다.

(2) 영유아의 음악적 능력 평가

영유아의 음악적 능력을 평가하기 위해서는 듣기 검사, 음악개념 검사, 음악적 잠재력 검사 등이 사용된다. 예를 들어 살펴보면 다음과 같다.

① 영유아의 듣기 검사(김춘희, 1994)

이연섭(1990)의 '학습준비도 검사' 중 청각기능에 관련된 문항을 선별하여 만든 것이다. 검사의 문항은 총 24문항으로 청각변별 16문항, 청각기억 8문항으로 구성된다. 각 문항당 맞으면 1점, 틀리면 0점을 주고, 최하 0점부터 최고 24점까지 주어진다.

■ 듣기검사 항목의 예 :

1. 주위에서 들을 수 있는 소리 알아맞히기

① 기차소리	② 눈 밟는 소리
③ 예식장 소음	④ 병아리
⑤ 호랑이	⑥ 양

2. 리듬악기 소리 알아맞히기

① 북	② 트라이앵글
③ 우드블록	④ 탬버린
⑤ 캐스터네츠	

3. 빠른 소리와 느린 소리 구별하기(박자기로 녹음하기)
① Andante(92)-Allegro(138)　② Presto(200)-Allegro(152)
③ Andante(100)-Adagio(72)　④ Moderato(112)-Allegro(138)
⑤ Andante(92)-Moderato(112)

4. 박자치기를 한 번 듣고 따라하기(손뼉치기)

①

②

③

④
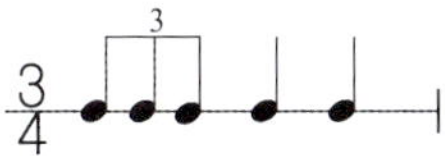

⑤
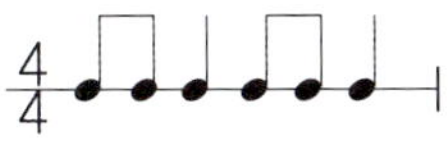

5. 3가지 소리를 차례대로 맞히기(악기)
① 캐스터네츠-트라이앵글-작은북　② 방울-탬버린-우드블록
③ 트라이앵글-방울-탬버린(트레몰로)

② 영유아음악개념 검사(김춘희, 1994)

이건용(1993)의 청각을 통한 '음악능력 평가 시스템 검사' 중 영유아에게 적합한 문항만을 선별하여 작성한 것이다. 검사 문항은 총 18문항으로 가락, 화음, 음색, 표현법, 셈여림의 범주별로 각 3문항씩 구성되었다. 이 검사는 청각을 통한 검사이므로 각 문항을 녹음하여 제시한다. 문제의 유형은 녹음된 문항을 듣고 두 예가 서로 같은지 다른지를 예/아니오로 대답하는 방식이다. 점수는 각 문항당 맞으면 1점, 틀리면 0점을 주고, 최하 0점부터 최고 18점까지 주어진다.

■ **음악개념 검사항목의 예 :**

1. 가락

①

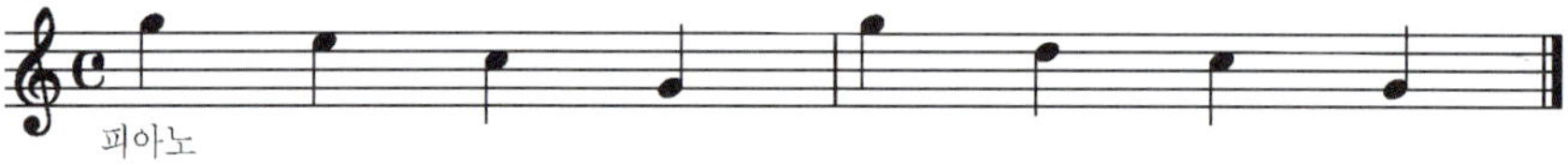

②

③ 느리지 않게

2. 리듬

①

②

③

③ 음악잠재력 검사

고든(Gorden, 1989)이 3~4세 유아를 대상으로 멜로디 잠재력과 리듬 잠재력을 측정하기 위해 개발한 검사이다. 녹음테이프에서 '오디'라는 주인공이 '특정한(special)' 노래를 들려준 후 짧은 노래(리듬 10개, 멜로디 10개)를 들려준다. 유아가 듣고 '오디'가 들려준 '특정한(special)' 노래와 같으면 "예" 다르면 "아니오"로 대답한다. 점수는 각 문항당 맞으면 1점,

틀리면 0점을 준다. 이 검사는 총 40문항으로 리듬문항 20개, 멜로디 문항 20개로 구성되어 있으며(박찬화, 2004) 장은주(1997)와 박찬화(2004)가 이 중 각각 10문항씩 20문항을 발췌 재구성하여 사용한 바 있다.

■ **음악잠재력 검사 항목의 예 :**

AUDIE의 특정한 노래(AUDIE's Special Song)

응답 : (예)

1. 멜로디 게임(Melody game) - 10문항

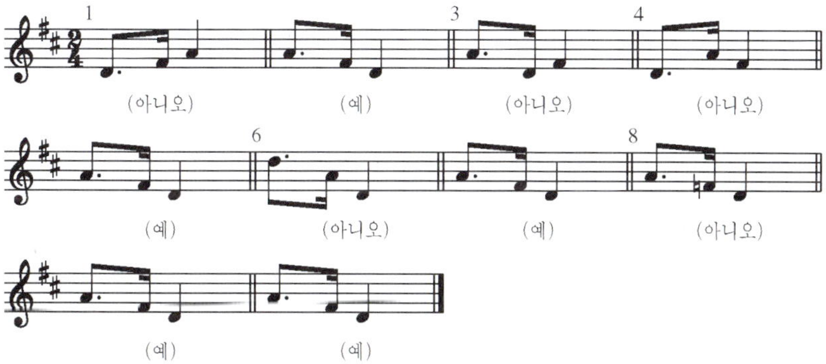

2. 리듬 게임(Rhythm game) - 10문항

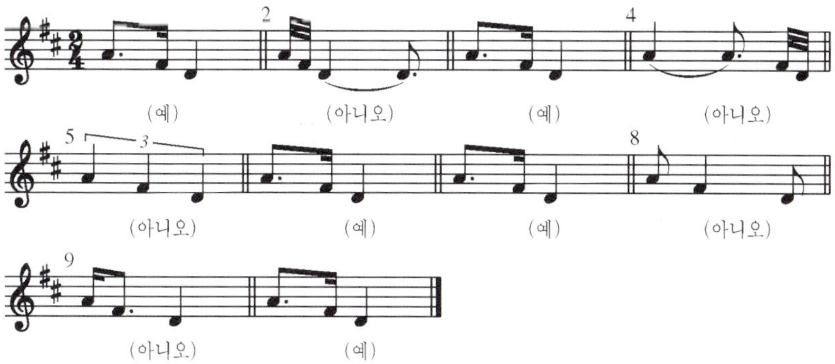

3) 부모에 의한 평가

영유아가 가장 먼저 접하는 음악적 환경은 가정이고, 부모와의 상호작용을 통해 음악적 경험을 한다. 따라서 영유아교육기관에서 교육효과를 높이기 위해서는 가정에서의 영유아의 음악적 성장에 대한 정보가 필요하다. 이에 부모에 의해서 영유아의 음악적 성장에 대한 평가가 이루어질 수 있다. 부모에 의한 평가는 주로 영유아교육기관 이전의 경험과 영유아의 음악적 성장에 대한 사전 지식을 얻고자 실시되며, 〈표 5-9〉와 같이 설문지의 방법이 주로 사용된다(안재신, 1996).

표 5-9 부모에 의한 평가의 예

영유아 이름 :　　　　　　　　나이 :　　　　　년　　　개월

관찰된 음악적 행동	빈도		
	자주	때때로	드물게
댁의 자녀는			
♠ 음악에 따라 움직이는가(텔레비전이나 CD 음악에)			
• 기본 박자의 느낌에 리드미컬하게 움직이는가?			
• 자유롭게 음악에 맞추어 움직이는가?			
• 손유희와 노래놀이에 맞춰 재미있게 움직이는가?			
♠ 노래하기를 좋아하는가(혼자 혹은 여럿이 함께)			
• 두서없이 노래를 만들어 부르는가?			
• 혼자 노래할 때, 단순한 멜로디는 정확하게 부르는가?			
• 텔레비전 광고 노래나 생일 노래 같은 멜로디를 부분적으로나 전체적으로 부르는가?			
• 다른 사람과 노래할 때, 비교적 정확하게 간단한 멜로디를 부르는가?			
• 놀이의 일부로서 노래하는가(인형노래를 만드는가)?			
♠ 음악을 듣는가?			
• 소리들에 대해서 호기심을 나타내는가(음악뿐 아니라 환경에서 나오는 소리에도)?			
• 주변에서 나는 소리와 음악 소리를 구별해 내는가?			
• 음악을 들으면서 장난감을 가지고 노는가?			
• 특정하게 녹음된 음악을 요구하거나 스스로 녹음기를 트는가?			

♠ 악기를 연주하는가? • 손가락으로 피아노 건반을 눌러보는가? • 친숙한 멜로디를 피아노나 실로폰으로 연주해 보는가? ♠ 주변에 있는 물체들을 이용해서 연주하는가? • 부엌의 여러 그릇들의 소리를 실험하는가? • 가구나 벽을 리드미컬하게 쳐보는가?			
학부모 소견 :			
댁에 있는 음향기기를 체크해 주세요.	녹음기, 라디오, 피아노, 텔레비전, 기타 다른 악기들		

참고문헌

교육부(1998). 유치원 교육과정. 교육부 고시 제 1998-10호.

김신자(1986). **노래하며 춤추며 제6집**. 보육사.

김신자(1987). **노래하며 춤추며 제7집**. 보육사.

김신자(1998). **노래하며 춤추며 제18집**. 보육사.

김영연(2002). **유아음악교육론(개정판)**. 학지사.

김춘희(1994). 포괄적 음악교육접근이 5세 유아의 음악감상능력에 미치는 영향. 중앙대학교 교육대학원 석사학위논문.

김혜경 편저(2013). 제2판 **영유아음악교육**. 창지사.

박찬화(2004). 대한어린이교육협회. **어린이교육,** 6(5), 77-93.

배인자, 한규령(2005). **유아를 위한 동작교육의 이론과 실제.** 양서원.

서명숙, 김희정(1996). **노래와 극을 통한 음악극**. 보육사.

심성경, 이효숙(2001). 유아음악극에 대한 교사의 인식과 지도실태. **유아교육연구,** 21(3), 267-291.

안재신(2005). **유아음악교육**. 교육과학사.

이건용(1993). 청각을 통한 음악능력 평가 시스템 개발방안. 한국 예술종합학교 부설 한국예술연구소 개소기념 발표논문, 동아일보사. 6, 121.

이기숙, 김영주 역(1991). **유아음악교육**. 교문사.

이영자, 이기숙, 이정욱(2017). **유아 교수·학습 방법**. 창지사.

이숙희(1993). 5세 유아의 음악청취력 향상 프로그램 개발과 그 효과에 관한 연구. 서울여자대학교 대학원 박사학위논문.

이영, 전인옥, 김온기(2004). **유아를 위한 창의적 동작교육**. 교문사.

이효숙(2001). 유아음악극 활동의 교육적 효과. 중앙대학교 대학원 박사학위논문.

이홍수(1990). **음악교육의 현대적 접근**. 세광음악출판사.

장은주(1997). 노래그림책이 유아의 읽기 및 음악적 잠재력에 미치는 영향. 이화여자대학교 대학원 석사학위논문.

전인옥, 이숙희(2014). **유아음악교육**. 한국방송대학교 출판문화원.

조동희(1990). **아동연극개론**. 범우사.

Dillon, D. (1998). Dear readers. *Language Arts, 65*(1), 7-9.

Eliason, C. & Jenkins, L.(2003). *A Practical Guide to Early Childhood Curriculum*(6th ed.). Perarson Education Inc. Upper Saddle River. NJ: Merill Prentice-Hall.

Erickson, K. L. (1998). Building castles in the classroom. *Language Arts, 65*(1), 14-19.

Freire, P. Sr macedo. D. (1987). *Literacy: Reading the word and the World.* Westport, CT: Bergi dz Garvey.

Gharavi, G. J. (1993). Music skills for preschool teachers: Needs and solutions. *Arts Education Policy review, 94*(3), 27-30.

Greenberg, M. (1979). *Your children need music*. Englewood Cliffs, NJ: Prentice-Hall.

Haines, B. J. E. & Geber, L. L. (1992). *Leading young children to music.* New York: Merill.

Kay, R. (1996). The Magical place called opera. active learner: A Foxfir. *Journal Teachers, 1,* 1, 20-23.

McCaslin, N. (1990). *Creative drama in the classroom*(5th ed.). New York: Longman.

Miller, S. (1984). Opera made elementary. *Music Educators Journal, 71,* 52-54.

Rossi, P. J. (1997). Having an experience multiple literacies through young children's opera. Unpublished doctoral dissertation, University of Arizona.

Shaftel, F. R. & Shaftel, G. (1983). *Role playing in the curriculum*(2nd ed.). Englewood Cliffs, NJ: Prentice-Hall.

Wolf, J. (1992). Let's sing it again: Creating music with young children. *Young Children, 47*(2), 56-61.

http://image.search.naver.com

Metropolitan Opera Guided(2000). http://www.operaed.org

Chapter

6

음악교육가에 대한 이해

1. 달크로즈

음악 공부를 위해 가장 먼저 훈련해야 할 악기는 사람의 몸이다.
- Emile Jaques Dalcroze -

달크로즈(Emile Jaques Dalcroze, 1865~1950)는 스위스 출신의 작곡자, 지휘자, 피아니스트이며 20세기 초 유럽 전반의 음악, 무용, 연극 분야의 교육에 지대한 영향을 미친 음악교육가이다. 작곡가이자 지휘자, 그리고 피아니스트였던 달크로즈는 페스탈로치(Pestalozzi)의 제자이자 음악교사였던 어머니에게 음악을 배우면서 '발견에 의한 학습'이라는 페스탈로치의 교육철학을 본받아 '발견에 의한 음악학습'을 실천하였다.

달크로즈

달크로즈가 새로운 음악지도법의 필요성을 절감하게 된 계기는 제네바 음악원에서의 교수경험에서 비롯되었다. 그는 학생들이 복잡한 리듬을 신체로는 자연스럽게 표현하면서도 실제 연주에서는 어려움을 겪고, 연주 기술은 뛰어나지만 음악을 진정으로 '느끼고 표현'하는 데에는 부족함을 보인다는 점을 관찰하였다(Landis & Carder, 1972). 이에 달크로즈는 효과적인 음악교육이란 어려서부터 들어서 익숙한 음의 집합을 적절한 신체표현을 통하여 훈련시킴으로써 청감각을 발달시키고, 발달된 미적 감각을 궁극적으로는 정확한 연주로 이어주는 과정이라고 생각하였다(김영연, 2002).

달크로즈의 음악교육방법론은 1905년 솔로턴(Solothurn) 음악제에서 주목받기 시작하였고, 이후 '자크 달크로즈 연구소' 설립으로 세계에 널리 알려졌다.

달크로즈의 음악지도방법은 신체를 이용하여 리듬을 학습하는 유리드믹스(Eurhythmics), 음을 예민하게 들으며 절대음감을 훈련하는 솔페이지(solfege), 자유스런 창작능력을 개발하는 즉흥연주(improvisation)가 대표적이다.

신체를 통한 청음훈련 중심의 달크로즈 음악교육방법은 한때 체육이나 무용교육의 수단이라고 오해받기도 하였으나 1970년대 이후 제대로 인식되기 시작하였으며, 코다이(Kodály)와 오르프(Orff) 등 많은 음악교육자들에게 큰 영향을 끼쳤다.

1) 달크로즈의 음악교육철학

달크로즈는 음악의 토대가 인간의 감정에서 비롯된다고 보았다. 그는 음악을 가르치면서 학생들의 음악적, 신체적, 감정적인 문제점을 발견하고 그 해결을 위해서는 학생들의 음악적 이해와 표현을 발달시키기 위해서 청각(귀)이나 감정(마음) 또는 소리를 내는 방법의 훈련만으로는 충분하지 않고 인간의 몸 전체를 훈련해야 한다는 해답을 찾았다. 즉 음악을 공부하기 위해 가장 먼저 연습해야 할 악기가 신체라고 보았다.

달크로즈의 음악교육철학을 정리해 보면 다음과 같다(안재신, 2004).

① 음악의 원천이 되는 인간의 감정은 음악적인 신체 움직임으로 표현되어야 한다.

② 음악교육은 청각이나 감정의 훈련만으로 완성되지 않으며 무엇보다 신체 전체를 훈련해야 한다.

③ 감정은 각 신체에서 감지되며 감정을 느끼는 것은 근육의 수축과 이완작용의 결과이다.

④ 내적인 감정을 외적으로 표현해내는 것은 신체의 여러 동작을 통해서이다.

⑤ 음악적 경험은 단계적으로 발전하며 음악교육은 리듬공부와 청음훈련으로 가장 먼저 훈련되어야 할 악기는 신체이다.

⑥ 인간은 리듬감을 갖고 태어나므로 음악적 잠재력 발달을 위해서는 신체 표현을 발전시켜야 한다.

⑦ 음악교육에 있어서 자신만의 개별성과 창의성을 중시한다.

⑧ 음악의 본질에 대한 교육과 리듬, 박자, 음의 높낮이, 셈여림 등의 신체표현은 이해와 경험이 바탕이 되어야 한다.

⑨ 음악적 감각은 신체 동작의 민감성에 달려 있으며, 이는 청감각과 어우러지면 음악적 창의력이 상승된다.

2) 달크로즈의 음악교육방법

(1) 유리드믹스

유리드믹스(Eurythmics)는 음악의 리듬을 신체의 움직임으로 표현하는 달크로즈의 독창적인 리듬지도 체계로, 신체가 악기가 되어 들리는 음악을 신체의 모든 감각으로 느끼고 상상하며 움직임으로 표현하는 것이다. 유리드믹스란 용어는 희랍어에서 유래한 것으로, 좋다(Good)라는 의미의 'Eu'와 'rythm'이 합쳐진 의미를 가지며, 이는 음악의 요소 중 리듬은 가장 근본적인 것이며 리듬의 개발이 음악성을 발달시키는 데 커다란 영향을 미친다는 뜻을 함축하고 있다. 달크로즈는 유리드믹스 활동을 통해 리듬 개념이 자연스럽게 습득될 수 있다고 보았으며, 유리드믹스의 기본원리는 다음과 같다(김민아, 2000).

① 리듬을 치거나 발을 구르는 것과 같은 단순한 신체활동뿐만 아니라 많은 근육조직을 이용하여 몸 전체를 사용하는 매우 활발한 리듬 경험을 가질 수 있다.

② 자신의 움직임을 스스로 조절할 수 있을 때 리듬을 올바르게 표현할 수 있으며, 신체적 조화도 이루어지게 된다. 따라서 움직임을 스스로 조절할 수 있는 특별한 훈련을 필요로 한다.

③ 리듬에 따른 상징을 해석하여 신체적으로 움직이는 것은 많은 리듬의 경험을 통하여

배울 수 있는 매우 중요한 것이다.

④ 자신이 들었던 것을 행동으로 표현하는 과정을 통하여 '청음'의 능력을 발달시킬 수 있다.

⑤ 몸, 마음, 감정은 리듬을 표현하는 데 있어서 매우 중요하다.

⑥ 리듬에 따른 느낌을 신체를 이용하여 자유롭게 표현함으로써 창조적인 면을 기를 수 있다.

⑦ 음악을 듣고 자신의 의지대로 신체적인 표현을 해본다면 위대한 예술작품에 무관심하게 되지 않을 것이다.

유리드믹스는 보이지 않는(invisible) 소리를 눈에 보이는(visible) 형태로 표현하는 활동이다. 이는 기존의 정형화된 율동이나 춤과는 달리, 음악의 리듬에서 느껴지는 감정과 이미지를 유아의 신체 움직임을 통해 자유롭게 표현하는 창의적 신체 활동이라 할 수 있다.

따라서 달크로즈는 감각적으로 받아들여진 세계를 활동적인 움직임의 반응으로 나타내는 시기인 영유아기가 리듬학습에 가장 적절하다고 본다. 다음은 유아와 함께 할 수 있는 구체적인 유리드믹스 방법들이다.

① 음의 속도 이해

음의 속도(tempo)에 대한 이해를 돕기 위해서 동물의 동작이나 가족의 걸음걸이를 연상하면서 점점 빠르게 또는 점점 느리게 그 모양을 모방해 보거나, 보통 걸음걸이를 보통 빠르기(Moderato)로 하여 느린 걸음은 '조금 느리게(Adagio)', 빠른 걸음이나 뛰기를 '빠르게(Allegro)'로 하여 걷기활동을 해 볼 수 있다.

② 음의 강약 이해

음의 강약(dynamics)에 대한 이해를 돕기 위해서 북 위에 콩을 올려놓고 일정하게 북을 치다가 갑자기 크게 또는 작게 연주해 보는 경험을 해보게 하거나, 북 위의 콩의 움직임을 몸으로 표현해 보게 하는 활동을 해 볼 수 있다.

③ 음의 고저 이해

음의 고저(pitch)에 대한 이해를 돕기 위해서 머리, 어깨, 무릎, 발 등의 신체부위를 짚어가며 음의 고저를 나타내 보거나 팔을 위 아래로 움직이는 동작으로 음계의 상행과 하행을 나타내 보는 활동을 해 볼 수 있다.

④ 음의 길이 이해

음의 길이(duration) 개념은 4분 음표(♩)를 단위로 시작한다. 특히 영유아기에는 감각적인 경험이 우선되어야 하므로, 음을 듣고 느낀 뒤 신체로 반응하게 하는 접근이 더욱 효과적이다. 음의 길이 이해를 돕기 위한 구체적인 교육방법으로는 '곰 세 마리의 걸음걸이'를 예로 들 수 있다. 즉 아빠 곰은 2분 음표로 천천히 걷고, 엄마 곰은 4분 음표로 걷고, 아기 곰은 8분 음표로 종종종 뛰어 보는 활동을 해 볼 수 있다.

⑤ 악센트 이해

악센트(accent)에 대한 이해를 돕기 위해서는 정지된 상태에서 강박이 나올 때 강하게 박수치기나 발을 구르기, 음악에 맞추어 이동 동작을 하다가 강박이 나올 때 발을 구르거나 손뼉을 쳐보는 활동을 해 볼 수 있다.

⑥ 리듬패턴 이해

리듬패턴(rhythm pattern)의 이해를 돕기 위해서는 팔로 박자를 저으면서 리듬에 맞추어 걷게 하거나, 리듬패턴을 손뼉 한 번 치고(한 박자) 무릎 두 번 치고(반 박자씩) 하는 식으로 표현해 보고 지시에 따라 동작을 바꾸어 표현해 보게 할 수 있다.

⑦ 악구 이해

음악도 언어와 마찬가지로 악구(phrase)로 나누어진다는 이해를 돕기 위해 악구가 바뀔 때마다 행진을 하다가 행진의 방향을 바꾸어 보거나 한쪽 팔을 움직이다가 다른 팔로 바꾸어 움직이는 활동을 해 볼 수 있다. 한 악구는 보통 4마디로 이루어지는데 한 악구가 진행되는 동안 행진하다가 다음 악구에서는 멈추어 서서 자유로운 동작을 해 볼 수도 있다. 이런 활동은 청음연습도 되며 집중력을 높여준다. 또한 새로운 악구의 시작을 표현하는 새로운 동작의 방법을 창안해 보는 창의적 활동으로 발전시킬 수도 있다.

⑧ 리듬카논 이해

리듬카논(rhythm canon)은 '규칙'을 뜻하는 그리스어 'kanon'에서 유래된 말로 선행성부(先行聲部)를 후속성부(後續聲部)가 엄격히 모방해 가는 것을 뜻하며, 이른바 돌림노래가 가장 단순한 카논의 하나라고 할 수 있다. 카논 지도를 위해 교사는 리듬악기나 선율악기 반주에 맞추어 두 마디 정도 선행 동작을 해 주고 영유아들이 따라서 후속 동작을 해나가는 활동을 해 볼 수 있다. 가령, 교사가 첫 두 마디부터 발구르기-손뼉치기-무릎치기 등의 순서로 선행 동작을 해 주고 영유아가 셋째 마디부터 발구르기-손뼉치기-무릎치기 등의 순서로 따라서 동작해 보는 식으로 지도할 수 있다. 또는 동물이나 허수아비 등을 흉내 내는 동작으로 활동을 진행해 볼 수도 있다.

⑨ 리듬 적기

리듬 적기(rhythm writing)는 리듬을 표기하는 것이다. 예를 들어, 4분 음표나 보통 빠르기 등에 대해 기준이 되는 선의 모양을 정하고, 빠르기나 장단의 차이를 선의 길이나 굵기 등에 변화를 주어 그려 보는 활동을 해 볼 수 있다.

(2) 솔페이지

솔페이지(solfege)는 악보를 보고 계이름으로 노래를 부르는 활동으로, 내청(inner hearing)과 음형(tonal pattern)의 기억능력의 발달 등 청음능력 향상에 효과적인 교수방법이다. 달크로즈는 특히 마음속으로 음을 상상하는 능력인 내청을 강조하였는데, 이를 위해 노래 도중에 몇 마디는 소리를 내어 부르고 몇 마디는 마음속으로 소리 없이 부르게 할 수 있다. 또한 달크로즈는 솔페이지 방법으로 고정도법(fixed do)을 활용하여 계이름을 익히는 방법을 권장하였는데, 이는 절대음감을 습득하도록 이끌고자 했던 의도에서 비롯된 것이다. 고정도법에 의한 계명창 부르기에 의하면 조와 상관없이 다(C)장조로 악보를 읽는 방법으로, 예를 들면 조가 바뀌어도 다(C)음은 항상 '도'로 부르도록 한다.

달크로즈는 음악교육에 있어 바람직한 절차는 음악을 듣고 그에 적극적 신체 반응을 하고 소리를 내는 등의 활동을 거친 다음에 악보 읽기와 적기가 첨가되어야 한다고 주장한다. 이는 악보가 음악적인 아이디어를 기록하고 전달하는 수단일 뿐이며 음악활동의 주된 과제가 아니라고 보기 때문이다. 달크로즈는 악보 읽기와 쓰기를 위한 교수방법을 단계적으로 제시하였는데 영유아의 경우는 손동작을 통하여 계이름을 익혀보거나 한 줄이나 두 줄 악보 읽기까지의 단계가 적절하다. 또한 두 줄 악보 읽기 지도는 한 줄 악보를 충분히 익힌 다음에 진행하여야 한다.

손동작으로 계이름 익히기

도	레	미	파	솔	라	시	도
무릎	무릎 위	배꼽	가슴	가슴 위	눈	머리	만세

한 줄 악보

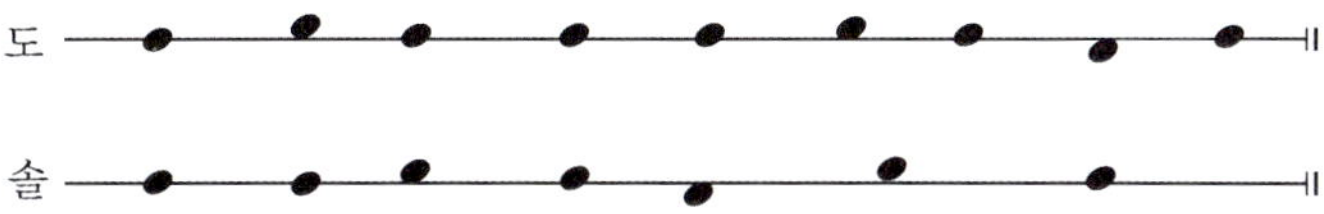

두 줄 악보

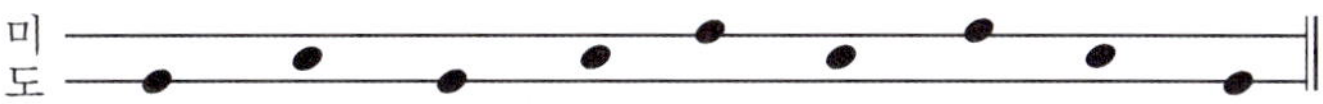

(3) 즉흥연주

즉흥연주(Improvisation)는 모든 음악적 요소들을 창의적이고 개성 있게 결합하여 표현하는 능력을 기르는 것으로, 단순한 악기연주가 아니라 동작, 말, 이야기, 노래, 타악기, 피아노 등 다양한 도구를 사용하여 음의 높낮이, 셈여림, 화음 등을 자유롭게 표현해 보는 활동이다.

영유아와 함께 할 수 있는 즉흥연주 방법으로는 음악을 동작으로 표현해 보기, 다른 사람의 연주를 변형해 보기, 교사가 피아노 등으로 즉흥연주를 들려주면 음악에 따라 자유롭게 신체로 표현해 보거나 즉흥연주에 어우러지게 악기 연주하기 등이 있다.

효과적인 즉흥연주 지도법으로는 먼저 영유아가 음악을 자연스럽게 느끼고 자유롭게 표현할 수 있는 분위기를 제공해야 함과 동시에 교사는 다음을 유념하여야 한다(이슬기, 2011).

첫째, 목적을 가지고 즉흥 연주를 훈련해야 한다.

둘째, 교사 자신의 창조적인 아이디어뿐 아니라 여러 가지 음악적 소리들을 탐색해야 한다.

셋째, 교사는 자질을 갖추고, 모델이자 관찰자로서의 역할을 해야 한다.

넷째, 즉흥연주를 통해서 음악에서 다양한 변화를 창작하고 발전시킬 수 있도록 해야 한다.

3) 달크로즈 교수법을 이용한 영유아음악교육 활동의 예

유리드믹스– 강약

우리 모두 자기 이름 소개해 봐요

① 이름 소개 노래를 들려준 후 활동을 소개한다.

② 교사가 강약(큰 소리, 작은 소리, 크고 작은 소리, 작고 큰 소리)을 변화시켜 자신의 이름을 넣어 노래부르기를 시범보인다.

③ 영유아들이 차례로 교사가 보인 강약과 똑같이 자신의 이름을 소개한다.

④ 영유아들이 이름 소개에서 강약의 표현이 자유로워지면 강약에 맞추어 신체로도 함께 표현해 본다. 크고 작은 소리에 맞추어 신체로 크게, 작게 표현해 본다.

솔페이지– 음계

음계를 익혀요

① 손으로 음계의 높낮이를 표현하며 '소리를 따라 해요' 노래를 불러준다.

② 영유아들과 손으로 높낮이를 표현하며 노래를 불러본다.

③ 둘 또는 세 명의 영유아들이 짝이 되어 서로의 손을 마주 잡은 후 마주 잡은 손으로 높낮이를 표현하며 노래를 불러본다.

2. 오르프

음악학습은 놀이와 대화, 노래, 신체동작, 악기연주 등이 통합되어 이루어지는 총체적인 체험이어야 한다.

- Carl Orff -

오르프

* **칸타타(cantata)**
17C 초엽에서 18C 중엽까지 바로크 시대에 가장 성행한 성악곡의 형식으로 이탈리어의 cantare(노래하다)에서 파생된 말이다.

오르프(Carl Orff, 1895~1982)는 독일의 작곡가이자 음악교육자로 '음악은 모든 어린이의 것'이라는 신념과 '음악교육은 기초적인 음악을 통해서'라는 철학을 기저로 역동적인 활동 중심 음악교육이라는 새로운 음악교육의 방향을 제시하였다. 뮌헨의 바바리안가에서 태어난 오르프는 어려서부터 음악적 천재성을 보였고, 어머니의 도움으로 작곡과 연주활동을 활발히 하였다. 대표적인 작품으로는 칸타타(Cantata)*인 「카르미나 부라나(Carmina Burana)」와 「카툴리 카르미나(Catulli Carmina)」가 있다. 오르프가 작곡가에서 음악교육자로 변신하게 된 것은 1924년 도로시 권터(Dorothee Gunter)와 함께 뮌헨에 설립한 권터학교(Gunterschule)에서 음악을 가르치면서이다. 권터학교는 무용 및 체조교사를 양성하기 위해 설립된 학교로, 교육이념은 '동작으로 음악을, 음악으로 춤을'이며, 음악과 신체 표현이 통합된 방법으로 지도하였다. 이에 오르프는 음악지도의 새로운 방법과 자료, 악곡, 합주악기들을 개발하기 시작하였는데, 달크로즈의 유리드믹스로부터 많은 영향을 받았다. 제2차 세계대전 중 권터학교가 파괴되면서 중단되었던 오르프의 교육활동은 1948년, 독일의 한 방송국이 권터학교 시절에 녹음했던 오르프의 음반을 발견하여 방송하면서 재개되었다.

오르프는 키트만(Gunild Keetman)과 함께 악곡을 만들고 방송을 통해 영유아들을 지도하기 시작하였다. 악곡들은 언어와 노래, 소수의 악기를 포함한 새로운 기법에 의한 것들이었다. 방송의 반응은 대단하였고, 교사와 학생들은 악보와 악기를 구하기 원하고 보다 많은 방송지도를 요청했다. 오르프는 1950년부터 1954년 사이에 세계대전 이전에 만들어진

악곡들을 모으고 더 보완하여 다섯 권의 슐베르크(Schulwerk)를 출판하였다. 슐베르크는 영유아들이 쉽게 듣고 쉽게 배울 수 있는 음악활동을 위해 새로운 기법으로 작곡하여 펴낸 교재로, 기초음악의 개념을 바탕으로 시와 언어, 운율과 노래, 게임, 동작과 다양한 악기를 사용하여 즐겁게 음악을 만들어볼 수 있도록 구성되어 있다. 이후 오르프는 잘츠부르크에 오르프 연구소를 설립하였고 세계 여러 나라의 음악교육자들에게 자신의 음악교육 방법을 전파하게 되었다.

1) 오르프의 음악교육철학

오르프는 음악의 아름다움을 느끼고 표현하는 능력을 키우는 것을 교육의 목표로 삼았으며, 유아가 즐겁게 참여할 수 있는 음악활동을 중시하였다.

오르프의 음악교육철학을 정리하면 다음과 같다(김민아, 2000).

① 리듬은 음악에서 가장 중요하며, 음악학습에서 가장 먼저 다루어야 한다.

② 영유아의 음악적 능력은 인간의 발달과정처럼 원시적 상태에서 지속적, 점진적으로 발달한다. 따라서 음악학습도 쉽고 자연적인 활동에서부터 점차 진전된 학습으로 나아가야 한다.

③ 비음악적인 영유아는 거의 없으며 음악교육은 재능이 거의 없는 경우를 포함해서 모든 영유아를 대상으로 하여야 한다.

④ 영유아의 창의성 개발이 음악교육의 주된 목표로, 음악활동에는 즉흥연주, 즉흥표현이 포함되어야 한다.

⑤ 음악은 기초적인 것이어야 한다. 기초음악이란 음악이 춤, 언어, 동작과 결합된 것으로 활동적인 참여가 필요하며, 쉽고 자연스러워서 영유아의 교육에 적합한 음악을 말한다.

2) 오르프의 음악교육방법

오르프는 음악의 요소를 음악, 말, 동작의 세 가지로 보고 이 세 요소를 서로 분리시키지 않으면서 자연스럽게 표현하게 하는 기초음악의 개념을 제시하였다. 또한 오르프와 키

트만은 이러한 '기초음악'이라는 개념을 바탕으로 음악학습을 위한 기본 자료인 슐베르크를 개발하였다. 슐베르크는 총 5권으로 이루어진 연습곡들의 모음집으로 노래와 악기연주를 하거나 피아노 위주의 수업에서 벗어나 오르프 악기를 사용하여 즉흥연주의 능력과 합주를 체험할 수 있도록 구성되어 있다. 그중 제1권은 오음음계(pentatonic scale: 판타토닉-'도, 레, 미, 솔, 라'로 된 5음계)를 바탕으로 작곡된 노래들이 수록되어 있어서, 쉽게 노래부를 수 있으며 조성이 없고 화음 변화가 없어 쉽게 악기연주를 할 수 있도록 구성되어 있다. 제 2권과 제 3권은 장조, 제 4권과 제 5권은 단조의 곡들을 수록하고 있다.

슐베르크에 의하면 민요나 영유아의 일상생활에 관련된 내용의 음악이 음악교육에 많이 사용되며, 독특한 악기 배합에 의한 중주와 합주도 시도된다. 슐베르크를 이용한 음악교육에서 악곡의 선택이나 지도의 과정은 자유롭다. 그러나 기본적인 유의사항이 있는데, 그것은 작품을 다루는 과정이 즉흥적이고 실험적이며 창조적이어야 한다는 것이다.

또한 오르프는 음악교육에 있어 리듬감 지도를 가장 중요하게 보고 영유아의 생활 주변에서의 활동을 소재로 리듬감을 구체화하도록 지도하였으며, 리듬 개념을 가르치고 강화하기 위해서 손뼉치기, 발구르기, 무릎치기 등과 같은 신체동작을 함께 사용할 것을 제안하였다.

오르프 음악교육방법의 핵심내용은 말하기와 노래부르기, 신체동작, 악기연주, 즉흥연주이다. 이러한 내용은 유아가 음악을 즐겁고 자연스럽게 경험하도록 통합하여 활용한다.

(1) 말하기

오르프는 말의 형태가 리듬의 형태로 발전하고 이것이 다시 노래로 발전하는 것이 영유아들이 자연스럽게 음악을 익히는 과정이라 보고, 말하기(speech)를 음악적 경험의 중요한 접근법으로 제시하였다. 영유아들이 일상놀이에서 사용하는 단어나 문장 등의 리듬을 이용하여 박자, 셈여림, 레가토, 스타카토, 프레이징 등 개념을 가르치고, 말의 리듬을 이용하여 반복과 대조, 한 도막, 두 도막 형식, 론도 형식 등 음악의 구조와 형식을 이해하도록 이끌었다(양희영, 2003). 예를 들면, 「♩ ♪ ♪」 같은 리듬을 영유아들이 좋아하는 강아지, 바나나 등과 같은 말로 익혀보고, 언어리듬게임 등을 통하여 셈여림, 스타카토 등 음악적 개념을 익히게 하는 것이다.

(2) 노래부르기

오르프의 음악지도는 말하기와 노래부르기를 하나의 학습체험으로 결합시킴으로써 두 가지 활동이 서로 보완되고 강화되는 효과를 얻고 있다. 즉 리듬을 붙인 말을 노래 만들어 부르기를 함으로써 리듬으로부터 선율이 발생하도록 이끌고 있다. 영유아가 말로 읽거나 표현할 때 그 말의 리듬과 함께 소리들이 지니고 있는 음높이를 발견하고 그것을 노래로 전환하도록 이끄는 것이다.

오르프의 노래 지도는 먼저 솔(G)과 미(E)의 두 음정으로 간단한 선율을 만들어 자기 이름, 좋아하는 동물이나 과일 등에 관한 내용을 노래로 응답하기로 익힌 다음 라(A), 레(D), 도(C) 음을 추가하고, 5음계를 충분히 익힌 후 파(F)와 시(B) 음이 포함된 7음계를 소개한다. 오르프는 이동도법을 사용하는데, 7세 이하의 영유아는 D장조에서의 솔(G)-미(E), 7세 이상에서는 F장조에서의 솔(G)-미(E)로 노래부르기를 시작하도록 권한다.

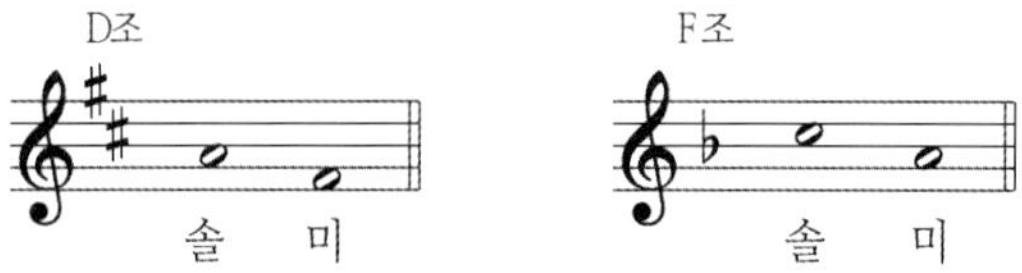

(3) 신체동작

오르프는 영유아의 기본적인 신체동작을 음악과 관련지어서 음악적 개념을 형성하도록 돕는다. 즉 걷기, 기기, 달리기, 껑충 뛰기, 돌기, 손뼉치기, 발구르기 등 영유아의 자연스럽고 일상적인 움직임이 모두 포함된다. 영유아에게는 이러한 몸의 움직임 자체가 큰 즐거움이며, 오르프 음악지도에서 이러한 움직임들은 자연스럽게 음악과 연관된다. 신체 동작은 리듬학습뿐 아니라 빠르기, 셈여림의 학습을 위해서도 활용되며, 음악에 즉흥적으로 반응하여 좀 더 복잡한 신체표현을 하는 기회를 제공하기도 한다.

(4) 악기연주

오르프는 영유아가 신체동작으로 표현되는 리듬의 강약을 익힌 후 리듬 타악기를 연주해 보도록 지도한다. 또한 오르프의 악기연주는 브르둔(Bordun) 연주부터 점차 다양한 앙

상블 단계로 발전한다. 부르둔 연주란 기본음에 5도 또는 한 옥타브의 음을 동시에 연주하는 저음부 반주로, 영유아로 하여금 자신감과 협응력, 간단하고 쉬운 반복적인 작업을 통해서 음악적 감각을 키워준다(윤영배, 2008). 한편 동일한 리듬패턴이나 가락패턴을 주된 가락에 덧붙여 곡의 처음부터 끝까지 연주하는 기법인 오스티나토(Ostinato)도 오르프의 악기연주 지도 시 많이 활용되는 방법이다.

오르프 교수법의 가장 큰 특징은 유아의 발달 특성을 고려해 오르프가 직접 고안한 전용 악기를 활용했다는 점이다. 이러한 악기들은 연주가 간단하고 음질이 우수하며, 유아가 쉽게 다룰 수 있도록 설계되어 음악적 표현력과 참여도를 높이는 데 효과적이다. 특히 연주하기 쉬우면서도 '원시적인 매력'을 지닌 타악기식 선율악기가 중심을 이룬다(김은실, 2001). 오르프 악기의 종류를 살펴보면 〈표 6-1〉과 같다.

표 6-1 오르프 악기의 종류

구분			이름
타악기	선율 타악기	목금	실로폰(소프라노, 알토, 베이스)
		종금	글로켄쉬필(소프라노, 알토)
		철금	메탈로폰(소프라노, 알토, 베이스)
	무선율 타악기	금속	핑거심벌, 카우벨, 트라이앵글, 아고고벨 등
		나무	톤블록, 핸드쉐이크, 멀티톤블록 등
		가죽	핸드드럼, 투바노, 젬베이, 봉고 등
		기타	레인메이커, 에그쉐이크, 사이렌 등
관악기			리코더
현악기			첼로, 비올라 등

선율 타악기에는 멜로디와 화음을 낼 수 있는 건반 악기로, 영유아들이 사용하기 쉽도록 크기를 소형화하고 음역이 세분화(소프라노/알토/베이스)되어 있으며, 가장 큰 특징은 모든 건반마다 탈부착이 가능하여 필요한 음판만 세팅하여 연주할 수 있어 다른 악기에 비해 영유아가 부담 없이 연주하기가 쉽다. 즉 처음에는 '솔'과 '미' 두 개의 음판만 끼워놓고 치다가 단계적으로 인접한 음판을 하나씩 첨가해 가면서 악기를 연주할 수 있다. 또한 선율 타악기는 시각적, 청각적으로 음정관계를 강화시키는 데 도움이 된다. 무선율 악기는

■ 선율 타악기

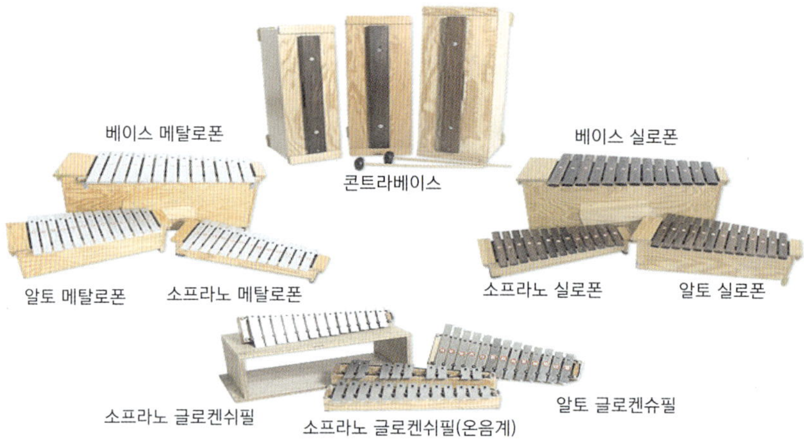

■ 무선율 타악기

1. 금속 타악기

핑거심벌 카우벨 트라이앵글 아고고벨 카바사

2. 나무 타악기

톤블록 핸드쉐이크 멀티톤블록 귀로 클레이브스

3. 가죽울림 타악기

핸드드럼 투바노 젬베이 봉고 & 스탠드 오션드럼

출처: 한국 오르프 음악 연구소 http://www.orff.org/orff_pic

세계 각국의 다양한 민속 타악기들이 많이 포함되어 있는데, 이는 소리 나는 원리나 재질, 소리의 효과 등에 따라 금속 타악기, 나무 타악기, 가죽 타악기, 기타 타악기로 나눌 수 있다. 이 밖에 관악기로는 리코더가 사용되며, 현악기로는 첼로, 비올라 등이 있으나 영유아의 수업에서는 잘 쓰이지 않는다.

(5) 즉흥연주

즉흥연주는 말하기, 신체동작, 노래부르기, 악기연주 등을 모두 활용하여 이루어지며 슐베르크의 핵심내용으로 구성되어 있다. 즉흥연주는 세련된 연주가 아니라 영유아가 음악을 자유롭게 표현하며 창조적으로 생각해 내는 과정을 체험시키는 것으로, 영유아에게 창의적인 음악 경험의 기회를 제공한다. 따라서 즉흥연주 시에는 창의적인 활동의 기회와 여건 마련에 중점을 두어야 하며, 영유아 스스로 내용과 형식을 결정하게 하여 영유아가 재료로써의 음향을 자유롭게 조작하며 진정한 음악적 만족감을 경험할 수 있도록 해야 한다. 즉흥연주는 보통 한 음 혹은 2음(솔-도)을 이용한 5도 보르둔으로 시작하여 점차 론도 형식으로 발전하며 음악 형식의 이해를 돕는다.

3) 오르프 음악 학습 과정

오르프는 모방, 탐색, 악보 읽고 쓰기, 즉흥연주의 4단계 학습과정을 제시하였으며, 음악교육활동 전개 시 한 단계만 독자적으로 쓰이기도 하지만 여러 단계가 복합으로 쓰이기도 한다(신혜숙, 2006).

(1) 모방

모방은 청각적인 기술 향상을 위한 전통적인 음악교수방법의 하나이다. 모방의 교수방법으로는 교사가 하는 동시에 따라하는 동시모방, 교사의 제시하는 신체표현, 리듬, 선율 등을 보고 똑같이 따라하는 기억모방(메아리 모방), 돌림노래처럼 교사가 한 동작을 보여주고 다음 동작으로 넘어갈 때 영유아가 그 동작을 똑같이 따라하는 중복모방법 등이 있다.

(2) 탐색

탐색은 배운 내용에 대해 새로운 아이디어를 적용해 보는 과정으로, 즉흥연주를 위한 준비과정이라고 볼 수 있다. 예를 들면 같은 음을 더욱 빠르게 / 더욱 느리게 연주해 보기, 악구의 리듬을 크게 / 작게 연주해 보기 등이 있다.

(3) 악보 읽고 쓰기

오르프는 초기 단계부터 악보 읽기 교육을 강조하는 것은 음악적인 것에 반하는 음악교수법이라 여기고, 영유아들에게 그림악보를 통해 먼저 악보 읽기를 가르친 이후 정식 악보를 가르쳐야 한다고 하였다.

■ 오르프의 그림악보

- 똑같아요 -

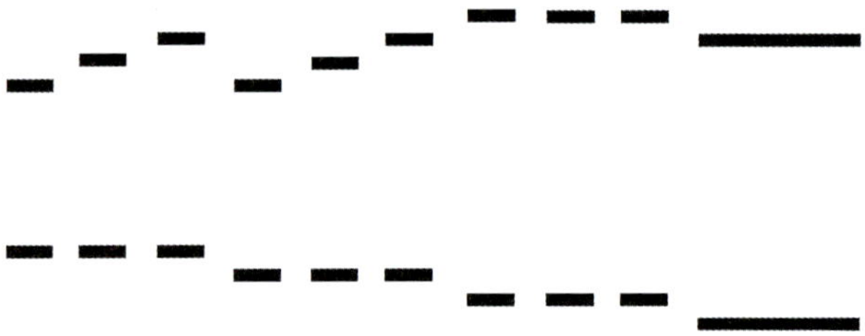

(4) 즉흥연주

즉흥연주는 모든 음악 학습의 가장 높은 단계의 활동으로 영유아들은 즉흥연주를 통해 자신만의 창의적인 느낌과 생각을 표현할 수 있는 음악 독립성을 보여준다. 응답 형식을 사용하는 악구에서부터 대조되는 악구를 만드는 즉흥연주까지의 과정 안에서 영유아들은 연주에 대한 만족감과 앙상블 안에서의 창작의 작용까지 음악 체험을 하게 된다.

4) 오르프 교수법을 이용한 영유아음악교육 활동의 예

언어리듬(rhythm speech) 만들기

① 두 글자로 된 과일 이름을 알아보고 유아들과 ♫ 리듬에 맞추어 말해본다.

② 한 글자로 된 과일 이름을 알아보고 유아들과 ♩ 리듬에 맞추어 말해본다.

③ 교사가 두 글자로 된 과일 이름을 ♫ 리듬에 맞추어 양손으로 무릎을 번갈아 치면서 말하면 유아들이 따라해 본다.

④ 교사가 한 글자로 된 과일 이름을 ♩ 리듬에 맞추어 손뼉을 치면서 말하면 유아들이 따라해 본다.

⑤ 교사가 두 가지 과일 이름을 ♫ ♩ 리듬에 맞추어 무릎과 손뼉치기로 소개한다(♫ ♩ 수박배 ♫ ♩ 딸기감).

⑥ 유아들이 차례로 두 가지 과일 이름을 ♫ ♩ 리듬에 맞추어 무릎과 손뼉치기로 소개해 보도록 한다.

3. 코다이

음악은 선택된 소수 상류계층 사람들만의 것이 아니라 모든 사람의 것이어야 한다.
- Zoltan Kodály -

코다이

코나이(Zoltan Kodály, 1882~1967)는 헝가리의 작곡가이자 음악교육자로, 국민 전체가 음악적으로 읽고 쓸 수 있는 기술을 획득하는 것을 음악교육의 주요 목표로 하여 영유아기부터 교육을 시켜야 한다고 주장하였다.

그는 1882년 헝가리 부다페스트에서 태어나 1891년부터 가톨릭계 학교에서 정식으로 음악 공부를 시작했으며, 부다페스트 음악학교에서 작곡을 공부하고, 리스트 페렌츠(Liszt Frence) 음악학교에서 음악교사 자격을 취득하였다.

1905년, 코다이는 자신의 고향마을에서 농부들이 부르던 민요를 수집하면서 헝가리의 민족음악에 관심을 가지기 시작하였고, 1906년부터 작곡가이자 친구였던 바르톡 벨라(Bartok Bela)와 함께 전국 각지를 돌아다니며 민요를 수집·정리하여 『노래와 반주를 위한 헝가리민요(Rosalvolgy és Tárasa Budapest)』를 발표하였다. 그리고 이듬해인 1907년부터 학교에서 음악이론을 가르치기 시작하였다. 코다이가 음악교육에 관심을 두기 시작한 것은 헝가리 국민들 사이에 팽배해 있던 독일 음악의 문화적 성향이 민족음악에 바람직하지 못한 영향을 끼치고 있으며 학교에서의 음악지도 수준이 매우 낮은 상태라는 것을 인식하면서부터이다. 그는 부다페스트의 일반학교 음악교사들과 함께 수행한 연구를 통해 자국의 음악 교재가 독일의 성향이 강하고 내용도 매우 빈약하며, 학생들도 민속음악을 거의 모른다는 것을 알게 되었다. 특히 교사양성학교 학생들의 노래조차도 악곡의 수준과 소리의 질이 매우 낮다는 점에 충격을 받으면서, 영유아와 청소년을 위한 음악교육에 관심을 기울이게 되었다.

1927년 코다이는 영국의 한 학교에서 쿠웬(Curwen, 1916~1880)의 계명창법(tonicsol-fa methods)을 활용한 음악 수업을 참관하고, 1928년 접하게 된 모나(Monar)의 책 『계명창 지도방법(Solfeggio Mannuals)』에 자극을 받아 새로운 계명창 지도방법을 고안하고 어린이와 청소년을 위한 악곡 교재들을 만들기 시작하였다. 그리고 1937년부터 여러 해에 걸쳐 노래와 연습곡을 작곡하고 『코다이 합창곡 전집(Kodály choral series)』을 비롯한 많은 음악교재곡집을 출간하였다(Stone, 1971).

코다이의 음악교육방법은 1944년 초등학교의 교과과정의 일부로 채택됨으로써 마침내 헝가리 음악교육의 새로운 시대가 열렸다. 그 후 코다이의 음악지도방법은 1958년 국제음악교육협의회(International Society for Music Education)의 모임에서 소개된 이래 많은 나라의 음악교육자에게 알려지기 시작하였다.

1) 코다이의 음악교육철학

코다이는 음악은 누구나 누릴 수 있는 문화적 권리이며, 모든 유아는 음악을 통해 개발이 가능하다고 믿고, 체계적이고 단계적인 음악교육을 통하여 모든 이들이 창조적이고 즐거운 삶을 영위할 수 있도록 하는 것을 목표로 하였다. 모든 헝가리 국민의 음악적 능력 발전을 위해, 음의 독보력과 기보법의 습득을 음악교육의 주요 목표로 삼았다.

코다이의 음악교육철학을 정리하면 다음과 같다(Stone, 1971).

① 음악은 모든 영유아의 것이다.

② 음악은 참여를 통해 경험되어야 한다.

③ 음악학습은 영유아기부터 발달수준을 고려하여 시작되어야 한다.

④ 음악적 언어는 모국어를 배우듯이 반복적이고 자연스럽게 익혀야 한다.

⑤ 목소리는 모든 사람에게 주어진 자연적인 악기이며, 조기음악지도에 있어서 '함께 노래부르기'는 독창이나 악기연주보다 더 효과적이다.

⑥ 민족문화의 유산인 민요를 음악교육에 주로 사용한다.

⑦ 영유아는 매일의 일과로서 음악을 경험해야 한다.

⑧ 예술적으로 가장 가치 있는 악곡만이 음악학습의 교재가 되어야 한다.

⑨ 훌륭한 음악교사는 어릴 때부터 바르게 음악교육 받은 사람이어야 한다. 영유아를 존중하고 관심을 가지고 대하며 그들의 음악적 능력을 최대한으로 향상시켜 줌으로써 전인적 성장에 도움을 주어야 한다.

2) 코다이의 음악교육방법

코다이의 음악교육방법은 목표지향적이며, 영유아의 발달단계를 고려한, 체계적인 학습원리에 따른 접근법이다. 특히 가창중심의 교육을 강조하며, 악기연주 활동은 악보의 시창과 독보 능력이 길러진 후에야 가능하다고 보았다.

코다이는 다음과 같이 여덟 가지 항목으로 세분하여 음악성을 개발시키는 방법을 제안하였다(김민아, 2000).

① 말, 동작, 노래와 노래게임을 통한 리듬 감각의 개발

② 암송창, 시창을 통한 멜로디 감각의 개발

③ 멜로디와 리듬의 동시 활용을 통한 다성(polyphonic) 감각의 개발

④ 민요와 예술악곡을 통한 다성능력의 개발

⑤ 내창과 손기호를 통한 내청(inner hearing)능력의 개발

⑥ 모든 조와 음자리표를 통한 다성능력의 개발

⑦ 배운 멜로디의 리듬 인식을 바탕으로 한 기악적 능력의 개발

⑧ 계명창법의 가창능력을 바탕으로 한 기악적 능력의 개발

(1) 이동도법에 의한 계명창

코다이는 달크로즈가 정확한 음감습득을 위하여 고정도법(fixed Do system) 계명창을 사용한 것과는 달리 이동도법(movable Do system)으로 계명창을 부르도록 지도하였다. 이동도법 계명창은 조가 바뀌더라도 각 계명 사이의 음정이 일정하므로 정확한 음정으로 노래를 부를 수 있다고 보았으며, 계명을 외워서 부르는 방법도 사용하였다. 코다이는 초기 단계부터 상당기간 동안 C(다장조), G(사장조), F(바장조)의 조성에 국한한 철저한 이동도법의 훈련을 통해 독보력을 기를 수 있다고 보았다. 즉 조성관계나 복잡한 이론적 설명을 피하고 이동도법에 따라 '도'의 위치만 알려주고 그 '도'의 상대적인 음의 관계에 따라 여러 조에서 노래하도록 하였다.

코다이는 초보자들이 계이름을 쉽게 익힐 수 있도록 모든 계이름의 첫자음 알파벳을 이용하여 코다이 두문자를 만들었다. 코다이 두문자는 오선에 음표를 그리지 않더라도 초보자들이 쉽게 읽을 수 있도록 하기 위해 창안된 것으로 기준이 되는 음계(do)를 기준으로 한 옥타브 아래 음을 ' , '로 표시하여 'do,'(아랫 도)로 나타내고, 한 옥타브 위의 음을 표시할 때는 ' ′ '로 표시하여 'do′'(윗도)로 표시한다.

표 6-2 코다이의 두문자

코다이 계이름	do(도)	re(레)	mi(미)	fa(파)	so(소)	la(라)	ti(티)	do′
코다이 두문자	d	r	m	f	s	l	t	d′

(2) 손기호

코다이의 음악교육방법의 중요한 특징 중 하나는 각 음 간의 상호관련성을 나타내는 손기호(hand sign)의 방법을 사용한다는 점이다. 코다이는 손기호 방법이 손의 위치와 모양의 관계를 통해 음정에 대한 감각을 기르고, 계이름으로 부르는 능력과 내청의 능력을 개발

하는 데 효과적이라고 확신하였다. 이 손기호 방법은 가락을 공간 속에서 표현하여 눈으로 보고 몸으로 느낄 수 있게 한다는 특별한 의미를 지닌다. 즉 눈과 귀, 머리, 손, 팔의 종합적인 활동을 통해 음정 감각을 더욱 강화시켜 가는 것이다.

손기호 방법은 허리 부근에서 머리까지를 주 동작 범위로 한다. 으뜸음 도를 허리 높이에서 시작하고 점차 위치를 높여가며 옥타브는 머리 위쪽까지 올라간다.

다음은 코다이 손기호의 손모양과 자세이다.

■ 코다이 손기호의 손모양과 자세

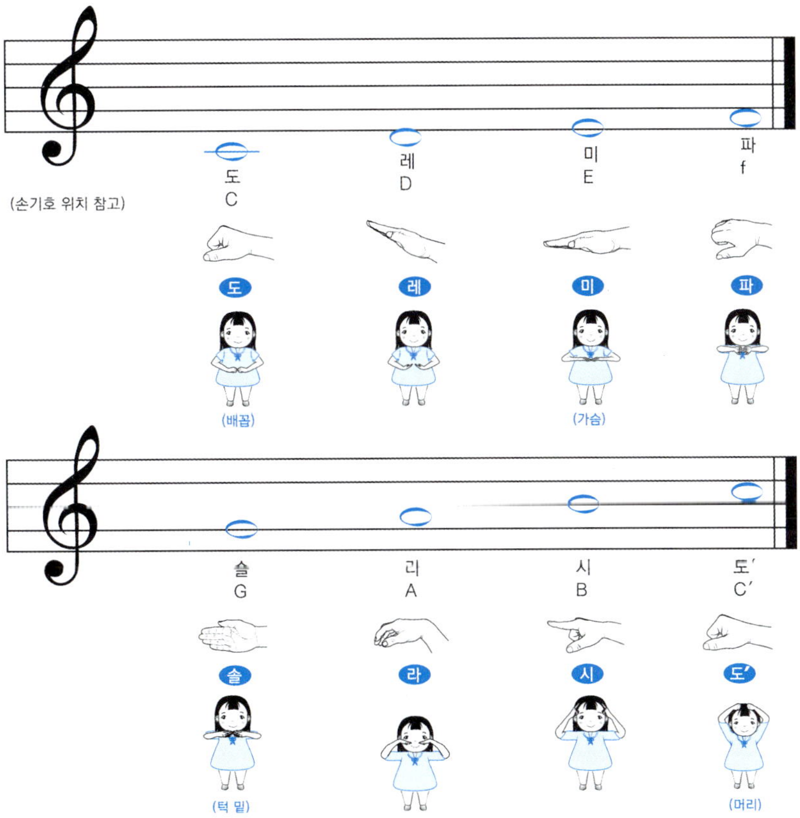

* 손기호는 한 손으로도 표현할 수 있다.

영유아의 경우는 높낮이에 대한 인식이 아직 부정확하여 섬세한 손모양을 표현하기 어려우므로 음높이에 따른 자세를 다음과 같이 몸 전체로 표현하도록 할 수 있다.

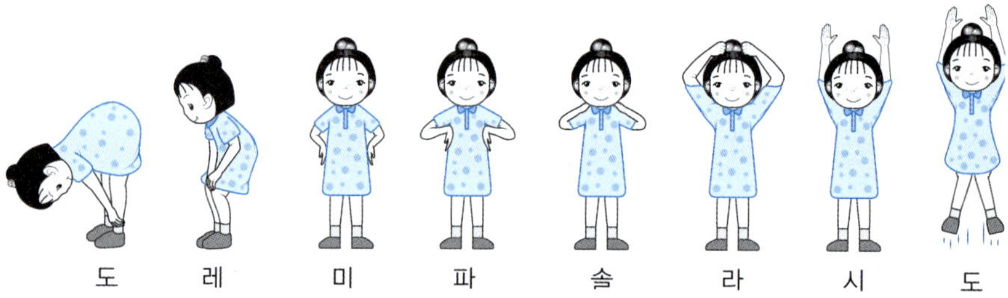

(3) 리듬지도

코다이는 "들을 수 있는 것은 볼 수 있어야 하고, 볼 수 있는 것은 들을 수 있어야 한다."고 주장하면서 리듬지도에 있어서의 시각적 지원과 도식화의 중요성을 강조하였다. 코다이의 리듬지도는 시각적 효과를 통해 이루어지는데, 초기학습에 있어서는 그림의 크기로 음의 길이를 암시하는 방법을 적용한다.

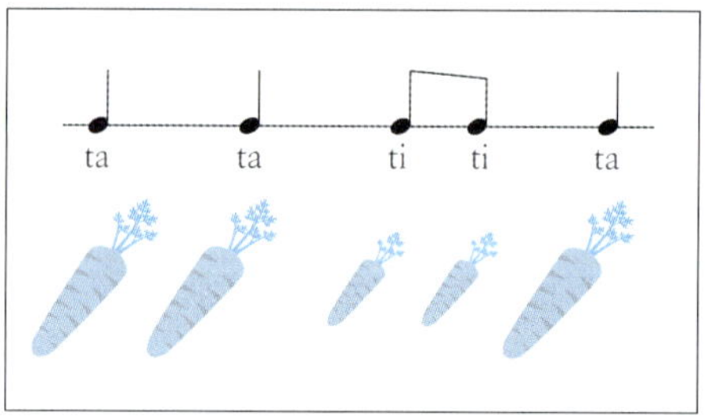

〈4분음표와 8분음표 설명〉

〈8분음표와 16분음표〉

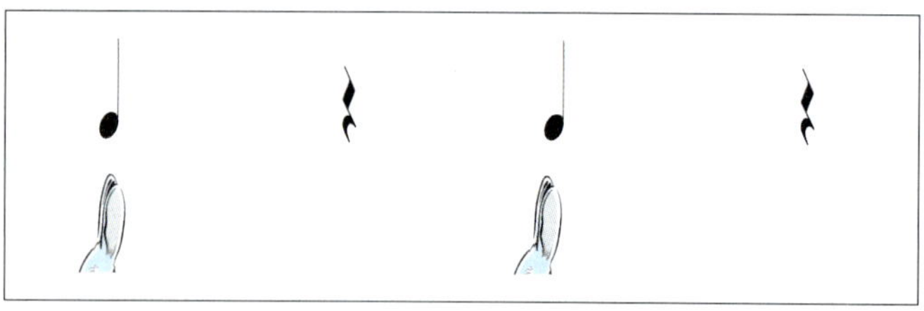
〈4분음표와 4분쉼표 설명〉

또한 리듬지도에 있어 율동, 노래게임 등을 필수적인 요소로 보고 신체동작을 통해 박에 대한 감각을 몸 전체로 느끼도록 유도한다. 이에 유치원과 초등학교 저학년 아동에게는 찬팅(chanting), 손뼉치기, 걷기 등을 통해 박자감을 익히도록 하였다. 찬팅은 말놀이식의 일정한 멜로디 없이 부르는 노래로 대체로 5음계(도, 레, 미, 솔, 라) 중 3개의 음(솔, 미, 라)으로 구성되어 있어서 어린 영유아도 자연스럽게 부를 수 있다.

6세경이 되면 세 음으로 된 노래를 배우면서부터 악보 읽기와 쓰기를 시작하는데, 이때의 악보는 단순하게 기둥과 기(旗)만으로 기록하며, 음정에도 이름이 있듯 리듬에도 이름을 붙여서 음악을 말하고 듣고 이해하는 도구로 활용하고자 코다이가 제안한 방법으로 리듬을 읽는다.

표 6-3 코다이 리듬기보 및 리듬음절

전통적 기보	Kodály식 기보	음악 음절	전통적 기보	Kodály식 기보	음악 음절
♩	|	따	𝅘𝅥𝅯 ♪ 𝅘𝅥𝅯		리띠리
♫ = ♪ ♪	⊓ = ♪ ♪	띠 띠	𝅗𝅥	𝅗𝅥	따아
(3) ♪♪♪	(3)	트리올라	𝅝	o	따아아아
𝅘𝅥𝅯𝅘𝅥𝅯𝅘𝅥𝅯𝅘𝅥𝅯		띠리띠리	𝄽	Z, Ƶ	쉼
♪ 𝅘𝅥𝅯𝅘𝅥𝅯		띠 띠 리	𝄾	𝄾	쉬
𝅘𝅥𝅯𝅘𝅥𝅯 ♪		띠 리 띠	♩.	|.	따아암
♪. 𝅘𝅥𝅯		팀 리	♪♪♪		띠띠띠
𝅘𝅥𝅯 ♪.		리팀	♩ ♪	| ♪	따 띠
♪ ♩ ♪	♪ | ♪	따따 티 (싱코리)	♪ ♩	♪ |	띠 따

(4) 선율지도

영유아들이 즐기는 노래나 찬트 등은 대부분 '솔-미' 두 음이나 '솔-미-라'의 세 음으로 구성되어 있다. 이에 코다이는 영유아의 발달 측면을 고려하여 단 3도와 장 2도의 음정을 가지고 음높이와 음정의 학습을 시작하는 것이 효과적이라고 보았다. 또한 반주 없이 교사의 육성으로 가르칠 것을 제시하였다.

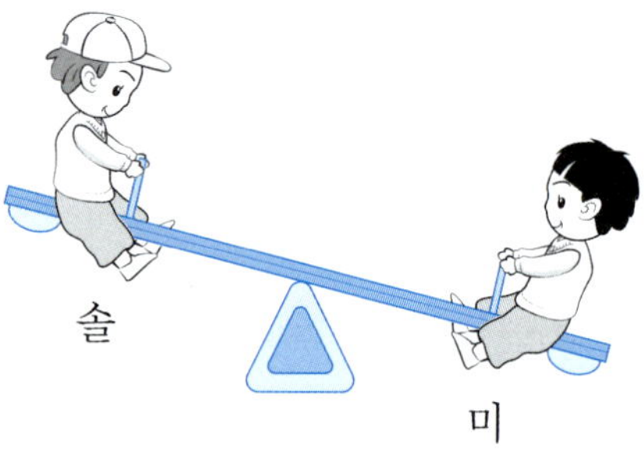

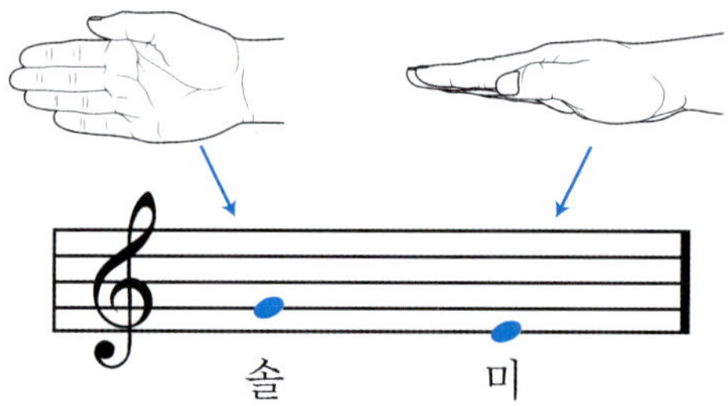

3) 코다이 교수법을 이용한 영유아음악교육 활동의 예

손기호를 이용한 선율개념

① 교사는 손기호를 한 음씩 가르쳐준다.

② '도에서 도'까지 손기호를 연습한다.

③ 영유아들이 익숙한 노래(예: 작은 별)를 계이름으로 불러준다.

④ 계이름으로 노래를 부르며 손기호를 함께 해본다.

⑤ 계이름을 마음속으로 노래부르고 손기호만 표현해본다.

⑥ 활동이 익숙해지면 손기호와 함께 노래를 부른다.

4. 고든

음악교육의 목표는 음악을 진정으로 즐기고 이해하는 것이며,
이는 오디에이션 하는 능력 없이는 달성하기 어렵다.
- Edwin Gordon -

고든

고든(Edwin Gordon)은 음악 적성에 기반한 체계적이고 연속적인 음악학습이론을 정립한 미국의 음악교육자이다. 필라델피아 템플대학에서 아동음악발달 프로그램의 담당 교수로 재직했었고, 음악교육 프로그램으로 박사학위를 받았다. 고든은 특히 1~3세 영유아의 음악교육에 관심을 가지고 심도 깊은 연구를 통해 영유아의 음악 적성, 청음, 음악학습이론, 음조와 리듬 형태, 음악발달 연구에 주된 기여를 하였다. 고든은 약 30년 동안 다양한 연령층을 대상으로 음악교육을 실천하며 오디에이션(Audiation) 이론을 중심으로 한 체계적인 학습법을 확립하였다(Gordon, 1977a; Gordon, 1977b). 오디에이션은 인간이 언어를 배우는 과정과 음악을 배우는 과정 간에 인지론적 공통점이 있다는 생각에 근거하여 1973년에 고든이 만들어 낸 용어로, 어학자 브라운(Donald P. Brown)이 말을 듣고 의미를 이해하는 과정을 '오디(Audi)'라고 한 것에서 유래된 것이다. 고든의 음악교육에 있어서 오디에이션은 음악 적성이 언제 이루어지며 어떻게 강화될 수 있고 무엇이 그것을 방해하는가 하는 이론과 밀접하게 연관되어 있다.

고든은 1959년 미취학아동에서 성인용에 이르기까지 음악적성검사를 개발한 이후 특히 미취학아동의 음악교육에 몰두하였다. 그의 연구는 미국, 유럽, 아시아 출판계에서 국제적으로 인증되고 있는데, 대표적 저서로 『음악교육 심리학』, 『음악연속학습: 기술, 내용, 형태』, 『음악적성의 본성: 기술, 측량과 평가』, 『신생아와 영유아를 위한 음악학습이론』 등이 있으며 현재 그의 이론은 세계적으로 인정받아 학문적으로 연구되고 있다.

또한 고든은 비영리재단인 '고든 음악학습원(Gordon Institute For Music Learning)'을 설립하여 음악학습이론의 실제 적용에 힘썼다.

1) 고든의 음악교육철학

① 음악교육은 영유아가 음악을 이해하고 즐기는 능력을 기르는 것이다. 이를 위해서는 반드시 음악을 내면적으로 듣고 이해하는 능력인 오디에이션할 수 있어야 한다.

② 음악을 배우는 과정은 언어를 배우는 과정과 마찬가지로 음악교육을 위해서는 순서적으로 계열화된 학습과정이 중요하다. 많은 말을 듣고 모방해 보는 경험을 통해 말을 배우듯이, 음악을 감상하고 연주해 보는 충분한 경험 없이는 음악을 통한 자기표현력 습득이 불가능하다. 이에 음악학습의 과정은 단계적인 순서가 아니라 유기적으로 연결된 시퀀스(Seqence)로 보아야 한다.

③ 음악교육은 어릴 때 시작하는 것이 좋고, 빠르면 빠를수록 좋다. 실제로 고든의 음악학교에는 8개월부터 18개월까지의 영유아를 위한 반이 개설되어 있다.

2) 고든의 음악교육방법

(1) 오디에이션

고든의 음악학습은 모두 오디에이션 능력의 개발에 목표를 둔다. 오디에이션이란 '실제로 들리지 않는 음악을 내면적으로 상상하여 마음속으로 듣고 이해하는 과정'을 의미한다. 이는 어떠한 노래를 마음속으로 들을 때 단순히 노래의 선율만을 듣는 것이 아니라 그 곡의 조성, 박, 화음 등에 대해 더 높은 차원의 내청을 하는 것이다. 오디에이션은 8개의 형태로 구분되는데, 각 형태 간에 위계가 있는 것은 아니다. 단, 몇 개 형태의 오디에이션은 다른 형태의 오디에이션을 가능하게 하기 위해 선행되어야 한다.

① 제1형태 : 듣기를 통한 오디에이션

음악을 들으면서 이루어지는 오디에이션의 형태이다. 친숙하거나 낯선 음악을 들을 때 그 음악의 조성패턴과 리듬패턴을 마음속으로 듣고 이해하면서 음악의 구문적인 의미를 이해하는 과정을 말한다. 이는 마치 다른 사람의 말을 들으면서 핵심단어들을 재구성함으로써 의도를 파악하는 것과 같다.

② 제2형태 : 읽기를 통한 오디에이션

악보를 읽으면서 이루어지는 오디에이션의 형태이다. 이는 악보를 읽을 때 청각적 도움 없이(소리를 듣지 않고), 읽은 것을 마음속으로 연주하고 떠올리는 것을 뜻한다. 이러한 오디에이션이 없는 독보는 암호를 해독하는 것 이상의 의미는 없다.

③ 제3형태 : 쓰기를 통한 오디에이션

음악을 듣고 악보로 적는 과정에서 이루어지는 오디에이션의 형태이다. 1, 2형태의 오디에이션 능력이 선행되어야 한다.

④ 제4형태 : 회상하기와 연주하기를 통한 오디에이션

악보 없이 음악을 음미하거나 목소리 또는 악기로 연주하면서 이루어지는 오디에이션 형태이다. 이 과정은 친숙한 곡을 암기하여 그대로 회상하는 것이 아니라 중요한 부분 즉 조성, 리듬 등을 저장하였다가 재구성하는 것이다.

⑤ 제5형태 : 회상하기와 쓰기를 통한 오디에이션

음악을 회상하면서 그것을 악보로 기록할 때 이루어지는 오디에이션의 형태이다. 즉 친숙한 음악을 청각적 자극 없이 회상하여 악보로 기록할 때 일어나는데, 과거에 오디에이션하여 기억하고 있던 것을 회상해 내어 기보하는 과정이라 할 수 있다. 제3형태와 제4형태의 오디에이션이 결합된 형대이다.

⑥ 제6형태 : 창작하기와 즉흥연주를 통한 오디에이션

지금까지 경험했던 모든 음악적 능력을 사용하여 음악을 창조하거나 즉흥연주를 할 때 이루어지는 오디에이션의 형태이다. 학생들은 이러한 과정을 통해 음악의 구성요소에 대한 개념을 형성하고 음악의 생성원리를 발견하게 되며 이미 습득한 개념과 원리를 창작하고 변형하는 데에 적용함으로써 음악적 개념과 원리가 더욱 확대되고 명료해진다.

⑦ 제7형태 : 창작, 즉흥연주곡의 읽기를 통한 오디에이션

창작하거나 즉흥연주했던 친숙지 않은 음악의 악보를 읽을 때 이루어지는 오디에이션의 형태이다.

⑧ 제8형태 : 창작, 즉흥연주곡의 쓰기를 통한 오디에이션

창작하거나 즉흥연주했던 친숙지 않은 음악을 악보로 적는 과정에서 이루어지는 오디에이션의 형태이다. 창작한 것을 악보로 적는 능력이 생기면 음악학습의 독립성이 획득되며, 음악적 성장속도가 현저히 빨라지게 된다.

이상의 8가지 오디에이션의 형태별로 과정 및 다루어지는 음악적 자료를 정리하면 〈표 6-4〉와 같다.

표 6-4 오디에이션의 형태별 과정 및 다루어지는 음악적 자료

연령	듣기	노래부르기
제1형태	듣기	들려주는 친숙하거나 낯선 음악
제2형태	읽기	익숙하거나 낯선 음악의 악보
제3형태	쓰기	받아쓰도록 들려주는 친숙하거나 낯선 음악
제4형태	회상하기와 연주하기	기억 속의 친숙한 음악
제5형태	회상하기와 쓰기	기억 속의 친숙한 음악
제6형태	창작하기와 즉흥연주	낯선 음악
제7형태	창작, 즉흥연주의 읽기	낯선 음악의 악보
제8형태	창작, 즉흥연주의 쓰기	낯선 음악

(2) 음악학습과정

고든의 음악학습과정의 특징은 다음과 같다(www.giml.org).

① 음정과 리듬의 분리

고든은 리듬과 음정의 특징을 함께 다루는 것이 어렵다고 보고, 리듬과 음정을 분리시켜서 리듬이 없는 음정패턴(tonal patterns)과 음정이 없는 리듬패턴(rhythm patterns)을 음악학습에 사용한다.

■ 고든의 리듬패턴과 음정패턴의 예

• 음정패턴

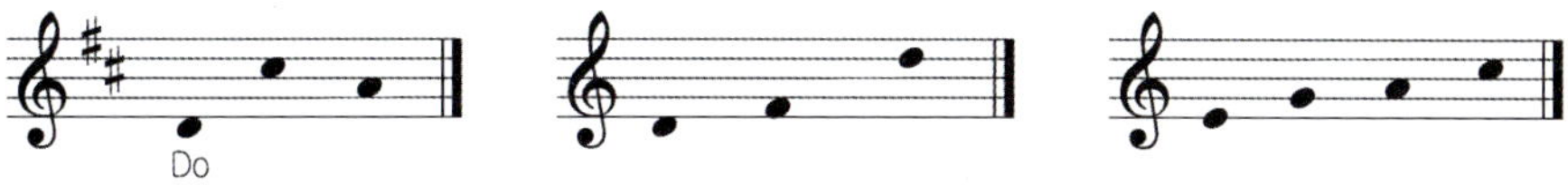

• 리듬패턴

② 개인차를 고려한 교육

학습자의 오디에이션의 능력은 개인마다 다르므로, 교사는 각 학습자에게 적합한 리듬과 음정 패턴을 선택하여 제시하여야 한다.

③ 개별적 연주의 중요성

오디에이션 발달에 있어 개별적인 연주 경험을 매우 중시한다. 이에 학습자가 혼자 리듬패턴이나 음정패턴을 연주해 보도록 하고 다른 학습자가 연주하는 것을 들어보는 기회를 제공한다.

고든은 음악학습심리이론을 기초로 하여 음악학습을 변별학습과 추론학습으로 크게 구분하였다. 변별학습(discrimination learning)은 음을 구별하는 능력을 기르는 학습으로, 이미 배웠던 것을 새로 기억해서 표현해 보는 활동으로 진행된다. 변별학습은 처음에 단순히 음악을 듣고, 들은 것을 따라해 보는 활동(노래를 듣고 따라 부르거나, 음악에 맞추어 몸을 움직여 보거나 또는 소리로 만들어 표현해 보기)으로부터 시작한다. 다음으로 계명으로 부르기(tonal solfege)나 리듬음절로 부르기(rhythm solfege)의 활동 등이 이루어지며 나아가서는 리듬패턴과 음정패턴을 읽고 쓸 수 있을 뿐 아니라 음색과 박자의 흐름을 인식하는 능력을 발달시킨다. 음악적 경험으로 상상력을 기르는 추론학습(inference learning)은 변별학습에서 학습한 바를 기초로 낯선 음악에 대해서도 음악적 상상에 대해 정확히 설명하는 과정인 '일반화', 독자적인 패턴을 만들어 내는 '창작과 즉흥연주', 그리고 음악이론을 이해하고 상징적 음악기호를 소리로 내어 보는 '이론적 이해'의 과정으로 순서화된다.

■ 리듬 음절로 부르기(리듬 솔페이지)

한편, 고든의 음악학습방법에 의하면 음악수업은 일반수업활동(Classroom Activities)과 학습단계활동(Learning Sequence Activities)의 두 부분으로 이루어진다. 일반수업활동이란 노래부르기, 악기연주, 감상 등 일반적인 음악수업활동을 말하며, 학습단계활동이란 학생들의 기본능력을 개발하기 위해 매 수업 첫 10분 동안 리듬패턴과 음정패턴을 고든의 학습이론에 의해 가르치는 활동을 말한다. 이 활동에서는 음정과 리듬영역이 따로 다루어지며 학생들 개개인의 학습경과를 전부 기록하도록 되어 있다.

(3) 영유아를 위한 고든의 음악교육방법

영유아기는 일생의 음악적 발달의 기초를 형성하는 결정적인 시기이며, 특히 출생에서 5세까지의 음악적 경험은 성장 후 음악에 대한 이해와 감상, 성취에 지대한 영향을 미친다. 특히 청음은 음악 어휘력의 발달을 위한 중요 요소로서 영유아에게 풍부하고 다양한 음악을 접하게 하는 것은 후에 학습할 형식적이고 필수적인 음악학습을 위한 준비가 된다는 점에서 매우 중요하다.

영유아기의 음악적 발달 단계를 살펴보면 성인은 음악적이라고 인식되지 못하는 소리를 만드는 음악적 옹알거림 단계를 거친다. 음악적 옹알이 단계에서 영유아는 음성의 특징을 재잘거리며 노래하는 '음정의 옹알거림' 과정을 거치거나 빠르기와 박자가 존재하지 않는 이상스러운 '리듬의 옹알거림' 과정도 거치는데 이 시기 동안 부모나 교사가 형식적인 교육을 시도해서는 안 되며, 음악적 이해를 도울 수 있는 비형식적인 안내를 해야 한다.

즉 다양한 음악경험을 통해 자연스럽게 청음을 배울 수 있도록 해야 한다. 이에 고든은 이 시기를 예비 오디이에션 시기라 명명하였다. 예비 오디에이션이란 형식적 교육이 시도되는 오디에이션 학습을 위한 준비 단계로 청음의 발달을 도모하는 시기라 볼 수 있다. 예비 오디에이션은 <표 6-5>와 같이 크게 문화화(Acculturation), 모방(Imitation), 동화(Assimilation)의 세 가지 형태로 구성되며 총 7개의 하위 단계로 나누어진다(www.giml.org).

표 6-5 예비 오디에이션의 형태와 하위 단계

형태	단계
문화화 출생에서 2~4세: 환경에 대해 무의식적인 상태	흡수단계(Absorption): 주변의 음악소리를 듣고 청각적으로 수집한다.
	무의도적 반응 단계(Random Response): 주변의 음악소리에 대해, 연관성이 없는 동작이나 옹알거림으로 반응을 한다.
	의도적 반응단계(Purposeful Response): 동작하거나 옹알거림을 주변의 음악소리에 연관지으려 한다.
모방 2~4세에서 3~5세: 환경에 초점을 둔 의식적 사고의 상태	자기중심성 탈피 단계(Shedding Egocentricity): 자신의 동작이나 옹알거림이 주변의 음악소리와 맞지 않음을 인식한다.
	암호풀이의 단계(Breaking the Code): 주변의 음악소리, 특히 음정패턴과 리듬패턴을 다소 정확하게 모방한다.
동화 3~5세에서 4~6세: 자기에게 초점을 둔 의식적 사고의 상태	자기반성 단계(Introspection): 노래부르면서의 숨쉬기, 찬팅하면서의 신체동작(숨쉬기를 포함해서)에 협응이 부족함을 인식한다.
	협응 단계(Coordination): 노래부르기와 찬팅에 있어서 숨쉬기와 동작을 협응시킨다.

고든은 영유아음악교육과정으로 '점프 라이트 인(Jump Right In)'이라는 음악놀이를 창안하였다. '점프 라이트 인'의 방법과 특성을 정리하면 다음과 같다.

① **가사가 없는 노래와 찬트 활동을 제공한다.**

가사 없는 노래와 찬트 활동은 가사보다는 유아와 교사나 성인이 음악적으로 서로 자연스럽게 어우러지도록 이끌며, 특히 음의 높낮이나 빠르기, 강약과 같은 다양한 음악요소들에 집중할 수 있는 더 많은 기회를 제공한다.

② **가사가 있는 노래와 찬트 활동을 제공한다.**

가사가 있는 노래와 찬트는 음악에 담긴 의도를 이해하고 표현하는 데 도움이 되며, 가사가 없는 노래에 비해 더 많은 다양성을 띠고 있다. 또한 가사를 통해 유아들과 교감할 수 있는 기회를 갖기 쉽다.

③ **놀이를 통한 '포괄적인 음악교육'을 도모한다.**

'포괄적 음악교육'은 포괄적인 음악성의 계발을 지향하는 음악교육이란 뜻으로, '폭넓고 다양한 음악적 능력, 즉 음에 대해 감각적으로 지각·반응하며, 지적으로 분석·이해하고, 음을 창조적으로 조작·표현할 수 있는 종합적인 음악능력을 기르는 것'을 목표로 한다.

④ **언어학습과 같이 자연스러운 음악학습방법을 사용한다.**

음악학습은 영유아가 언어를 습득하는 과정처럼 태어나면서부터 그들 주위에서 말하는 언어를 들으면서 이루어진다고 보고 음악적 놀이를 통해 자연스럽게 음악을 배울 수 있도록 한다.

⑤ **영유아의 음악학습은 비형식적인 안내의 방법으로 이루어진다.**

예비 오디에이션 단계인 영유아에게는 형식적인 교수가 아니라 음악적 이해를 돕기 위한 안내가 필요하다. 안내(guidance)는 영유아에게 정보와 기술학습을 강요하지 않는 비형식적 특징을 가진다. 안내는 크게 비구조적 안내와 구조적인 안내의 2가지 유형으로 나누는데, 비구조적인 안내는 출생에서 3세 영유아에게 적합한 방법으로, 교사나 부모가 구체적 계획을 하지 않고 영유아에게 자연스럽게 노래를 불러주거나 노래를 따라해 보도록 이끌거나 다양한 노래나 연주를 들려주며 음조, 리듬 형태를 들을 수 있는 청취환경을 조성해 주는 것이다. 구조적인 안내는 3~5세에게 적합한 형태로, 부모나 교사는 무엇을 말하고 행해야 할지에 대해 구체적인 계획을 세운다. 그러나 영유아에게 특별한 반응을 기대하지는 않는다. 형식적 교수(instruction)는 평균적으로 5세 정도가 되어야 시작한다. 부모와 교사는 무엇을 가르칠지를 구체적으로 계획하며, 수업시간을 조직하고 영유아에게 기대되는 특별한 반응 유형이 있다.

⑥ **모방을 중요한 학습방법으로 사용한다.**

모방의 과정은 오디에이션 개발에 필수적이다. 영유아는 교사를 모방해서 노래부르기와 옹알거리기, 음악적 놀이와 실험, 감상과 표현, 동작 등 모든 음악적 활동에 참여한다.

⑦ **음률활동을 중요한 학습방법으로 사용한다.**
동작이 영유아의 음악적 발달의 길잡이가 된다고 보아 음악에 맞추어 동작하는 음률활동을 중시한다.

3) 고든의 교수법을 이용한 영유아음악교육 활동의 예

오디에이션을 통한 노래부르기

① 교사는 가사 없이 허밍(humming)으로 노래를 들려준다.

② 교사는 가사 없이 허밍으로 노래를 부르면서 강박에 맞추어 발을 구르고, 영유아는 교사를 따라 발을 맞추면서 노래를 듣는다. '나비야' 노래는 4/4박자의 곡으로 강-약-중강-약의 셈여림으로 연주된다. 강과 중강박에 발을 맞춘다.

③ 교사는 가사 없이 허밍으로 노래를 부르면서 손으로 약박에 맞추어 무릎을 가볍게 치고(또는 손뼉), 영유아들은 교사를 따라 무릎을 치면서 노래를 듣는다.

④ 교사가 으뜸음을 불러주고 영유아가 으뜸음을 불러 보게 한다.
'나비야' 노래는 다장조의 곡이므로 도가 으뜸음이다. 교사가 허밍으로 '나비야' 노래를 부르면서 중간에 수시로 멈추고 숨을 쉬게 하는 손짓을 하면서 영유아들이 으뜸음을 부르도록 지시한다.

⑤ 교사는 시작음을 잡아주고 영유아에게 소리내지 않고 입모양만 내면서 노래를 부르도록 지시한다(오디에이션 하기).

⑥ 교사가 피아노로 으뜸음을 잡고 숨쉬기를 한 후 다 같이 허밍으로 '나비야' 노래를 부른다.

■ '나비야' 노래의 그림악보

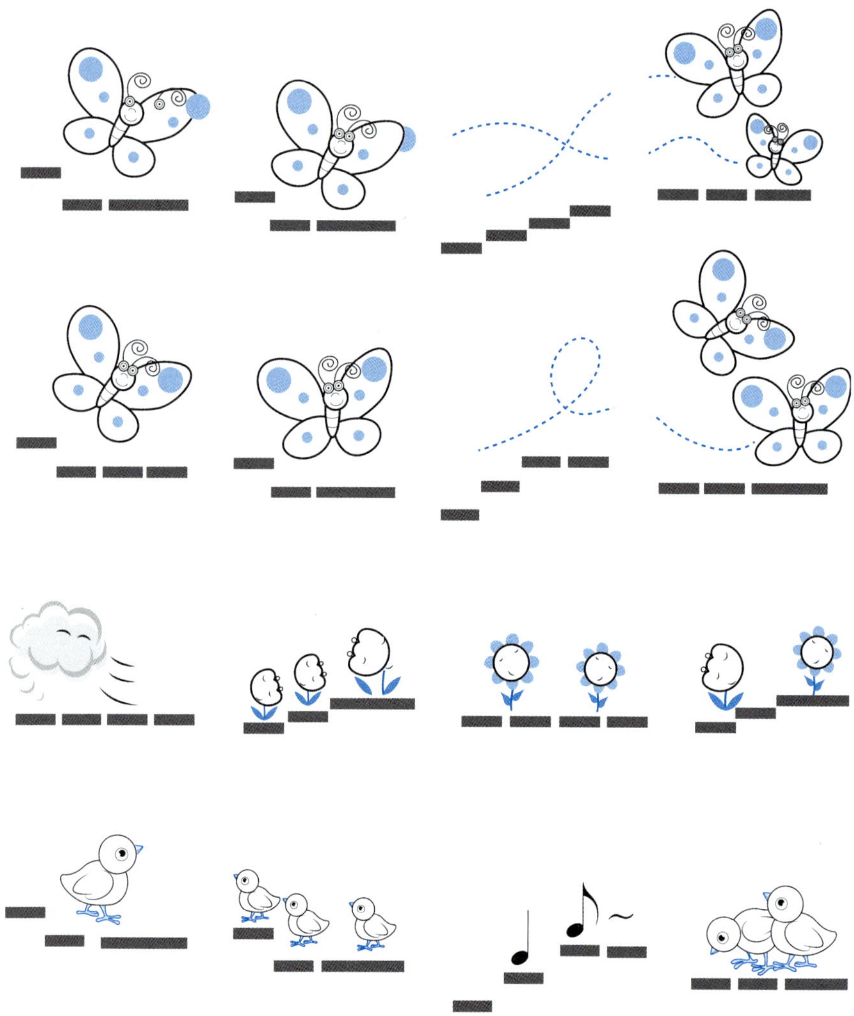

출처: 안재신, 1996, p.188

이상의 방법을 예비 오디에이션 단계에 있는 영유아에게 적용하는 것은 어려우며, 익숙한 노래에 한해 부분적으로 활용하는 것이 효과적이다.

5. 몬테소리

어린이는 끊임없이 자신을 창조해 가는 무한한 잠재력을 지닌 자유로운 존재이다.
- Maria Montessori -

몬테소리

몬테소리(Maria Montessori, 1870~1952)는 이탈리아 최초의 여성 의학박사이며 독창적인 아동교육방법을 고안·실천한 교육자이다. 안코나 지방 카바레 마을에서 태어난 그녀는 로마대학 부속정신병원의 조수로 2년간 정신지체아와 생활하면서 교육에 관심을 갖기 시작하였다. 그녀는 정신지체아를 의학적 치료의 대상이라기보다는, 교육적 접근이 요구된다고 생각하고 국립특수학교를 설립·관리하며 교육에 힘썼다. 그녀의 이러한 노력은 정신지체아들로 하여금 정상아 수준의 학업성취를 이루거나 공립학교시험에 합격하게 하는 놀라운 성과를 가져왔다. 이후 몬테소리는 로마대학에 재입학하여 7년간 실험심리학과 교육학을 공부하였고 이때 루소(Rousseau), 페스탈로치(Pestalozzi), 프뢰벨(Froebel) 등의 사상에 접하게 된다. 1907년 우연한 기회로 로마의 슬럼가 아파트 한 칸을 빌려 운영하던 '어린이의 집'을 관리하게 되면서 몬테소리는 정신지체아를 교육했던 방법을 정상 영유아에게 적용하는 기회를 갖게 되었다. 몬테소리의 어린이집 교육은 대성공을 이루어 자신의 교육법을 정리하여 『어린이의 집 교육에 적용된 과학적 교육법』(1909)을 출간하였다. 이는 26개 국어로 번역될 정도로 혁신적인 것이었으며, 이후 몬테소리는 각국에서 강연과 교원양성 활동을 통해 몬테소리 방법의 보급에 전념하게 되었다.

1) 몬테소리의 음악교육철학

몬테소리는 영유아를 무한한 잠재능력을 지닌 존재, 스스로 선택·결정·책임질 수 있는 존재, 자신을 창조해 가는 창조적인 존재로 인식하고, 영유아가 자기 형성과정에 있어서 강제나 간섭을 받지 않는 한 스스로 그 능력을 펼쳐 나갈 수 있다고 본다. 즉 흡수력과 민감기의 원리에 따라 정상화된 어린이를 만들 수 있다고 믿었으며, 이에 '감각훈련', 독특한 교구를 중심으로 한 '준비된 환경의 제공', 자발적인 자기활동에 의한 '자동교육'을 기본원리로 하였다. 몬테소리는 음악교육에 있어서도 아동의 자발성(initiative)을 중시하고 자기표현과 의사소통을 그 목적으로 삼고 있다(김혜경, 2002). 몬테소리의 음악교육철학을 구체적으로 살펴보면 다음과 같다(정승은, 2001).

① 영유아가 음악적인 심미감을 갖도록 주위에서 좋은 음악을 많이 듣게 해야 한다.

② 영유아에게 멜로디와 하모니를 가르쳐야 한다. 이를 위해 아주 간단한 악기를 사용해야 하며, 이 악기는 영유아의 손 크기와 발달 수준에 맞는 간단한 악기를 제공해야 한다.

③ 다음은 악보 쓰기와 읽기를 가르쳐야 한다. 영유아는 작곡을 하거나 악보를 익혀 음감벨을 이용해 연주할 수 있게 된다.

2) 몬테소리의 음악교육방법

몬테소리는 음악교육의 내용으로 리듬과 음률의 연습, 음악적 표현, 악보의 읽기와 쓰기, 소리에 대한 탐색, 악기연주, 선 따라 걷기 등의 리듬에 맞춰 움직이기를 포함시키고 있다.

김혜경(2002)은 몬테소리 음악교육의 내용을 다음과 같이 듣기, 악기다루기, 노래부르기, 음악 맞추어 움직이기의 네 가지로 나누어 제시하고 있다.

① 듣기

듣기 기술을 발전시키기 위해서 침묵을 인식하는 것을 출발점으로 삼고, 점차 벨이나 북 같은 것을 사용하여 소리와 소음을 소개하여 서로 구별할 수 있도록 한다.

② 악기다루기

악기다루기를 위한 학습의 기초는 음감벨(series of 13 bells)을 사용하는 활동이다. 음감벨은 C장조의 한 옥타브의 음계로 조정된 금속성의 벨 두 세트로 되어 있다. 영유아들은 벨을 치면서 같은 음을 찾아서 한 쌍으로 짝을 지어 보고, 서열화시키는 활동을 통해 음계의 바른 순서를 알게 되고 소리만 듣고도 음을 식별하게 된다.

③ 노래부르기

몬테소리는 영유아에게 음악을 가르치기 위한 방법으로 손유희, 춤, 동작, 게임 등이 포함된 동요를 가르칠 것과 음감벨에 맞춘 목소리 연습과 피아노 음악에 맞추어 줄을 따라 걸으면서 '어린이 스스로 부르는 간단한 노래'를 부르는 방법을 소개하고 있다.

④ 리듬에 맞추어 움직이기

리듬에 맞추어 움직이기는 마루에 그려진 선을 따라 걷는 것에서부터 시작되며, 바른 몸가짐, 균형, 안정, 동작의 자유를 목적으로 한다.

영유아에게 선 따라 걷기활동을 소개하는 방법을 살펴보면, 처음에는 교사의 지시에 따라 선을 따라서 걷기활동을 하다가 점차 간단하고 쉬운 음악부터 음악을 소개하여 그에 맞추어 걷게 한다. 이에 익숙해지면 손과 발을 음악에 맞추어 움직이면서 걷게 하고 다음에는 춤을 추면서 걷게 해보는 식으로 진행한다. 또한 몬테소리는 리듬에 맞추어 움직이기를 위한 교육방법으로 동물 흉내 내기와 무언극도 제안하고 있다.

몬테소리는 영유아와 유용한 교구와의 상호작용에 의해 교육이 이루어진다고 보았다. 이에 음악교육에 있어서도 교구의 준비와 교구를 사용하는 활동에 초점을 두고 있다. 몬테소리 교구는 일상생활훈련교구, 감각훈련교구, 지적 발달을 위한 교구로 나누어지는데, 그중 감각훈련교구를 중심으로 음악교육이 이루어진다. 몬테소리교육의 핵심은 교구이므로 음악교육의 교수방법도 교구를 중심으로 살펴보면 다음과 같다.

(1) 음감벨

음감벨은 영유아의 음감을 발달시키기 위해 개발된 교구로, 음계를 들을 수 있는 똑같은 모양의 벨이 13개씩 2세트 있고 벨을 치는 타봉 2개와 소리를 정지시키는 멈춤 막대가 있다. 이 중 8개는 온음을 나타내는 음감벨로 받침이 흰색이며, 5개는 반

음을 나타내는 음감벨로 받침이 검은색으로 되어 있다. 영유아가 할 수 있는 구체적인 음감벨 활동은 다음과 같다.

① 음감벨을 다양하게 두드리거나 멈추기

한 개의 음감벨을 반복해서 두드려 보거나 벨을 친 후에 바로 또는 한참 후에 소리를 멈춰 보거나 타봉으로 벨의 여러 부분을 치며 소리의 차이를 살펴본다.

② 타봉과 음향 정지막대로 소리 탐색하기

타봉으로 벨의 어느 부분을 칠 때 가장 좋은 소리가 나며, 정지막대로 소리의 길이를 조절할 수 있는지를 탐색한다.

③ 같은 소리를 찾기

같은 수의 흰 벨과 검은 벨을 나누어 가진 후 같은 소리가 나는 벨을 찾아 짝지어 본다. 처음에는 2～3가지 높이의 음을 사용하다가 점차 장음계의 8도음을 단계를 높여간다.

④ 순서 짓기

섞여 있는 음감벨의 소리를 탐색하며 높낮이 순서대로 벨을 나열한다. 처음에는 2~3가지 높이의 음을 사용하다가 점차 단계를 높여간다.

⑤ 간단한 멜로디 연주하기

음감벨로 간단한 멜로디를 연주를 한다.

(2) 소리상자

소리상자는 빨간색과 파란색 상자에 각각 원통의 소리상자가 6개씩 들어 있어서 모두 12개의 원통으로 구성되어 있다. 원통에는 여섯 가지 각기 다른 재질의 자료가 들어 있어서 흔들었을 때 다른 소리가 나도록 고안되어 있다. 영유아는 소리상자 놀이를 통하여 큰 소리와 부드러운 소리를 구별하는 능력을 갖게 되며 같은 한 쌍의 소리를 찾아내는 능력도 키우게 된다. 또한 소리에 대한 미세한 감각을 발달시킬 수 있다.

(3) 악보의 읽기와 쓰기에 관련된 교구

영유아가 관을 읽게 되면 음감벨과 음악판을 함께 사용하여 읽기지식을 음악에 적용시켜 보고, 그 결과로 악보들을 읽을 수 있게 한다. 악보읽기에 관련한 교구를 통해 음과 악보의 관계를 이해하고 독보력을 개발하는 것이다. 악보읽기를 위한 교구로는 초록색 나무판으로 제작된 음악판이 있는데, 계명을 숫자로 표시하여 음의 위치를 나타낼 수 있도록 되어 있다.

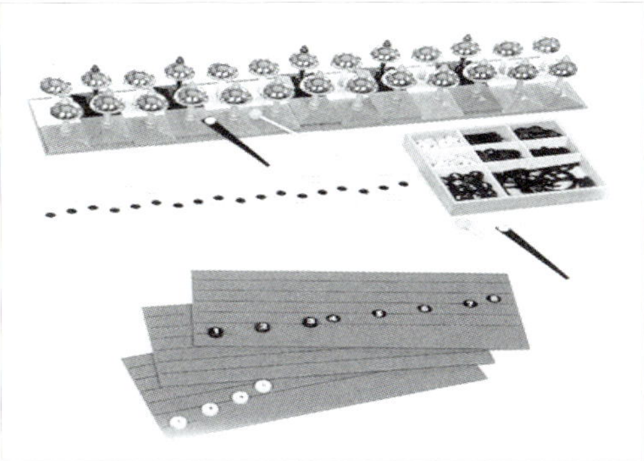

3) 몬테소리의 교수법을 이용한 영유아음악교육 활동의 예

소리상자 활동

① 교사는 두 개의 상자 중에 한 개를 시범용으로 가장 큰 소리, 가장 작은 소리, 중간 크기의 소리를 준비하고 영유아의 상자에 섞어 놓는다.

② 영유아를 교사의 왼편에 앉히고 교사의 상자에서 세 가지 소리의 원통을 꺼내 놓는다.

③ 꺼낸 원통을 차례로 책상 위에 놓은 다음, 상자 뚜껑을 닫아 놓는다.

④ 가장 큰 소리의 원통을 선택하여 원통 윗부분을 오른손 집게손가락으로 누르고, 나머지 손가락으로 원통을 잡는다.

⑤ 원통을 세게 흔든다.

⑥ 원통을 왼손에 바꾸어 잡은 다음 영유아가 소리를 들을 수 있도록 왼쪽에서 다시 흔든다.

⑦ 원통을 내려놓고 원통의 짝을 영유아의 상자 내에서 찾는다.

⑧ 찾은 짝을 두 개의 상자 사이에 나란히 놓는다.

⑨ 가장 큰(작은) 소리의 원통을 찾은 후 다음 가장 큰(작은) 소리의 짝을 찾아 그 아래에 나란히 놓는다.

⑩ 마지막으로 중간 크기 소리의 원통을 고른 다음 그것의 짝을 영유아의 상자에서 찾는다.

⑪ 소리를 듣고 찾아낸 쌍을 확인하고 원통 밑에 있는 표시를 보고 맞았는지를 확인한다.

⑫ 어린이가 집중할 수 있도록 눈을 감도록 격려한다.

참고문헌

김민아(2000). 신체활동을 통한 유아음악 프로그램에 관한 연구; 만 3, 4세를 중심으로. 숙명 여자대학교 교육대학원 석사학위논문.

김영연(2002). **유아음악교육론**(개정판). 학지사.

김은실(2001). 유아기 적합한 청음지도 방법 고찰. 영남대학교 교육대학원 석사학위논문.

김혜경(2002). 몬테소리 음악교육의 기본이론과 실제. **유아교육학논집**, 7(2), 57-76.

김혜경 편(2013). **영유아음악교육**. 창지사.

신혜숙(2006). 칼 오르프 교수법을 적용한 음악개념 지도방안 연구. 연세대학교 교육대학원 석사학위논문.

안재신(2004). **유아음악교육**. 교육과학사.

양희영(2004). Carl Orff 음악교수법을 이용한 유아 음악교육에 관한 연구. 중앙대학교 교육대학원 석사학논문.

이슬기(2011). 달크로즈 교수법에 의한 음악지도 방안 연구: 4~6세 유아를 중심으로. 계명대학교 교육대학원 석사학위논문.

정승은(2001). **유아음악교육 강의**. 진솔미디어 법서출판사.

조효임, 장기범, 이경언, 윤재상, 이동재(1999). **오르프 음악교육**. 학문사.

조홍기(2000). **헝가리 음악교육과 코다이**. 피아노 음악.

찰스 R. 호퍼(1984). **음악교육론**(안미자 역). 이화여자대학교 출판부.

Gorden, E. E. (1977). *A Music Learning Theory for Newborn and Child*. Chicago: GIA Publication.

Gorden, E. E. (1977). *Edwin E. Gorden's Learning Sequence In Music: Skill, Contence. and Pattern*. Chicago: GIA Publication.

Landis, B. & Carder, P. (1972). *The Electic Curriculum in America Music Education: Contributions of Dalcroze, Kodály and Orff.* Virginia: Music Educators National Conference.

Stone, K. M. (1971). *Zoltán Kodály. His Life and Work*. London: Barrie & Jenkins.

http://www.eurhy.com/

http://www.giml.org/

http://www.kodaly.or.kr/

http://www.orff.org/

Chapter

7

교사를 위한 음악의 기초 : 음악의 구성요소

영유아음악교육의 개념이나 목적에 대한 논의에서 알 수 있듯이 영유아의 음악교육을 위해 교사가 음악전문가가 될 필요는 없다. 그러나 음악을 구성하는 기본요소에 대한 영유아의 개념학습을 돕기 위해서는 교사가 음악에 대한 기초적 지식을 이해하고 있어야 하는 것이 당연한 요구이다.

영유아는 자신의 오감을 이용하여 사물과 사건을 지각하고 주변세계에 대한 많은 개념들을 형성한다. 지각은 자극이 주어지는 동안 감각과정으로부터 의미를 얻는 행위로, 음악적 지각은 음악적 자극이 가해지는 동안 의미를 얻는 것이다. 영유아는 이러한 음악적 지각을 통해 결과적으로 음악적 개념을 형성하게 된다. 따라서 지속적으로 음악적 지각을 해 나가는 것은 결과적으로 보다 더 복잡한 음악개념을 형성하는 것이다(안미자, 1992).

음악에 있어서 개념발달은 소리의 세계에 대한 관점과 이해에 대한 표시라고 볼 수 있는데(Greenberg, 1979), 영유아는 주변의 여러 가지 소리와 여러 유형의 음악 듣기, 자신의 목소리나 악기로 연주하기, 그리고 음악을 창조하는 기회를 통해 그들 나름대로의 음악적 개념을 발달시켜 나가게 된다.

이렇게 얻어지는 음악적 개념은 출생과 더불어 시작되고 오랜 시간에 걸친 많은 음악적 경험을 통하여 변화·확장됨으로써 음악의 기본요소인 음색(tone color), 화성(harmony), 멜로디(melody) 등을 이해하게 된다.

따라서 교사는 음악의 기본요소에 대한 지식을 정확하게 터득하여 영유아의 음악적 개념형성을 보다 적절히 도울 수 있어야 할 것이다. 이에 본 장에서는 그린버그(Greenberg, 1979)를 기초로 여러 학자들의 견해(김명순, 조경자, 2009; 김영연, 2002; 김인실, 2001; 김혜경, 2013; 이기숙, 김영주, 1985; 전인옥, 이숙희, 2014; 정세문, 기청, 1988; Andress, 1995; Campbell & Scott-Kassner, 1995)를 종합하여 음악의 기본적 구성요소와 각 요소별로 영유아기에 다루기 적합한 음악적 개념들에 대해 살펴보고자 한다.

1. 음

음(tone)이란 소음이 아닌 음악적 소리를 말한다. 영유아가 음에 대해 처음 학습하는 것은 정적과 소리, 소음과 음악적 소리를 구별하는 것이다. 음은 셈여림, 장단, 고저, 그리고 음질과 음색의 요소로 구성된다.

1) 셈여림

음에는 셈여림(intensity), 즉 강하고 약함이 있다. 영유아는 음에 셈여림이 있다는 것을 개념화하여 어떤 음은 다른 음에 비해 크거나(강하거나) 작다(약하다)는 것을 안다.

2) 장단

음에는 장단(duration), 즉 길고 짧음이 있다. 영유아는 음에 길고 짧음이 있다는 것을 개념화하여 어떤 음은 다른 음에 비해 길거나 짧다는 것을 안다.

3) 고저

음에는 고저(pitch), 즉 높고 낮음이 있다. 영유아는 음에 높고 낮음이 있다는 것을 개념화하여 어떤 음은 다른 음에 비해 높거나 낮다는 것을 안다.

4) 음질

음에는 질이 있다. 음향공학적으로 보면 소음(noise)이 적을 때 음질이 좋은 것이지만, 심리학적으로 볼 때 음질(quality)에 대한 인식은 매우 상대적인 것이다. 가령, 어떤 사람에게는 듣기 좋은 음악이 다른 사람에게는 시끄러운 소음일 수 있기 때문이다.

영유아는 음에 질이 있다는 것을 개념화하여 음에 따라 질이 다르다는 것을 안다. 가령, 어떤 소리는 시끄럽고 어떤 소리는 맑으며, 어떤 소리는 음질이 좋고 어떤 소리는 음질이 나쁘다는 것을 안다.

5) 음색

음에는 색깔이 있다. 음색(tone color)은 물체의 독특한 재료, 구조, 크기에 따라 구별되는 소리의 차이를 말한다. 즉 같은 높이와 같은 세기의 음이라도 진동체의 구조, 재료 등에 따라 음색이 다르다. 음향공학적으로 볼 때 음색의 차이는 주파수의 조합의 차이에 의한 것이며, [그림 7-1]과 같다.

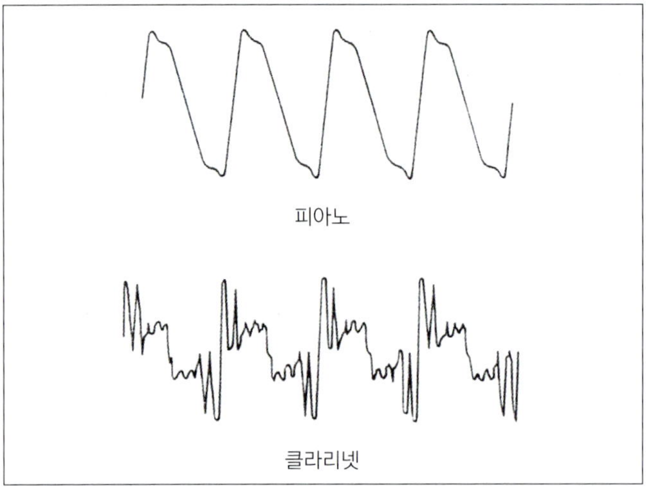

그림 7-1 피아노와 클라리넷의 음색 비교(출처: 김인실, 2001, p.153)

영유아는 음에 색깔이 있다는 것을 개념화하여 주변 환경의 소리(environmental sound), 사람의 목소리(voices), 악기(instruments)소리들이 각각 다르다는 것을 안다.

또한 주변 환경의 소리, 목소리, 악기소리와 전자음은 서로 어울려 음악적인 소리를 낼 수 있음을 안다.

음의 개념과 관련된 기호는 다음과 같다.

표 7-1 음이름

우리나라	다	라	마	바	사	가	나
미국·영국	C	D	E	F	G	A	B
독일	C	D	E	F	G	H	B
이탈리아	Do	Re	Mi	Fa	Sol	La	Si

표 7-2 음표와 쉼표

음표이름	모양	길이	쉼표이름	모양
온음표	𝅝	4박	온쉼표	𝄻
2분음표	𝅗𝅥	2박	2분쉼표	𝄼
4분음표	♩	1박	4분쉼표	𝄽
8분음표	♪	1/2박	8분쉼표	𝄾
16분음표	𝅘𝅥𝅯	1/4박	16분쉼표	𝄿
32분음표	𝅘𝅥𝅰	1/8박	32분쉼표	𝅀

표 7-3 점음표와 점쉼표

점음표이름	모양	길이	점쉼표이름	모양
점온음표	𝅝.	6박	점온쉼표	𝄻.
점2분음표	𝅗𝅥.	3박	점2분쉼표	𝄼.
점4분음표	♩.	$1\frac{1}{2}$박	점4분쉼표	𝄽.
점8분음표	♪.	3/4박	점8분쉼표	𝄾.
점16분음표	𝅘𝅥𝅯.	3/8박	점16분쉼표	𝄿.

2. 리듬

리듬(rhythm)이란 음의 장단과 셈여림이 시간적으로 결합하여 진행하는 것을 말한다. 즉 수평적으로 진행되는 질서 있는 음의 움직임을 리듬이라고 할 수 있다. 예를 들면, $\frac{4}{4}$ 박자의 리듬은 강 약 중강 약(◎○◯○)이다. 리듬은 속도(tempo)와 박(beat), 리듬패턴(rhythmic pattern)의 세 요소로 구성된다.

1) 속도

음악이 연주되는 빠르기를 속도(tempo)라고 한다. 영유아가 다루기에 적합한 속도의 개념은 다음과 같다.

(1) 어떤 곡은 상대적으로 느리며 어떤 곡은 상대적으로 빠르다는 것을 안다.

(2) 대개의 곡들이 전체적으로 같은 속도를 유지하지만 어떤 곡은 한 번 또는 여러 번 속도를 바꾸기도 한다는 것을 안다.

(3) 곡의 속도 변화는 박자의 속도에 영향을 미친다. 즉 곡이 빨라질수록 박자나 흐름이 빨라진다는 것을 안다.

(4) 곡의 속도 변화는 음악 분위기에 영향을 미친다. 즉 속도가 빨라질수록 더욱 흥분하고 열광적 분위기가 되며 곡이 느려질수록 조용하고 평온한 분위기가 된다는 것을 안다.

속도의 개념과 관련된 말과 기호는 다음과 같다.

표 7-4 속도를 나타내는 말

기호	발음	뜻
largo	라르고	아주 느리게
adagio	아다지오	조금 느리게
andante	안단테	느리게
moderato	모데라토	보통 빠르게
allegretto	알레그레토	조금 빠르게
allegro	알레그로	빠르게

표 7-5 속도의 변화를 나타내는 기호

기호	원어	발음	뜻
rit.	ritardando	리타르단도	점점 느리게
rall.	rallentando	랄렌탄도	점점 느리게
accel.	accelerando	아첼레란도	점점 빠르게
a tempo		아템포	본래의 빠르기로
Tempo primo(Tempo I)		템포 프리모	처음의 빠르기로

2) 박

박(beat)은 심장의 고동처럼 규칙적인 간격을 두고 울리는 소리이며 박자(meters)는 음의 흐름에서 셈여림이 일정한 간격으로 반복되는 것을 말한다. 대개 분수로 표현되는 박자표는 기본박이 되는 음표(단위음표)의 종류를 분모로, 한 마디 안에 포함되는 단위음표의 수를 분자에 쓴다. 예를 들어, $\frac{2}{4}$ 박자는 4분음표를 기본박으로 하여 한 마디 안에 4분음표가 두 번 들어감을 나타낸다. 악보상으로 볼 때 박자표는 ♯, ♭ 등의 조표 뒤에 적는다. 영유아가 다루기에 적합한 박의 개념은 다음과 같다.

(1) 대부분의 음악은 규칙적이고 일관성 있게 마치 맥박처럼 계속 반복되는 박이 있으며, 이러한 박은 리듬의 흐름에 있어 정확히 나타난다는 것을 안다.

(2) 어떤 곡은 느린 움직임의 박을 지니고 어떤 곡은 빠른 움직임의 박을 지닌다는 것을 안다.

(3) 행진곡이나 대부분의 록음악은 강한 박의 느낌을 지니고, 자장가나 대부분의 분위기 있는 음악은 약한 박의 느낌을 지닌다는 것을 안다.

(4) 박의 빠르기는 같은 곡에서도 변할 수가 있다는 것을 안다.

(5) 같은 곡 중에서도 강박과 약박이 있어서 한 번의 강박이 나오면 하나나 그 이상의 약박이 뒤따르는 형식이 반복되어, 강-약이나 강-약-약 등으로 나타난다는 것을 안다.

박의 개념과 관련지어 기본 박의 박자젓기(지휘법)와 기본 박자에서의 박의 셈여림 진행을 살펴보면 다음과 같다.

표 7-6 기본 박들의 박자젓기

2박	3박	4박	6박
	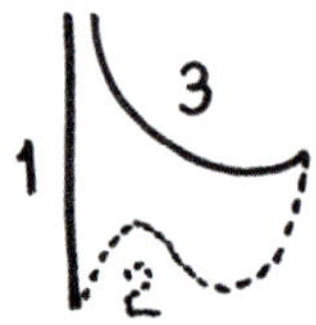	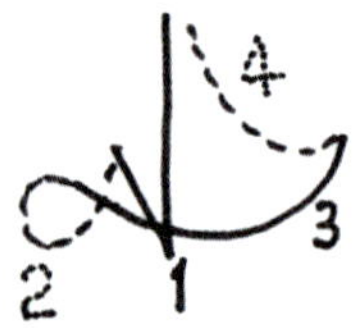	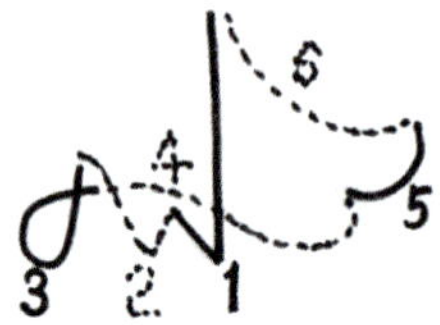

* 점선과 실선의 구분은 박의 순서를 나타내기 위한 것임.

■ **기본 박자에서의 박의 셈여림 진행**

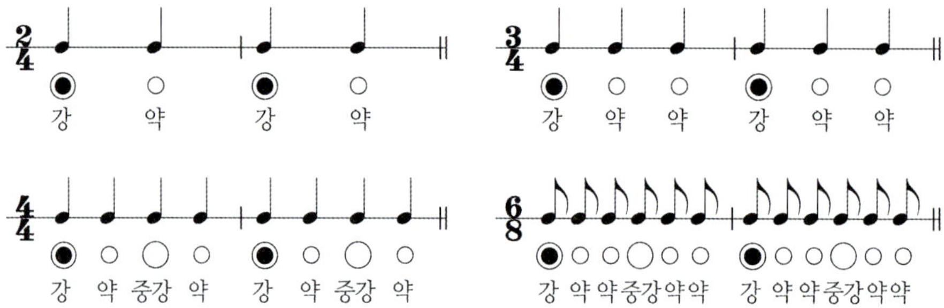

3) 리듬패턴

리듬패턴(rhythmic pattern)이란 음악의 길고 짧은 음이 집단으로 묶어진 것이다. 가령, '두껍아 두껍아'라는 전래동요에 포함되어 있는 리듬패턴의 예는 [그림 7-2]와 같다. 영유아는 리듬패턴을 경험해 봄으로써 점차적으로 음악과 연관된 분명하고 간결한 리듬개념에 대한 이해를 발달시켜 나간다. 영유아가 다루기에 적합한 리듬패턴의 개념은 다음과 같다.

(1) 음악은 길고 짧은 음으로 구성된 리듬패턴으로 이루어짐을 안다.

(2) 멜로디(노래)는 몇 가지의 리듬패턴으로 이루어짐을 안다.

두껍아 두껍아

전래동요

〈리듬패턴〉

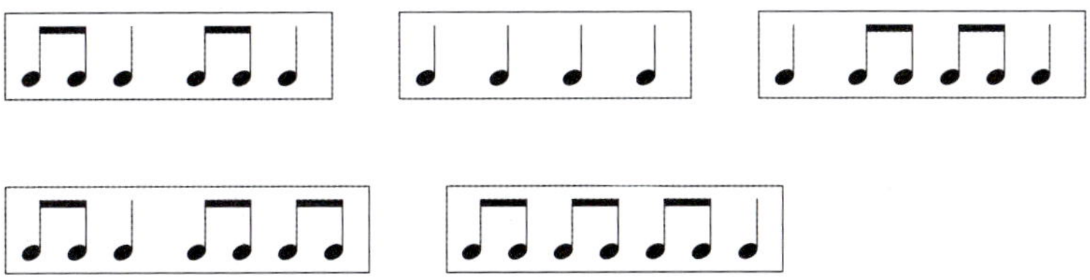

그림 7-2 '두껍아 두껍아'의 리듬패턴(출처: 김영연, 2002, p.157)

3. 멜로디

멜로디(melody)는 음의 고저와 장단이 시간적으로 의미 있는 방식으로 조직되어 고유한 음높이의 흐름을 나타내는 것을 말한다. 따라서 멜로디는 어떤 곡을 듣고 그것이 무슨 곡인지 알아낼 수 있게 도와준다. 영유아가 다루기에 적합한 멜로디의 개념은 다음과 같다.

(1) 노래는 고유한 멜로디로 이루어짐을 안다. 노랫말 없이도 무슨 노래인지 안다.

(2) 멜로디는 방향성이 있어 높이 올라가거나 내려가거나 또는 같은 음에 머무르는 등 음높이의 다양한 변화로 이루어짐을 안다.

(3) 멜로디는 다양한 리듬의 음으로 이루어짐을 안다.

(4) 어떤 멜로디에는 노랫말이 붙어 있고 어떤 멜로디는 노랫말이 없다는 것을 안다. 노랫말이 있는 멜로디를 노래라고 하고 노랫말이 없는 멜로디는 곡조, 주제, 또는 악곡이라고 한다는 것을 안다.

(5) 멜로디는 고유의 특징을 지워주는 음정패턴들로 이루어짐을 안다.

4. 화성

화성(harmony)은 둘 또는 그 이상의 음이 동시에 소리나는 것으로, 대개 2부나 3부 합창 같은 경우에 표현된다. 영유아가 다루기에 적합한 화성의 개념은 다음과 같다.

(1) 둘 또는 그 이상의 다른 음이 동시에 소리날 때 그 결과 서로 어울리는 소리인 화성이 생긴다는 것을 안다.

(2) 혼자 멜로디로만 노래를 부를 수도 있고, 피아노로도 멜로디만 연주할 수 있다. 그러나 여럿이 화음을 넣어 노래부르거나 혼자라도 화음을 넣은 피아노 반주에 맞추어 노래할 때 또는 오토하프나 기타를 연주할 때와 같이 화성을 동반하여 연주할 수도 있음을 안다.

(3) 화성은 각기 다른 음성과 음성, 서로 다른 악기와 악기, 또는 악기와 음성이 합쳐짐으로써 만들어진다는 것을 안다.

화성의 개념과 관련지어 기본화음을 살펴보면 다음과 같다.

표 7-7 기본 화음의 구성

이름	기호	장조	단조
으뜸화음	I	도 미 솔	라 도 미
버금딸림화음	IV	파 라 도	레 파 라
딸림화음	V	솔 시 레	미 솔 시

화음은 로마숫자로 표기하기도 하며 각 화음은 시작음에서 3음씩 쌓아올린 것이다. 화음의 이름은 시작음에 따라 붙여진 것으로, 가령 도미솔은 으뜸음인 도를 시작으로 한 화음이므로 으뜸화음이라고 부른다.

5. 역동성

역동성(dynamics)은 소리의 표현으로 전반적인 소리의 크기, 어떤 음은 크게 또 어떤 음은 작게 내거나 하는 악센트, 소리가 커지거나(강해지거나) 작아지는(약해지는) 변화를 말한다. 이는 음악개념 중 가장 먼저 발달하는 것으로서 영유아가 다루기에 적합한 역동성의 개념은 다음과 같다.

(1) 같은 곡을 크게(강하게) 연주할 수도 작게(약하게) 연주할 수도 있음을 안다.
(2) 같은 곡에서 점점 커지거나 점점 작아지게 연주할 수 있음을 안다.
(3) 역동성의 변화는 점차로 일어날 수도, 갑자기 일어날 수도 있다는 것을 안다.
(4) 역동성의 변화는 음악의 분위기에 영향을 미쳐, 갑자기 커지는 음의 변화는 안정감을 주지 못하고 변덕스럽고 깜짝 놀라는 느낌을 준다는 것을 안다.

역동성의 개념과 관련된 기호는 다음과 같다.

표 7-8 역동성을 나타내는 기호

기호	원음	발음	뜻
pp	pianissimo	피아니시모	아주 여리게
p	piano	피아노	여리게
mp	mezzo piano	메조 피아노	조금 여리게
mf	mezzo forte	메조 포르테	조금 세게
f	forte	포르테	세게
ff	fortissimo	포르티시모	아주 세게
cresc.	crescendo	크레센도	점점 세게
decresc.	decrescendo	데크레센도	점점 여리게
dim	diminuendo	디미누엔도	점점 여리게
sf, sfz	sforzando	스포르짠도	특히 세게
>, V, ∧	accent	악센트	특히 세게

6. 형식

형식(form)은 음악적 구성요소라기보다는 음악의 구성요소들이 조직된 결과로 나타나는 형태이다. 형식에 대한 개념은 멜로디와 리듬, 화성, 음색의 개념발달에 의존하기 때문에 음악의 개념 중 비교적 늦게 발달된다. 형식은 리듬, 멜로디, 화성, 음색 등의 요소들이 심미적인 의미를 전달하기 위한 전체적인 음악적 디자인으로 배열되고 조직되었을 때 그 결과로 형성되기 때문이다.

형식의 기본인 악곡의 구성요소, 기본 악곡의 형식인 가요형식, 응용악곡의 형식에 대해 살펴보면 다음과 같다.

1) 악곡의 구성요소

(1) **동기**(motive)

악곡을 구성하는 가장 작은 단위로서 보통 2마디로 이루어진다.

(2) **부분동기**

2마디로 이루어진 동기를 한 마디씩 갈라놓은 것을 말한다.

(3) **악구**(phrase)

2개의 동기가 연결되어 이루어지며 보통 4마디이다. 작은 악절이라고도 한다.

(4) **악절**(period)

2개의 악구로 이루어지며 보통 8마디이다. 큰 악절이라고도 한다.

2) 가요형식

(1) **한도막 형식**

1개의 큰악절, 즉 8마디로 된 형식을 말한다(예: 나비야, 머리 어깨 무릎 발 등).

(2) **두도막 형식**

2개의 큰악절, 즉 16마디로 된 형식을 말한다(예: 겨울바람, 작은 동물원, 하늘나라 동화 등).

(3) **작은 세도막 형식**

3개의 작은악절, 즉 12마디로 된 형식을 말한다(예: 달팽이집, 허수아비 아저씨, 그대로 멈춰라 등).

(4) **세도막 형식**

3개의 큰 악절, 즉 24마디로 된 형식을 말한다(예: 방향노래, 아기염소, 옥수수 하모니카 등).

3) 응용악곡의 형식

(1) 소나타 형식

소나타 형식(sonata form)은 세도막 형식으로부터 발전된 것으로 악곡의 형식 중에서 가장 완성도가 높다. 제시부(exposition), 발전부(development), 재현부(recapitulation)로 구성되며,

𝄌 표시가 있는 특정 부분으로 돌아가서 다시 연주하는 코다(coda)형식(예: 백조의 호수-차이코프스키의 교향곡)이 사용되기도 한다.

한편, 소나타는 그리스어인 sonare(울리다)에서 유래한 말로, 칸타타(cantata)가 cantare(노래하다)에서 유래되어 노래로 연주하는 것인 데 비해 악기로 연주하는 것을 의미한다. 예를 들면, 피아노 소나타, 바이올린 소나타 등을 들 수 있다. 또한 관현악(orchestra; 오케스트라)의 합주를 위해 작곡한 소나타를 교향곡이라 하며, 영어로는 심포니(symphony)라고 한다.

(2) 론도 형식

론도란 영어의 round와 같은 뜻으로 빙글빙글 돈다는 의미이다. A-B-A-B-A, A-B-A-C-A-B-A와 같이 테마(A)가 여러 번 나타나며 그 중간에 재현부나 부주제(B 또는 C)가 나타난다. 론도 형식(rondo form)은 겹세도막 형식을 확장시킨 형태(예: 빗방울 전주곡-쇼팽의 피아노 소나타)를 보인다.

(3) 카논과 푸가 형식

카논과 푸가 형식(canon & fugue form)은 두성부 이상(예: 소프라노와 알토)의 멜로디로 구성되는 복합적인 악곡의 형식이다. 카논은 반복을 뜻하고 푸가는 모티브가 여기저기 날아다닌다는 뜻을 나타내는 말로, 주제가 여러 성부에서 반복적으로 여기저기 나타나는 형태(예: 대장간의 합창-베르디의 오페라 일트로바토레 중 합창곡)를 보인다.

영유아가 다루기에 적합한 형식의 개념은 다음과 같다.

① 음악작품에는 앞, 중간, 끝부분이 있다는 것을 안다.
② 음악작품은 중심 악구(pharse)에 대해 간단한 전주곡의 구실을 하는 서두 부분이 있다는 것을 안다.
③ 음악작품의 어떤 부분은 명확하게 알 수 있는 멜로디(주제)로 이루어져서 그에 의해 행진곡이나 대중가수의 노래 등을 변별할 수 있음을 안다.
④ 같은 작품에서 몇 가지 형태나 부분들이 대비되는 부분이 있고, 다시 반복되는 경우가 많다는 것을 안다.

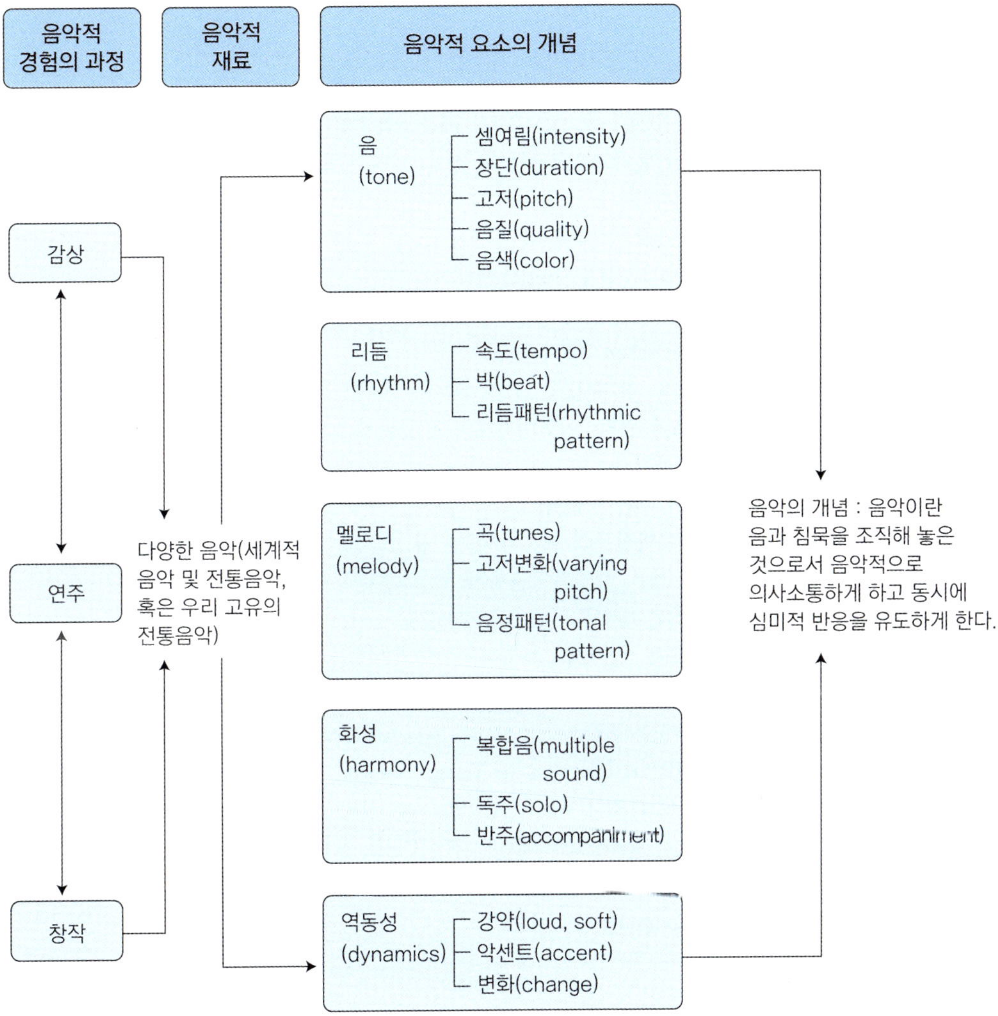

그림 7-3 음악적 경험의 과정과 음악적 요소 간의 관계

참고문헌

교육부(2019). 발간등록번호 11-1342000-000521-01, 교육부 고시 제2019-189호 유치원교육과정. 교육부.

교육부(2024.12.9.). 교육부고시 제2024-23호 2024 개정 표준보육과정(0-2세) 고시문.

김명순, 조경자(2009). **유아를 위한 음악교육의 이론과 실제**. 다음세대.

김영연(2002). **유아음악교육론**. 학지사.

김영연(2020). 영유아음악교육의 이해. 학지사.

김인실(2001). **유아 음악교육의 이론과 실제**. 형설출판사.

김혜경 편(2003). **영유아 음악교육**. 창지사.

김혜경 편(2021). **영유아 음악교육(제2판)**. 창지사.

안미숙, 신원애(2016). **유아음악교육**. 창지사.

안미자 역(1992). **음악교육의 기초와 원리**. 이화여자대학교 출판부.

안재신(2005). **유아음악교육**. 교육과학사.

이기숙, 김영주 역(1985). **유아음악교육**. 교문사.

이영, 유애열(1990). **유아를 위한 음악활동의 이론과 실제**. 융성출판.

이홍수(1990). **음악교육의 현대적 접근**. 세광음악출판사.

전인옥, 이숙희(2014). **유아음악교육**. 방송통신대학교 출판원.

정세문, 기청(1988). **유아의 음악교육**. 창지사.

Andress, B. (1995). Transforming curriculum in music. In S. Bredekamp & T. Rosegrant(Eds.), *Reaching potentials: Transforming early childhood curriculum and assessment Vol.* 2(pp. 99-108). Washington DC: National Association for the Education of Young Childen.

Campbell, P. S. & Scott-Kassner, C. (1995). *Music in childhood.* New York: Schirmer Books.

Greenberg, M. (1979). *Your children need music*. Englewood Cliffs, N.J.: Prentice-Hall.

Isenberg, J. P., & Jalongo, M. R. (1993). *Creative expression and play in the early childhood curriculum.* Macmillan Publishing on Company.

Maysky, M. (1995). *Creative activies for young children.* Albany, NY: Delmar Publishers, Inc.

Part 2

영유아음악교육의 실제

Chapter 1

유치원과 친구

음악감상하기

- 숨바꼭질
- 음악으로 세상을 그려요

노래부르기

- 노래로 인사하기
- 그냥 두고 나갔더니
- 키 대보기
- 내 친구
- 미소

악기다루기

- 만든 악기로 연주하고 지휘하기
- 친구 몸에서 나는 소리 구별해 보기
- 유치원에 갑니다

동작으로 표현하기

- 손으로 말해요
- 둘이서 둘이서
- 유치원에 갑니다 (손유희)

통합적으로 표현하기(음악극)

- 사랑의 빛

활동 1-1 숨바꼭질

슈만

활동목표
- 바르게 감상하는 태도를 기른다.
- 자신의 느낌을 말로 표현해 본다.

음악적 관련요소
- 셈여림, 리듬, 화성, 악센트

교육과정 관련요소
- 예술경험 : 아름다움 찾아보기 – 예술적 요소에 관심을 갖고 찾아본다.

준비물
- 슈만의 사진, 슈만의 '숨바꼭질' 음악

활동방법

1. 유아들과 숨바꼭질 놀이에 대한 이야기를 나눈다.
   - 친구들과 숨바꼭질을 해본 적이 있니?
   - 술래가 수를 다 셀 때까지 다른 친구들은 어떻게 해야 할까?
2. 음악을 들려준다.
3. 곡에 대한 소개를 한다.
   - 이 음악은 '슈만'이라는 작곡가가 아이들이 '숨바꼭질' 놀이하는 모습을 보고 음악으로 만든 곡이란다.
   - 어떤 악기소리가 들렸니?, 피아노란다.
4. 다시 한 번 감상을 한다.
   - 숨바꼭질을 할 때 빨리 숨으려는 모습을 음악으로 표현하면 음악의 빠르기는 어떻게 나타날까?
   - 술래가 가까이 다가오면 음악은 점점 어떻게 될까?
   - 숨바꼭질하는 모습을 상상하며 음악을 들어보자.
5. 다시 들은 후 느낌을 이야기 나눈다.

평가
- 음악을 들으니 어떤 느낌이 드니?

후속활동
- 숨바꼭질 놀이하기(음악에 맞추어서 또는 음악 없이)

활동 1-2 음악으로 세상을 그려요

활 동 목 표
- 정서적 안정감과 심미감을 기른다.
- 창의적인 표현능력을 기른다.

음악적 관련요소
- 음색, 셈여림, 리듬

교육과정 관련요소
- 신체운동·건강: 신체 활동 즐기기 – 신체 움직임을 조절한다.
- 예술경험: 아름다움 찾아보기 – 예술적 요소에 관심을 갖고 찾아본다.
  창의적으로 표현하기 – 신체나 도구를 활용하여 움직임과 춤으로 자유롭게 표현한다.
  – 다양한 미술 재료와 도구로 자신의 생각과 느낌을 표현한다.

준 비 물
- '음악으로 세상을 그려요' 동영상(유튜브)

활 동 방 법

1. 음악만을 들려준다.
   - 음악을 들으니 어떤 느낌이 드니?
   - 생각난 것, 느낀 것, 상상한 것을 그림으로 그려보자.
2. 생각난 것, 느끼 것을 그림으로 그린 후 그림내용을 이야기해 본다.
3. '음악으로 세상을 그려요' 동영상을 감상한다.
   - 무엇이 나왔니?
   - 어떤 색깔이 보이니?
   - 어떻게 움직이니?
4. 유아가 그린 그림과 화면 속의 그림이 어떻게 다른지 이야기한다.
5. 음악을 다시 들으며 유아의 그림 또는 동영상에서 본 움직임 등을 상상해서 자유롭게 움직여 본다.

활동 1-3 노래로 인사하기

활 동 목 표
- 즐거운 마음으로 노래를 부를 수 있다.
- 선생님과 친구에게 관심을 가진다.

음악적 관련요소
- 멜로디, 장단, 리듬

교육과정 관련요소
- 신체운동·건강: 신체 활동 즐기기 - 신체를 인식하고 움직인다.
- 예술경험: 창의적으로 표현하기 - 노래를 즐겨 부른다.
  - 신체, 사물, 악기로 간단한 소리와 리듬을 만들어 본다.
  - 신체나 도구를 활용하여 움직임과 춤으로 자유롭게 표현한다.

준 비 물
- 노랫말 판, 손인형, 노래 음원

활 동 방 법

1. 노랫말에 유아 이름을 넣어 부를 수 있는 노래를 선정하여 손인형을 이용하거나 간단한 악기를 연주하며 유아와 자연스럽게 부른다.
   - 선생님은 너희들을 만나서 반갑구나. 반가울 때 이런 노래를 부를 수 있단다.
   - 너희들은 기분 좋을 때 어떤 노래가 생각나니?
2. 노래를 듣고 모인 유아들과 '사과 같은 내 얼굴', '어디 있어', '당신은 누구십니까?' 등의 노래를 통해 이름을 익히고 서로 친근감을 표현한다.
   - 이번엔 노래 속에 누가 나오는지 들어보자.
   - 노래 속에서 이름이 나오는 친구는 누구지?
3. 대부분의 유아가 자신의 이름이 노래에서 불려지길 기대하므로 한 유아도 순서에서 빠지지 않도록 주의한다.
   - 다음엔 누구 이름을 넣어서 불러 볼까?
   - 하고 싶은 친구는 누구니?
4. 친구들 이름을 어느 정도 알게 되면 '동그란 눈' 노래를 부르며 친구 알아맞히기 게임을 한다.

5. 두 명씩 짝을 지어 원으로 서서 '옆에 옆에', '둘이 살짝', '손뼉치고 오른팔 끼고'와 같은 노래에 맞춰 움직여 본다.

평 가
- 친구들 이름을 알 수 있었니?
- 어떤 부분이 제일 재미있었니?

사과 같은 내 얼굴

김방옥 작사
외 국 곡

〈노랫말 판〉

 (사과)같은 내  (얼굴)

찍찍이 →

- (사과)같은 예쁘 기도 ▪ (내)얼굴 하구 나
- (눈)도 반짝 ▪ (코)도 반짝
- (입)도 반짝 반 짝

- (오이)같은 길–기도 ▪ (내)얼굴 하구 나
- (눈)도 길쭉 ▪ (귀)도 길쭉
- (코)도 길쭉 길 쭉

- (호박)같은 우습–기도 ▪ (내)얼굴 하구 나
- (눈)도 둥글 ▪ (귀)도 둥글
- (입)도 둥글 둥 글

〈융판자료〉

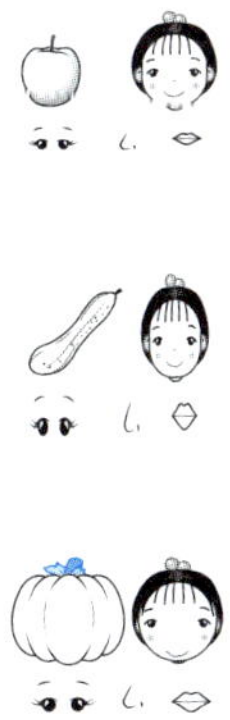

어디 있어

김정순 작사
김숙경 작곡

옆에 옆에

외 국 곡

둘이 살짝

박경문 작사
김방옥 작곡

손뼉치고 오른팔끼고

유경손 작사
유병무 작곡

활동 1-4 그냥 두고 나갔더니

활 동 목 표 ▶ • 정리정돈의 필요성을 안다.
• 다양한 방법으로 노래를 부를 수 있다.

음악적 관련요소 ▶ • 멜로디

교육과정 관련요소 ▶ • 예술경험 : 창의적으로 표현하기 – 노래를 즐겨 부른다.

준 비 물 ▶ • 노랫말 판, 그림자료

활 동 방 법 ▶ 1. 노랫말과 관련이 있는 그림자료를 보여주면서 이야기한다.
- 주인공의 행동이 어떠니?
- 버려진 장난감은 어떤 기분이 들었을까?
- 장난감들이 어떤 기분이 들었는지 노래를 들어보자.

2. 교사가 노래를 들려준다.
3. 다시 한 번 노래를 들려주며 장난감이 하는 말 부분(1, 2)에 유아를 참여시켜 부르게 한다.
4. 역할을 바꾸어서 노래를 불러본다.
5. 유아들끼리 나누어서 노래를 불러본다.

평 가 ▶ • 이 노래를 부르면서 어떤 생각을 할 수 있었니?

그냥 두고 나갔더니

김성균 작사 · 곡

〈그림자료〉

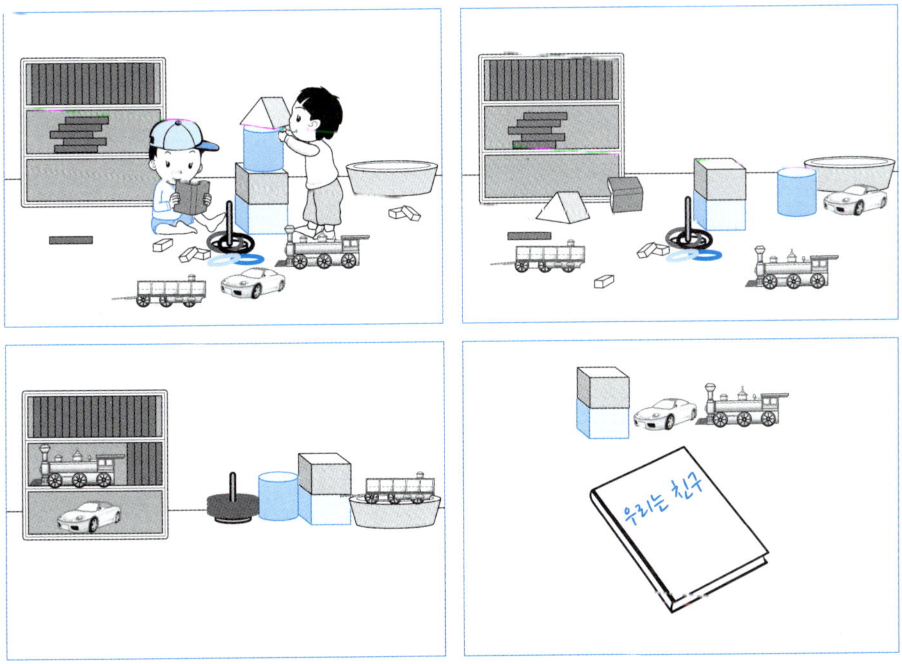

활동 1-5 키 대보기

활동목표	• 즐거운 마음으로 노래를 부를 수 있다. • 친구에게 관심을 가진다.
음악적 관련요소	• 고저, 장단, 리듬, 멜로디
교육과정 관련요소	• 예술경험 : 창의적으로 표현하기 – 노래를 즐겨 부른다.
준비물	• 노랫말 판, 음악
활동방법	1. 키를 재어본 경험에 대해 이야기 나눈다. 2. 키를 어떻게 재는지 노래를 들려준다. 3. 한 가지 소리로 불러보며 노래의 음을 익힌다. 4. 두 부분으로 나누어 불러본다. 5. 직접 친구들이 나와 키를 대보고 노랫말을 바꾸어 불러본다. – '똑같구나 똑같애 내일 다시 대보자'를 '~키가 더 크다 내일 다시 대보자'로 바꾸어 불러본다.
평가	• 노래를 부르며 키 대보기를 해보니 어떠니? • 어떻게 하면 키가 커질까?

키 대보기

윤석중 작사
김성태 작곡

활동 1-6 내 친구

활동목표
- 친구의 의미를 안다.
- 친구를 사랑하는 마음을 갖는다.

음악적 관련요소
- 멜로디, 리듬, 고저

교육과정 관련요소
- 예술경험 : 창의적으로 표현하기 - 노래를 즐겨 부른다.

준비물
- 노랫말 판, 보물 상자, 보물('친구'라고 쓰여진 카드, 유아들과 찍은 사진, 연필 등…), 녹음 자료(노래는 3번 정도 녹음하는 것이 바람직하다. ① 교사의 목소리로, ② 멜로디를 넣어 부르는 노래로, ③ 반주까지 넣어 부르는 노래로)

활동방법

1. 유아에게 가장 소중하게 생각하는 것이 무엇인지 물어본다.
2. 유아에게 선생님의 보물 상자에서 보물을 하나씩 꺼내보게 한다.
   - 마지막으로 친구라고 쓰여 있는 카드를 맨 밑바닥에 두어 마지막에 꺼내게 한다.
3. 유아에게 친구란 무엇인지 물어본다.
   - 친구가 좋았던 때와 싫었던 때를 물어본다.
4. 교사의 목소리로 녹음한 부분을 이용해 노래를 들려준다.
5. 가사를 같이 읽어본다.
6. 멜로디를 넣어 부르는 노래에 맞춰 허밍으로 불러본다.
7. 가사를 넣어 불러본다.
8. 반주까지 넣어 부르는 부분의 노래에 맞추어 친구를 바라보며 친구의 손을 잡고 불러본다.

평가
- 친구에 대해서 어떤 마음이 드니?
- 친구와 싸우고 싶은 마음이 들 때는 어떻게 할까?

내 친구

신현정 작사 · 곡

D A A7 D
너 는 너 는 이 세 상 에 하 나 밖 에 없 는 보 – 석
D D7 G D A D
너 는 너 는 이 세 상 에 하 나 뿐 인 보 석 이 야
A A7 D A D
누 가 너 를 만 들 었 을 까 이 렇 게 어 여 쁜 너 를
G F♯m Bm G D A D
지 금 내 곁 에 있 는 니 정 말 귀 한 내 친 구

활동 1-7 미소

활동목표	• 즐거운 마음으로 노래를 부를 수 있다.
음악적 관련요소	• 장단, 리듬, 멜로디
교육과정 관련요소	• 예술경험 : 창의적으로 표현하기 - 노래를 즐겨 부른다.
준비물	• 노랫말 판, 막대인형, 캐스터네츠
활동방법	1. 막대인형을 이용하여 자연스럽게 노래 가사를 읽어준다. 2. 캐스터네츠를 치며 노래를 들려준다. 3. '아'나 '이'로 다시 한 번 불러본다. 4. 유아와 같이 노래 전체를 불러본다.
평가	• 웃음이 나올 때는 언제니? • 화가 날 때는 어떻게 해야 할까?

〈막대인형〉

미 소

강신욱 작사
이수인 작곡

활동 1-8 만든 악기로 연주하고 지휘하기

활 동 목 표 ▶
- 다양한 악기의 소리를 들어본다.
- 그림악보를 이해한다.

음악적 관련요소 ▶
- 음색

교육과정 관련요소 ▶
- 예술경험 : 창의적으로 표현하기 – 신체, 사물, 악기로 간단한 소리와 리듬을 만들어 본다.

준 비 물 ▶
- 폐품 악기, 그림악보(노랫말 판과 악기 그림)

활 동 방 법 ▶

1. 유아들이 악기를 가지고 소리를 탐색한다.
   - 이것은 무엇일까?
   - 어떤 소리가 날까?
2. 잘 알고 있는 노래를 부르면서 악기를 마음대로 쳐본다.
3. 그림악보에 대하여 알아보며 악기 그림을 그림악보 찍찍이 부분에 선택하며 붙인다(찍찍이가 있는 부분에 악기 그림을 모두 붙이지 않아도 된다).
4. 그림악보대로 악기를 쳐본다.
5. 노래 부르면서 악기연주를 해본다.
6. 유아들의 연주를 녹음하여 들어본다.

평 가 ▶
- 만든 악기의 소리가 어떤 악기 소리같이 들렸니?
- 마음대로 연주해 보았을 때와 그림악보에 있는 대로 해보았을 때의 느낌은 어떠니?
- 우리의 연주를 녹음해 들어보니 느낌이 어떠니?

〈그림악보〉

너 하 고 나 는 친 구 되 어 서

사 이 좋 게 지 내 자

새 끼 손 가 락 고 리 걸 고

꼭 꼭 약 속 해

찍찍이

〈악기그림〉

활동 1-9

친구 몸에서 나는 소리 구별해 보기

활 동 목 표 ▶ • 신체를 이용하여 다양한 소리를 만들 수 있다.

음악적 관련요소 ▶ • 리듬

교육과정 관련요소 ▶ • 신체운동·건강 : 신체활동 즐기기 – 신체를 인식하고 움직인다.
• 예술경험 : 아름다움 찾아보기 – 예술적 요소에 관심을 갖고 찾아본다.
창의적으로 표현하기 – 신체, 사물, 악기로 간단한 소리와 리듬을 만들어 본다.

준 비 물 ▶ • 가림판

활 동 방 법 ▶

1. 몸으로 낼 수 있는 여러 가지 소리를 만들어 본다.
   - 우리의 몸으로 어떤 소리를 낼 수 있을까?
   - 손으로 소리를 내려면 어떤 방법들이 있을까?
   - 입에서 나는 소리는 어떤 것이 있니?
   - 발로 낼 수 있는 소리를 만들어 보자.
2. 우리 몸에서 날 수 있는 또 다른 소리에 대해 이야기한다.
   - 배고플 때는 어떤 소리가 날까?
   - 딸꾹질할 때 나는 소리는 어떨까?
3. 교사는 가림판 뒤에서 몸으로 낼 수 있는 소리를 만들어 유아들에게 알아맞혀 보게 한다.
   - 선생님이 가림판 뒤에서 몸으로 소리를 낼 거야. 어떤 부분을 이용해서 소리를 내는지 잘 듣고 알아맞혀 보자.
4. 하고 싶은 유아가 가림판 뒤에서 몸으로 소리를 내게 한다.
   - 처음에는 한 가지로 소리를 내게 하다가 점차 두 가지 소리를 동시에 내본다.

평 가 ▶ • 한 가지로 소리를 낼 때와 두 가지를 동시에 소리를 낼 때 어땠니?

활동 1-10

유치원에 갑니다

활 동 목 표 ▶
- 악기로 날씨에 대한 느낌을 나타낸다.
- 날씨의 변화를 안다.

음악적 관련요소 ▶
- 음의 장단, 고저, 리듬, 음색

교육과정 관련요소 ▶
- 예술경험 : 창의적으로 표현하기 - 신체, 사물, 악기로 간단한 소리와 리듬을 만들어 본다.

준 비 물 ▶ 다양한 리듬악기(탬버린, 트라이앵글, 귀로, 손목 벨, 방울 막대 등)

활 동 방 법 ▶
1. 날씨의 특성에 대해 이야기 나눈다.
2. 악기를 하나씩 선택한다.
3. 선택한 악기로 날씨를 표현할 수 있는 방법을 생각해 본다.
4. 유아들이 만든 악기소리를 녹음하여 어떤 날씨를 표현한 것인지 이야기 나눈다.

평 가 ▶
- 악기로 날씨에 대한 느낌을 표현해 본 느낌이 어땠니?

유치원에 갑니다

김성균 작사 · 곡

Part 02

활동 1-11 손으로 말해요

활동목표 • 손으로 느낌을 표현할 수 있다.

음악적 관련요소 • 멜로디, 악센트

교육과정 관련요소 • 예술경험 : 창의적으로 표현하기 - 신체나 도구를 활용하여 움직임과 춤으로 자유롭게 표현한다.

준비물 • 노랫말 판

활동방법

1. 생각이나 느낌을 말이 아닌 다른 방법으로 나타낼 수 있는지에 대해 이야기를 나눈다.
   - 친구들과 만났을 때 어떻게 인사하니? 말로 하지 말고 이번에는 손으로만 해 보자.
   - 선생님이 손을 움직이는 것을 잘 보자. 어떤 뜻일까?('안 돼', '약속' 등 얼굴표정도 함께 보여주면 이해하기 쉽다).
2. 손으로는 어떤 느낌이나 기분을 나타낼 수 있는지 생각해 본다.
   - 한 손을 앞으로 내밀고 위아래로 흔드는 건 뭐라고 하는 걸까?
3. '꼭꼭 약속해' 노랫말 판을 보며 손으로 노래를 불러본다.

평가

• 말을 안 하고 손으로 표현하니까 어떤 점이 좋았니?
• 무엇이 어려웠니?

활동 1-12 둘이서 둘이서

활동목표 ▶ • 친구와 함께 활동할 수 있는 놀이가 많음을 알 수 있다.
• 노래에 맞추어 다양한 움직임을 표현한다.

음악적 관련요소 ▶ • 멜로디, 고저, 리듬

교육과정 관련요소 ▶ • 신체운동·건강 : 신체활동 즐기기 – 신체 움직임을 조절한다.
• 예술경험 : 창의적으로 표현하기 – 신체나 도구를 활용하여 움직임과 춤으로 자유롭게 표현한다.

준비물 ▶ • 노랫말 판, '둘이서 둘이서' 음악

활동방법 ▶
1. 친구들과 놀이할 때 어떤 놀이를 하는지 이야기 나눈다.
2. 노래를 들려준다.
3. 둘이서 서로 마주보고 노래를 부르며 노랫말에 따라 율동해 본다.
4. 친구를 바꿔가며 해볼 수 있다.
5. '코 잡고, 귀 잡고, 손 잡고, 팔 잡고' 부분을 바꿔 부르며 할 수도 있다.

둘이서 둘이서

강신욱 작사
이수인 작곡

활동 1-13 유치원에 갑니다(손유희)

활 동 목 표 ▶ • 노랫말에 맞는 손동작을 표현해 본다.

음악적 관련요소 ▶ • 멜로디, 리듬, 음색

교육과정 관련요소 ▶ • 신체운동·건강 : 신체활동 즐기기 – 신체 움직임을 조절한다.
• 예술경험 : 창의적으로 표현하기 – 신체나 도구를 활용하여 움직임과 춤으로 자유롭게 표현한다.

유치원에 갑니다

김성균 작사·곡

짱짱 짱짱 짱짱짱 짱짱	해가 떴어요	어디 가세요	나는 유치원에

두 손을 좌우로 번갈아 가며 반짝거린다.	두 손을 밑에서부터 위로 올리며 둥글게 해 모양을 만든다.	한 손은 허리에 얹고 다른 손으로 좌측부터 우측으로 가리킨다.	한 손씩 가슴에 얹는다.

갑니다	죽죽 죽죽 죽죽죽 죽죽 비가 오는데	쌩쌩 쌩쌩 쌩쌩쌩 쌩쌩 바람 부는데	펑펑 펑펑 펑펑펑 펑펑 눈이 오는데

양쪽 팔을 걸을 때 움직이는 것처럼 앞뒤로 움직인다.	두 손을 위에서부터 좌우로 약간씩 흔들면서 아래로 비가 오는 것처럼 한다.	두 손을 왼쪽 위에서부터 오른쪽 아래로, 오른쪽 위에서 왼쪽 아래로 내리면서 바람 부는 것처럼 한다.	두 손을 주먹을 가만히 쥐었다 폈다 하면서 눈이 오는 것처럼 한다.

활동 1-14 사랑의 빛(음악극)

활 동 목 표
- 친구의 소중함을 안다.
- 어려운 사람을 도울 줄 안다.
- '사랑의 빛' 음악극을 창의적으로 표현할 수 있다.

음악적 관련요소
- 장단, 고저, 리듬, 멜로디, 화성

교육과정 관련요소
- 예술경험 : 창의적으로 표현하기 - 노래를 즐겨 부른다.
  - 신체나 도구를 활용하여 움직임과 춤으로 자유롭게 표현한다.
  - 다양한 미술 재료와 도구로 자신의 생각과 느낌을 표현한다.
  - 극놀이로 경험이나 이야기를 표현한다.

준 비 물
- 음악극 악보, 녹음CD, 등장인물 의상 및 소품(개똥벌레, 호랑나비, 꾀꼬리, 귀뚜라미, 귀뚜라미 엄마)

활 동 방 법

1. 동화를 듣고, 음악극을 하기 위해서 어떤 준비가 필요한지 이야기 나눈다.
   - '사랑의 빛'을 음악극으로 하려면 어떤 준비가 필요할까?
2. 음악극 노래를 배운다.
   - '사랑의 빛' 음악극 노래를 배운다.
   - 음악극의 장면이나 상황을 고려하여 노래를 배운다.
3. 음악극 노래에 맞추어 동작을 만들어 본다.
   - 개똥벌레, 흰나비, 귀뚜라미, 꾀꼬리의 동작을 표현한다.
   - 음악극 노래의 상황에 맞게 동작을 표현한다.
4. 음악극 노래를 녹음한다.
5. 개똥벌레, 흰나비, 귀뚜라미, 꾀꼬리의 의상을 만든다.

	6. 역할(등장인물과 스탭)을 나누고 공연한다. 7. 역할을 바꾸어서 다시 공연한다.
평 가	• 너희들이 개똥벌레라면 기분이 어떨까? • 개똥벌레가 귀뚜라미에게 어떻게 했니?

사랑의 빛

윤기현 글 김성균 곡

(무대 전면에 숲속 풍경이 있다. 오른편에 개똥벌레 무덤이 있고, 왼편에는 귀뚜라미 집이 있다.)

• 해 설 : 아늑하고 깊은 숲 속입니다. 그 숲 속에는 구린내를 풍기는 개똥무덤 하나가 있었습니다. 아주 냄새나고 더러운 개똥입니다. 그런데 놀랍게도 그 속에서 개똥벌레가 살고 있었습니다. 개똥벌레는 늘 집에만 있기가 심심했습니다. 어느 날, 같이 놀 친구를 사귀어 보려고 고개를 내밀어 둘러보았습니다. 그때, 호랑나비 한 마리가 지나가고 있었습니다. (호랑나비가 등장한다.)

• 개똥벌레 : "야! 호랑나비는 정말 멋지구나. 호랑나비와 친구가 되었으면 좋겠다." (개똥벌레는 호랑나비에게 노래한다.)

〈개똥벌레〉

(호랑나비는 자기와 친구가 되고 싶다는 말을 듣고 좋아서 뒤를 돌아본다.)

〈호랑나비〉

• 호랑나비 : 호랑나비는 얼굴을 찡그리며 날아가 버렸습니다. (호랑나비 퇴장한다.)

• 개똥벌레 : (개똥벌레는 갑자기 눈물이 핑 돌았습니다. 울면서)
"아무리 더러운 곳에서 산다고 사귀어 보지도 않고 그렇게 기분 나빠할 수가 있담. 흑! 흑! 흑!"

• 해　　설 : 그러나 개똥벌레는 아픈 마음을 참고 다른 친구를 찾기로 했습니다. 그때, 가까운 나뭇가지에서 꾀꼬리가 노래를 부르고 있었습니다. (꾀꼬리 등장한다.)

• 개똥벌레 : "야, 꾀꼬리의 목소리는 정말 아름답구나. 꾀꼬리와 친구가 되었으면 좋겠다." (개똥벌레는 꾀꼬리에게 노래한다.)

〈개똥벌레〉

• 해　　설 : 나무 위에서 노래를 부르던 꾀꼬리는 친구가 되자는 소리를 듣고 노래 부르던 것을 멈추며 내려다보았습니다.

〈꾀꼬리〉

• 해　　설 : 꾀꼬리는 신경질을 부리며 날아가 버렸습니다. (꾀꼬리 퇴장한다.)
개똥벌레는 불끈 화가 치밀었습니다. 서운하고 분한 마음을 달랠 길이 없었습니다. 하늘을 쳐다보며 눈물만 흘렸습니다. 하얀 구름이 피어오르는 파란 하늘이 아픈 개똥벌레의 마음을 어루만져 줄 뿐이었습니다. 깊은 밤이 되었습니다. 어느새 별들이 개똥벌레를 위로하며 잠을 재우고 있었습니다. 그때, 어디선가 누가 몹시 아파하는 소리가 났습니다. 그래서 개똥벌레는 잠이 깼습니다.

• 귀뚜라미 엄마 : "아이고, 아이고. 으…!" (신음소리를 낸다.)

• 해　　설 : 그 신음하는 소리는 개똥벌레의 가슴을 저며 왔습니다. 개똥벌레는 가만히 듣고 있을 수만은 없어서 밖으로 나왔습니다. 캄캄한 속에서도 어림짐작으로 귀뚜라미네 초라한 집에서 그 신음소리가 들려오는 것을 알 수 있었습니다. 개똥벌레는 귀뚜라미네 집으로 들어갔습니다.

〈개똥벌레〉

유치원과 친구

〈귀뚜라미〉

- 해 설 : 귀뚜라미의 어머니는 너무 아프셔서 어쩔 줄 모르고 계셨습니다.
- 개똥벌레 : "귀뚜라미야 병원에라도 가야 할 텐데 어떻게 하지?"
- 귀뚜라미 : "밖이 너무 캄캄해서 병원에 갈 수가 없어."

〈개똥벌레〉

- 해 설 : 개똥벌레는 보고만 있을 수 없어서 밖으로 나왔습니다. 어둠 속을 무조건 뛰어갔습니다. 돌에 부딪치기도 하고 가시덤불에 마구 긁히기도 했습니다. 하지만 열심히 뛰었습니다. 이마에선 땀이 흘러내렸고 받은 상처가 쓰리고 아팠습니다. 캄캄한 밤에 산을 넘기란 쉬운 일이 아니었습니다.

〈개똥벌레〉

• 해　　설 : 개똥벌레는 지쳤습니다. 하지만 있는 힘을 다해 뛰었습니다. 이때, 천둥이 치고 번개가 쳤습니다. (천둥소리) 번개가 치니까 세상이 너무 밝아졌어요. 개똥벌레는 하나님께 기도했어요.

• 개똥벌레 : (간절하게) 저에게 저 번개처럼 밝게 하는 빛을 주세요. 어서 병원에 가야 귀뚜라미의 어머니가 살 수 있어요. 하나님, 저에게 빛을 주세요!

〈개똥벌레〉

• 해　　설 : 개똥벌레는 그렇게 간절히 기도했습니다. 그때, '우르릉 쾅쾅쾅' 하며 아주 큰 벼락이 쳤어요. (벼락소리) 개똥벌레는 그 벼락소리가 너무나 커서 깜짝 놀라 미끄러졌어요. 정신을 잃고 그만 떼굴떼굴 굴러서 귀뚜라미네 집 대문까지 와서야 '꽝' 하고 부딪치며 멈추게 되있어요. 집 안에 있던 귀뚜라미가 꽝 하는 소리에 놀라서 뛰어나와 보니, 병원으로 간 그 개똥벌레가 아니겠어요? 온몸에 상처투성이가 됐고 옷도 다 찢어져 있었습니다.

〈합창〉

- 해　　설 : 귀뚜라미는 개똥벌레의 다친 곳을 치료하려고 옷을 벗겼습니다. 그런데 이상한 일이 생겼습니다. 귀뚜라미가 개똥벌레의 옷을 벗기려 하니까, 개똥벌레의 몸에서 점점 밝은 빛이 나고 있었습니다. (개똥벌레 몸에서 빛이 난다.)

〈합창〉

- 해　　설 : (귀뚜라미의 집은 대낮처럼 밝아졌습니다.) 개똥벌레의 빛이 귀뚜라미의 어머니에게 비추자, 그렇게도 아프셨던 어머니의 아픔이 사라졌습니다.
- 귀뚜라미 : "개똥벌레야! 정신 차려!"
- 개똥벌레 : "으응, 여기가 어디야?" (개똥벌레가 벌떡 일어나려는데, 어떻게 된 일인지 하늘로 날게 되었습니다.)
- 귀뚜라미 : "개똥벌레야! 네 몸에 빛이 있어. 그 빛이 어머니에게 비추어지자 우리 어머님의 병이 나으셨어."
- 개똥벌레 : "정말?, 야! 귀뚜라미야."
- 귀뚜라미 엄마 : "개똥벌레야, 고마워. 넌 이제 개똥벌레가 아니고 반딧불이야."

〈귀뚜라미와 귀뚜라미 엄마〉

Chapter 2

나와 가족, 우리 동네

음악감상하기

- 결혼 행진곡
- 휘파람 부는 사람과 개
- 사랑의 인사
- 백조의 호수

노래부르기

- 사랑
- 닮은 곳이 있대요
- 우리 집
- 우리 동네

악기다루기

- 우리 가족 악기연주하기
- 비눗갑을 이용한 귀로, 마라카스 연주하기

동작으로 표현하기

- 우리 식구
- 통통통통(손유희)

통합적으로 표현하기(음악극)

- 흥부와 놀부

활동 2-1 결혼 행진곡

활 동 목 표 ▶
- 음악에 맞추어 신체표현을 해본다.
- 음악을 듣고, 즐기며 생각과 느낌을 나눈다.
- 가족의 소중함을 느낀다.

바그너

음악적 관련요소 ▶
- 장단, 고저, 리듬, 멜로디, 화성

교육과정 관련요소 ▶
- 신체운동·건강 : 신체 활동 즐기기 – 신체 움직임을 조절한다.
- 예술경험 : 아름다움 찾아보기 – 예술적 요소에 관심을 갖고 찾아본다.
  창의적으로 표현하기 – 신체나 도구를 활용하여 움직임과 춤으로 자유롭게 표현한다.

준 비 물 ▶
- 바그너와 멘델스존의 사진이나 그림, '결혼 행진곡' 음악, 결혼식 관련 화보 및 여러 나라의 결혼식 모습 화보, 유아들의 부모님 결혼사진, 유아 및 유아의 가족사진

활 동 방 법 ▶
1. '신부들의 합창'과 '축혼 행진곡'을 들려주고, 음악의 느낌과 경험을 이야기한다.
   - 이 음악을 들어 본 적이 있니?
   - 언제 들어보았니?
     결혼식에서 신부가 입장할 때 : 신부들의 합창(바그너의 로엔 그린존)
     결혼식에서 신랑 신부가 퇴장할 때 : 축혼 행진곡(멘델스존)
2. 유아들과 함께 부모님 결혼사진을 보며 결혼 또는 결혼식에 대하여 이야기 나눈다.
3. 여러 나라의 결혼식 사진을 비교하며 이야기를 나눈다.
4. 음악에 맞추어 행진해 본다.

〈그림자료〉

평 가 ▶
- 음악을 들어보고 행진해 보니 기분이 어땠니?
- 어떤 부분이 제일 재미있었니?

활동 2-2 휘파람 부는 사람과 개

활 동 목 표 ▶
- 음악을 듣는 태도를 기른다.
- 가족과 함께 할 수 있는 일에 대해서 알아본다.

음악적 관련요소 ▶
- 리듬, 장단, 멜로디, 화성

교육과정 관련요소 ▶
- 예술경험 : 아름다움 찾아보기 - 예술적 요소에 관심을 갖고 찾아본다.
  창의적으로 표현하기 - 신체나 도구를 활용하여 움직임과 춤으로 자유롭게 표현한다.

준 비 물 ▶
- 도화지, 그림그리기 자료(크레파스 등), 프리오르의 '휘파람 부는 사람과 개' 음악

활 동 방 법 ▶

1. 프리오르의 관현악곡 '휘파람 부는 사람과 개' 음악을 유아에게 들려준다.
   (이때, 음악에 대한 다양한 느낌을 가질 수 있도록 음악의 제목과 작곡가에 대한 안내를 미리 하지 않는다.)
   - 음악을 들으면서 어떤 느낌이 드는지 생각하면서 들어보자.
   - 마지막에 동물 소리가 들릴 거야. 어떤 동물인지 맞춰 보자.
2. 음악을 들은 후 어떤 느낌이 드는지, 음악에 어떤 이야기가 들어 있는 것 같은지 자유롭게 이야기 나눈다.
3. 음악과 음악을 만든 작곡가의 생각을 알려주고 유아의 경험을 이야기한다.
   - 이 음악의 작곡가는 프리오르란다.
   - 이 곡은 아침에 휘파람을 불면서 개를 데리고 산책하는 사람을 보면서 음악을 만들었단다. 그래서 이 음악의 제목을 '휘파람 부는 사람과 개'라고 붙였대.
   - 이 음악에서처럼 아침에 산책을 해본 적이 있니?
     어디서 했니?, 누구와 했니?
   - 아침에 또 어떤 일을 할 수 있지?
4. 작곡가의 의도를 생각하며 다시 한 번 음악을 들어본다.
5. 음악을 들으면서 가족과 함께 휘파람 불며 산책하는 모습을 표현해 본다.

6. 음악을 들은 느낌을 그림으로 표현해 볼 수도 있다. 유아들이 그림을 그리는 동안 배경음악으로 들려주는 것도 좋다.

평 가

- 음악 속의 휘파람 소리처럼 우리도 휘파람 소리를 내볼까?
- 어떤 부분이 제일 재미있었니?

활동 2-3

사랑의 인사

활 동 목 표 ▶ • 즐겁게 음악을 감상한다.
• 음악에 대한 자신의 느낌을 언어로 표현할 수 있다.

음악적 관련요소 ▶ • 멜로디, 화성, 음색

교육과정 관련요소 ▶ • 예술경험 : 아름다움 찾아보기 – 예술적 요소에 관심을 갖고 찾아본다.
창의적으로 표현하기 – 신체나 도구를 활용하여 움직임과 춤으로 자유롭게 표현한다.

준 비 물 ▶ • 엘가의 '사랑의 인사' 음악, 바이올린(실제 악기가 없을 경우: 그림이나 사진을 이용하고 악기소리는 녹음해서 이용한다)

활 동 방 법 ▶

1. 악기를 소개한다.
   - 바이올린 소리를 들어본 적이 있니?
   - 교사(또는 연주할 수 있는 유아)가 소리를 들려준다.
   - 오늘 음악 감상을 하려고 준비한 곡은 '바이올린'이라는 악기로 연주해서 마음을 표현한 곡이란다.
2. 음악을 들려준다.
   - 어떤 마음을 표현한 것처럼 느껴지니?
3. 곡에 대한 소개를 한다.
   - 이 음악은 '엘가'라는 작곡가가 사랑하는 사람들이 서로 만나서 반가워하고 사랑하는 모습을 음악으로 표현한 '사랑의 인사'라는 곡이란다. '바이올린'이라는 악기를 연주해서 마음을 표현하였단다.
   - 좋아하는 사람들끼리 만나면 어떤 마음으로 인사를 할까?
   - 사랑스런 마음으로 인사를 나누어 보자.
4. 다시 한 번 들려준다.
   - 우리 모두 사랑하는 마음을 가지고 옆 친구들과 사랑의 인사를 나누면서 다시 한 번 감상해 볼까?

평 가

- 첫 번째로 감상했을 때와 두 번째로 감상했을 때 다른 점이 있었니?
- 두 번째로 감상해 보니 어떤 마음이 드니?
- 너희들도 누군가를 사랑하는 마음을 느껴본 적이 있니?
- 사랑하는 마음을 소리로 표현한다면 어떻게 표현할 수 있을까?

〈사진자료〉

활동 2-4 백조의 호수

활 동 목 표
- 음악을 바르게 감상하는 태도를 가진다.
- 음악을 듣고 느낌을 말로 표현할 수 있다.

차이코프스키

음악적 관련요소
- 리듬, 멜로디, 화성, 음색

교육과정 관련요소
- 예술경험 : 아름다움 찾아보기 – 예술적 요소에 관심을 갖고 찾아본다.
  예술 감상하기 – 다양한 예술을 감상하며 상상하기를 즐긴다.

준 비 물
- 차이코프스키의 사진, 백조 사진이나 그림, 발레하는 모습의 사진이나 그림 자료, 악기(첼로, 바이올린) 사진과 악기소리 음원, '백조의 호수' 중 클라이막스 부분 음악, 음악 이야기

활 동 방 법

1. 차이코프스키가 작곡한 많은 곡 중 '백조의 호수'라는 곡을 감상할 것임을 소개한다.
2. '백조의 호수' 중 들려줄 부분에서 연주되었던 악기 중 첼로와 바이올린을 소개하고 어떤 소리를 내는지 들려주고 느낌을 이야기해 본다.
3. 발레를 하기 위한 음악이며 이야기가 있는 음악임을 소개한다.
4. 음악감상을 할 때 어떤 태도를 갖추어야 하는지 이야기 나눈다.
5. 교사가 곡의 중간중간에 해설을 하며 음악을 들려준다.
6. 음악감상 후 느낌을 이야기한다.
   - 슬프게 들렸던 부분은 어디였니?

줄거리

독일 공화국의 왕자 지그프리드는 친구들의 권유로 백조사냥을 나간다. 왕자는 거기서 백조의 공주 오데트와 만나 그녀와 동료들이 모두 악마 로트발트의 마법에 걸려 낮에는 백조로, 밤에는 사람으로 지낸다는 이야기를 듣는다. 그리고 이 마법을 깨뜨리기 위해서는 순수한 사랑의 힘이 필요하다는 것도 알게 된다. 그래서 왕자는 공주를 구출한 후 곧 닥칠 성년식에서 공주와 결혼하겠다는 결심을 발표한다. 그러나 이 계획은 악마 로트발트의 교묘한 흉계로 어긋나게 된다. 악마 로트발트는 호수의 물을 넘치게 하여 왕자와 백조공주를 물에 빠트리고 언덕 위로 도망간다. 왕자는 "나는 언제나 오데트 당신을 위하여 죽겠노라."라는 사랑을 고백하며 오데트 공주와 함께 호수에 몸을 던진다. 바로 이때에 나머지 백조들은 두 사람의 강한 사랑의 힘으로 마법이 풀려 아름다운 처녀의 모습으로 되돌아온다. 하지만 지그프리드와 오데트의 사랑은 저 세상에서 이루어지게 된다.

활동 2-5

사 랑

활 동 목 표 ▶ • 노래부르기를 즐긴다.
• 노래를 듣고 따라 부를 수 있다.

음악적 관련요소 ▶ • 장단, 고저, 멜로디

교육과정 관련요소 ▶ • 예술경험 : 창의적으로 표현하기 - 노래를 즐겨 부른다.

준 비 물 ▶ • 노랫말 판, 동물 손인형

활 동 방 법 ▶

1. 동물 손인형으로 노랫말에 관련된 이야기를 들려준다.
   - 얘들아, 안녕! 난 아주 아주 궁금한 것이 있어. 그래서 오늘 너희들에게 물어보려고 왔지. 대답해 줄 수 있겠니?
   - 나는 엄마를 보면 나도 모르게 막 뛰어가 안기고 싶어지거든, 너희들도 그러니? 왜 그럴까?

   유아들의 반응을 자연스럽게 받아준다.
2. 노래를 불러준다.
   - 유아의 반응에서 노랫말과 같은 답이 나오면 그대로 노래를 불러주고, 노랫말과 같은 답이 나오지 않는 경우에 유아들의 반응을 모두 받아주고 나서 "선생님은 또 이런 생각도 했어. 노래로 불러볼게, 한 번 들어봐."와 같이 말하고 나서 노래를 불러줄 수 있다.
3. 사랑에 대하여 간단히 이야기를 나눈다.
   - 노래에선 무엇이라고 했니?, 너희들도 그렇게 생각하니?
   - 그런데 사랑이 뭐지?
   - 너희들도 엄마를 사랑하니?
4. 한 가지 소리로 불러보면서 곡을 익힌다.
5. 교사와 유아가 나누어 노래한다.
6. 처음부터 끝까지 교사와 영유아가 함께 부른다.

7. 유아들에게 또 누구를 보면 안기고 싶은지 물어보고, 가족들을 넣어서 불러보는 기회를 가진다.

평 가

- 노래를 불러보니 느낌이 어떠니?
- 노래를 부르며 어떤 사람이 제일 보고 싶었니?

사랑

김성균 작사 · 곡

활동 2-6 닮은 곳이 있대요

활 동 목 표 ▶ • 노래부르기를 즐긴다.
• 빠르기에 따라 노래의 분위기가 다름을 안다.

음악적 관련요소 ▶ • 고저, 리듬, 멜로디, 악센트

교육과정 관련요소 ▶ • 신체운동·건강 : 신체 활동 즐기기 - 신체를 인식하고 움직인다.
• 예술경험 : 창의적으로 표현하기 - 신체나 도구를 활용하여 움직임과 춤으로 자유롭게 표현한다.

준 비 물 ▶ • 노랫말 판, 가족사진이나 그림

활 동 방 법 ▶
1. 주의를 집중시킨 후 노래를 들려준다.
2. 가족 중 닮은 곳에 대해 이야기를 나눈다.
3. 노래에 따라 몸을 움직여 보고 느낌을 이야기한다.
4. 노래를 느리게, 보통빠르게, 빠르게로 불러보고 느낌을 이야기한다.

평 가 ▶ • 노래를 빠르게(느리게) 불러보니까 어떠니?

닮은 곳이 있대요

김성균 작사·곡

활동 2-7

우리 집

활 동 목 표
- 노랫말을 바꾸어 부를 수 있다.
- 대상에 따라 예절에 맞는 언어를 사용할 수 있다.

음악적 관련요소
- 리듬, 멜로디

교육과정 관련요소
- 예술경험 : 창의적으로 표현하기 - 노래를 즐겨 부른다.

준 비 물
- 노랫말 판, 그림자료(가족그림), 음악

활 동 방 법

1. 가족의 구성원에 대해서 이야기를 나눈다.
2. 노래를 들려주고 노랫말에 대해 이야기를 나눈다.
   - 제일 좋아하는 가족은 누구니?
   - 어른에게 어떤 말로 했니?
   - '어머니' 부분에 누굴 넣어볼까?
3. 한 가지 소리로 불러보며 곡조를 익힌다.
4. '사랑하는 어머니' 부분에 유아가 말하는 가족의 그림을 붙이고 노래를 불러본다.
5. 가사를 바꾸어 함께 불러보며 노랫말을 익힌다.

평 가
- 직접 노랫말 자료를 붙이고 노래를 해보니 기분이 어땠니?
- 가족들에게 사랑하는 마음을 어떻게 표현할 수 있을까?

우리 집

이현숙 작사 · 곡

<그림자료>

활동 2-8

우리 동네

활 동 목 표
- 우리 동네에 무엇이 있는지 관심을 가진다.
- 노랫말을 바꾸어 부를 수 있다.

음악적 관련요소
- 리듬, 멜로디

교육과정 관련요소
- 예술경험 : 창의적으로 표현하기 – 노래를 즐겨 부른다.

준 비 물
- 노랫말 판, 그림자료, 음악

활 동 방 법

1. 그림자료로 노랫말의 내용을 이야기한다.
2. 노래를 처음부터 끝까지 들려준다.
3. 유아들과 함께 가사 대신 '랄랄라'로 불러본다.
4. 가사를 넣어서 함께 불러보며 노랫말을 익힌다.
5. '(○○), (○○)' 부분에 유아들이 사는 동네 이름을 넣어 불러본다.
6. 노래의 마지막 네 마디 부분도 유아에게 물어 가사를 바꿔 불러본다.

〈그림자료〉

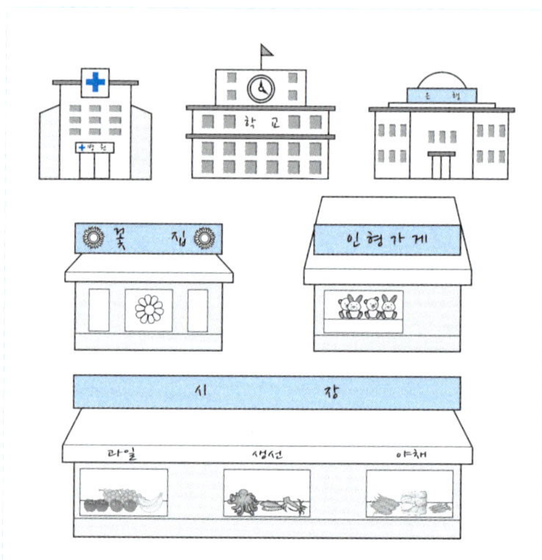

우리 동네

김성균 작사·곡

우 리 동 네 이 름 은 (○ ○) 동 인 데
(○ ○) 동 인 데
아 주 아 주 좋 아 요 정 말 좋 아 요
Fine
커 다 란 네 거 리 엔 뭐 든 지 다 있 어 요
병 원 도 있 고 은 행 도 있 고 인 형 가 게 도 있 죠
꽃 집 도 있 고 시 장 도 있 고 금 붕 어 도 있 어 요
D.S.

활동 2-9 우리 가족 악기연주하기

활동목표
- 다양한 소리를 탐색한다.
- 음악에 맞추어 폐품악기를 다루어 본다.

음악적 관련요소
- 리듬, 멜로디, 음색

교육과정 관련요소
- 예술경험 : 창의적으로 표현하기 – 신체, 사물, 악기로 간단한 소리와 리듬을 만들어 본다.

준비물
- 폐품을 이용하여 만든 악기(심벌즈, 북, 마라카스, 드럼, 나팔), 노랫말 판

〈악기 만드는 법〉

- 심벌즈(아빠 얼굴) : 스테인리스 쟁반을 이용하여 시트지로 얼굴모양을 꾸민다.
- 북(엄마 얼굴) : 깡통을 부직포로 싸서 엄마 얼굴모양을 만든다.
- 마라카스(여자아이 얼굴) : 투명 페트병에 팥을 넣고 여자아이처럼 장식한다.
- 드럼(인형1, 2) : 1. 스테인레스 그릇을 꾸며서 인형 몸통으로 만든다.
  2. 깡통을 이용하여 인형 몸통을 만든다.
- 나팔(둘리 코) : 호스를 끼워서 소리가 나게 한다.

활동방법

1. 폐품으로 만든 악기를 소개한다.
2. 소리 낼 수 있는 방법을 생각해 보고 나와서 해보게 한다.
3. 또 다르게 소리 낼 수 있는 방법을 생각해 보고 해보게 한다.
4. 노래 부르기 시간에 배운 '우리 어머니' 노래를 불러본다.
5. 노래를 부르면서 악기를 연주해 본다.

평가
- 폐품을 이용하여 만든 악기를 연주해 보니 느낌이 어땠니?
- 주변에 있는 물건으로 비슷한 소리를 낼 수 있는 것에는 어떤 것이 있을까?

우리 어머니

정혜옥 작사 · 곡

〈악기사진〉

활동 2-10 비눗갑을 이용한 귀로, 마라카스 연주하기

활 동 목 표 ▶ • 여러 가지 재료를 이용하여 다양한 소리를 내본다.

음악적 관련요소 ▶ • 고저, 장단, 리듬, 멜로디, 음색

교육과정 관련요소 ▶ • 예술경험 : 아름다움 찾아보기 – 예술적 요소에 관심을 갖고 찾아본다.
창의적으로 표현하기 – 신체, 사물, 악기로 간단한 소리와 리듬을 만들어 본다.

준 비 물 ▶ • 폐품을 이용하여 만든 악기(귀로, 마라카스), 노랫말 판

〈악기 만드는 법〉

• 마라카스 : 비눗갑 밑에 비어 있는 부분에 방울을 넣고 투명필름으로 싼다.

• 귀로 : 플라스틱 숟가락을 모루로 꾸민다. 비누 놓는 부분을 긁어 소리를 낸다.

활 동 방 법 ▶

1. 폐품으로 만든 악기를 소개한다.
2. 소리 낼 수 있는 방법을 생각해 보고 나와서 해보게 한다.
3. 또 다르게 소리 낼 수 있는 방법을 생각해 보고 해보게 한다.
4. 노래 부르기 시간에 배운 '그런 집 보았니?' 노래를 불러본다.
5. 노래를 부르면서 '앵앵앵', '똑똑똑', '톡톡톡' 부분만 소리를 만들어 연주해 본다.
6. 노래를 부르면서 자유롭게 연주해 본다.

평 가 ▶ • 폐품을 이용하여 만든 악기를 연주해 보니 느낌이 어땠니?

그런 집 보았니?

김성균 작사 · 곡

〈악기사진〉

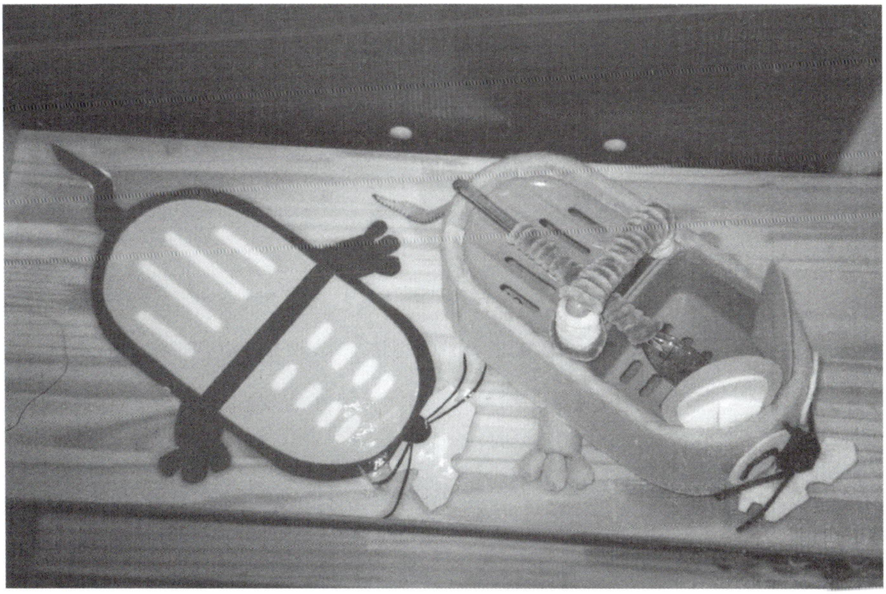

활동 2-11

우리 식구

활동목표
- 가족 구성원의 역할을 안다.
- 신체를 이용하여 가족들의 움직임을 표현해 본다.

음악적 관련요소
- 장단, 멜로디

교육과정 관련요소
- 신체운동·건강 : 신체 활동 즐기기 – 신체 움직임을 조절한다.
- 예술경험 : 창의적으로 표현하기 – 신체, 사물, 악기로 간단한 소리와 리듬을 만들어 본다.
  – 신체나 도구를 활용하여 움직임과 춤으로 자유롭게 표현한다.

준비물
- 가족 구성원이 그려진 그림카드, 융판

활동방법

1. 그림카드를 붙이면서 가족 구성원과 역할에 대하여 이야기를 나눈다. 유아들이 의견을 이야기할 때마다 앉은 상태에서 이야기한 내용을 동작으로 표현해 보도록 한다.
2. 노래를 들려준다.
3. 희망하는 유아에게 '이럭 저럭 이럭 저렇게' 부분이 나올 때 식구 중 한 사람의 역할을 흉내 내도록 한다. 다른 유아들은 함께 노래를 부르며, 친구의 몸짓을 따라해 본다.
   - 고정된 동작보다는 다양한 동작을 할 수 있도록 격려한다.
4. 원하는 유아 7명이 나와서 역할을 정한 다음(할아버지, 할머니, 아빠, 엄마, 언니, 오빠, 나) 곡에 맞추어 맡은 역할을 몸짓으로 표현한다. 이때 앉아 있는 유아들은 노래를 불러준다.
5. 율동에 참여한 유아들과 관람한 유아들이 함께 율동한 것에 관하여 이야기를 나눈다.

평 가
- 어떤 점이 재미있었니?
- 어떤 점이 힘들었니?

우리 식구

안희옥 작사
외국 곡

활동 2-12 통통통통(손유희)

활 동 목 표
- 노랫말에 맞게 동작을 표현해 볼 수 있다.
- 가족의 소중함을 안다.

음악적 관련요소
- 리듬, 멜로디, 곡

교육과정 관련요소
- 신체운동·건강: 신체활동 즐기기 – 신체 움직임을 조절한다.
- 예술경험: 창의적으로 표현하기 – 신체나 도구를 활용하여 움직임과 춤으로 자유롭게 표현한다.

통통통통

작사·곡 미상

통통통통	털보영감님	혹부리영감님	코주부영감님

양손을 주먹 쥐고 위아래를 바꾸어 두 번씩을 친다.	양손을 번갈아가며 수염을 쓰다듬듯 움직인다.	주먹을 쥐고 한 손씩 턱에 가져다 댄다.	주먹을 쥐고 한 손씩 코에 가져다 댄다.

안경영감님	손을 위-로	팔랑팔랑팔랑팔랑	손을 무릎에

엄지와 검지로 동그라미를 만들어 바깥쪽으로 동그라미를 그리면서 흔든다.	두 팔을 위로 뻗는다.	두 팔을 아래로 내리면서 손을 흔든다.	양손을 무릎에 모은다.

활동 2-13 흥부와 놀부(음악극)

활 동 목 표
- 가족의 소중함을 안다.
- 이야기에 대한 생각과 느낌을 음악, 조형, 동작으로 통합하여 표현해 본다.

음악적 관련요소
- 장단, 고저, 리듬, 멜로디, 화성

교육과정 관련요소
- 예술경험 : 창의적으로 표현하기 - 노래를 즐겨 부른다.
  - 신체나 도구를 활용하여 움직임과 춤으로 자유롭게 표현한다.
  - 다양한 미술 재료와 도구로 자신의 생각과 느낌을 표현한다.
  - 극놀이로 경험이나 이야기를 표현한다.

준 비 물
- 음악극 노래 악보, 녹음CD, 등장인물 의상 및 소품(흥부, 흥부 부인, 흥부 아이들, 놀부, 놀부 부인, 제비, 도깨비, 박, 보물, 도깨비 방망이), CD플레이어

활 동 방 법

1. 동화를 듣고, 음악극을 하기 위해서 어떤 준비가 필요한지 이야기 나눈다.
   - '흥부와 놀부'를 음악극으로 하려면 어떤 준비가 필요할까?
2. 음악극 노래를 배운다.
   - '흥부와 놀부' 음악극 노래를 배운다.
   - 동화의 장면을 고려하여 노래를 배운다.
3. 음악극 노래에 맞추어 동작을 만들어 본다.
   - 흥부, 흥부 부인, 흥부 아이들, 놀부, 놀부 부인, 제비, 도깨비에 맞는 동작을 표현한다.
   - 음악극 노래의 상황에 맞게 동작을 표현한다.
4. 음악극 노래를 녹음한다.
5. 흥부, 흥부 부인, 흥부 아이들, 놀부, 놀부 부인, 제비, 도깨비 의상 및 소품을 준비한다.

6. 역할(등장인물과 스탭)을 나누고 공연한다.
   많은 유아들이 참여할 수 있도록 흥부 아이들의 수를 늘릴 수도 있다.
7. 역할을 바꾸어서 다시 공연한다.

평 가

- 동화로 들을 때와 음악극으로 할 때는 어떻게 다르니?
- 동생에게 어려운 일이 있을 때는 어떻게 해야 할까?

흥부와 놀부

- 해설 : 옛날 어느 마을에 흥부와 놀부 형제가 살았어요. 흥부는 마음씨가 착했지만 가난했어요. 흥부 형인 놀부는 부자였지만 마음씨가 착하지 않았어요.

〈합창〉

(노래가 끝나자 막이 열린다. 흥부와 흥부 부인이 마당을 쓸고 있다. 아이들이 바구니 들고 엄마에게 달려온다.)

〈아이들〉

〈흥부 부인〉

〈아이들〉

〈흥부 부인〉

- 흥부 : 알았소. 그럼 다녀오리다. (흥부 부인과 자녀들 나와서 흥부에게 인사한다.)
- 아이들 : 아빠, 다녀오세요. 빨리 오세요.

〈합창〉

• 흥부 : 형님! 형님 계세요?
• 놀부 : 누구냐? 거 - 누구냐?
• 흥부 : 저 - 흥부입니다. 그간 안녕하셨습니까?
• 놀부 : 그래, 안녕치 못했다면 어쩔테냐! 왜 왔느냐?
• 흥부 : 저 ~ 저 다름이 아니오라 …….

〈흥부〉

• 놀부 : 뭐라고, 그래 내가 너의 자식을 먹일려고 농사 지은 줄 아느냐? 그런 소리 하려거든 썩 물러가라.
• 놀부 부인 : (밥주걱에 밥풀이 붙은 것을 가지고 나온다.) 아니 뭐라고요? 냉큼 나가지 못해. 이거나 먹어라. (따귀를 한 대 때린다. 볼에 밥풀이 붙은 것을 흥부는 뜯어 먹는다.)
• 흥부 : 형수님, 이쪽도 한 번만 더 때려주세요. (볼을 댄다.)
• 놀부 부인 : (밥주걱에 밥풀을 떼고 때린다.) 빨리 나가지 못해.
• 흥부 : 죄송합니다. 하는 수 없지요. 그러면 가겠습니다. 안녕히 계십시오. (인사하고 자기 집으로 돌아간다. 마침 제비가 날아와 춤을 춘다.)

〈음악〉

(제비가 춤을 추고, 지붕 위에 앉아 있다.)

• 해설 : 흥부네 집 지붕을 커다란 구렁이가 슬금슬금 올라와 제비를 차례차례 잡아가고 있어요. (마지막 제비가 너무 무서워 소리치며 도망가다가 그만 떨어졌어요.)

• 제비 : 아야야, 다리야! 날 살려줘요! 저 구렁이가 우리들을 잡아가요. (이때 흥부 깜짝 놀라 달려가 제비를 안고)

• 흥부 : 이런 가엾어라. 어쩌다 떨어졌니? 그래도 구렁이에게 안 먹혀서 다행이다. 어서 치료하자.

〈흥부〉

• 제비 : 흥부 아저씨! 고맙습니다. 이 은혜는 잊지 않겠어요. (날아간다.)

〈합창〉

• 아이들 : 아빠! 배 고픈데 이제 그만 박을 타서 속은 먹고 바가지를 만들어요.
• 흥부 부인 : 그래, 그러자. 이만하면 다 익었겠어요.
• 흥부 : 자, 그러면 하나 타볼까? (박을 따서 모두 둘러앉아 흥부와 흥부 부인이 톱으로 박을 탄다.)

〈흥부가족 모두〉

(박이 갈라지자 돈이 막 쏟아져 나온다. 모두들 눈이 둥그레진다.) 〈효과음〉
• 모두 : 돈이다! 돈!
• 흥부 부인 : 여보! 이게 웬일이요. (아이들 덩실덩실 춤을 춘다.)

〈흥부〉

〈흥부 가족 모두〉

- 흥부 : 자! 또 하나 박을 타보자. 너희들이 박을 붙들어라. 어디 무엇이 나오나 보자.
- 흥부부인 : 여보. 이젠 돈 많이 있겠다. 이 박은 두었다가 다음에 타지요.
- 아이들 : 아버지 그래도 타봐요. 또 뭐가 나오나 봐요.

〈흥부 가족 모두〉

(박이 갈라지자 박 속에서 선녀가 나와 춤을 춘다.)

〈선녀〉

〈흥부 가족 모두〉

• 선녀 : 나오너라, 빨간 병아! 나오너라 파란 병아! 너희들은 착하고 가난한 사람들에게 훌륭한 집을 한 채 지어주어라. 오랫동안 고생하셨으니 이 집에서 편히 지내세요. 이것은 모두 당신이 제비를 구해준 은혜로 받는 것이니까 걱정 말고 받으세요. (흥부 가족들 모두 엎드려 부들부들 떤다.)

• 흥부 : 제비 다리를 고쳐 준 은혜를 갚는 거라니. 그까짓 일에 이렇게 많은 재산을 받다니…….

• 흥부 부인 : 이게 다 우리가 착하게 살았으니까 하나님이 복을 주신 거예요. 자, 이제 쌀을 사서 아이들 밥이나 실컷 먹입시다. (흥부 가족들 퇴장한다.)

〈합창〉

• 놀부 : (허겁지겁 달려와서 흥부를 찾는다.)

• 놀부 : 아니, 흥부야 이놈아! 네가 환장을 했느냐. 나에게 거짓말 말고 바른대로 말해라. 어디서 도둑질을 해서 이렇게 벼락부자가 됐냐?

• 흥부 : 형님! 도둑질이라니요? 당치도 않은 말씀 …… 그런 게 아닙니다.

• 놀부 : 닥쳐라! 네 주제에 무슨 수가 생겼단 말이냐? 너 때문에 나까지 도둑질한 동생을 두었다고 하겠다.

〈합창〉

(놀부형은 씩씩거리며 자기 집에 돌아와)

• 놀부 : 아니? 우리 집엔 제비가 안 오나. 오기만 어서 와봐라. (이때 마침 제비 한 마리 날아온다.)

〈놀부〉

• 놀부 : (일부러 제비 다리를 부러뜨려 치료를 한다.) 그놈의 구렁이가 다리를 부러뜨렸구나. 내가 치료해 줄 테니 걱정 마라. 자! 제비야. 제발 박씨나 물어와라.(날려 보낸다. 제비 절룩거리며 날아간다. 박씨를 입에 물고 와서 놀부집에 떨어뜨리고 간다.)

〈합창〉

• 놀부 : 여보! 마누라 왔어 왔어.
• 놀부 부인 : 오다니 누가 와요?
• 놀부 : 강남에서 복이 왔어.
• 놀부 부인 : 박씨 가져왔수 - 아이고 좋아라. 자! 어서 심읍시다. (박씨를 심는다.)
• 놀부 : 이게 웬일이야. 심자마자 이렇게 빨리 박이 열리다니…….
• 놀부 부인 : 여보! 톱 가져와요. 금은보화가 쏟아지는 걸 봅시다.

〈놀부 가족 모두〉

박이 두 갈래로 갈라지자 도깨비들이 나타난다. 놀부와 놀부 부인 엎드려서 부들부들 떤다.

〈도깨비〉

- 도깨비 : 너! 이놈 죄없는 제비의 다리를 부러뜨렸겠다. 가난한 동생을 구박하고 욕심만 부렸겠다, 네놈에게는 몽둥이맛을 보여줄 테니 정신을 좀 차려라. (도깨비들이 놀부와 놀부 부인을 모두 두들긴다.)
- 놀부 : 아이구 – 아이구 살려주세요. 제발 좀 살려주세요.
- 도깨비 : 자, 너희들 놀부의 집을 다 부숴버려라. (도깨비들 모두 집을 부수고 퇴장한다.)

〈놀부〉

(흥부와 흥부 부인 아이들, 옷을 깨끗이 입고 달려온다.)

- 흥부 : 형님! 저희집으로 가서 같이 살읍시다.
- 흥부 부인 : 형님! 일어나셔요. 저희 집으로 가십시다.
- 흥부 아이들 : 큰아빠, 큰엄마, 일어나셔요. 저희 집으로 가십시다.
- 놀부, 놀부 부인 : 흥부야, 잘못했다. 내가 너에게 못되게 해서 벌을 받는 거다. 용서해다오. (등장인물 전부 나와 노래한다.)

〈합창〉

Chapter 3

봄 · 여름 · 가을 · 겨울

음악감상하기

- 봄의 소리
- 뻐꾸기 왈츠
- 풍년가

노래부르기

- 과일의 노래
- 조금 더 다가가서
- 하얀 나라

악기다루기

- 꽃씨 마라카스 연주하기
- 방울 짝짝이 연수하기

동작으로 표현하기

- 낙엽처럼 되어 보기
- 겨울잠 자는 동물 되어 보기
- 커다란 밭(손유희)

통합적으로 표현하기(음악극)

- 꼬마 산타

활동 3-1

봄의 소리

활동목표 ▶ • 바른 태도로 음악을 감상한다.
• 음악에 대한 자신의 느낌을 언어와 몸으로 표현한다.

요한 스트라우스 2세

음악적 관련요소 ▶ • 리듬, 화성, 멜로디, 음색

교육과정 관련요소 ▶ • 예술경험 : 예술 감상하기 - 다양한 예술을 감상하며 상상하기를 즐긴다.
창의적으로 표현하기 - 신체나 도구를 활용하여 움직임과 춤으로 자유롭게 표현한다.

준비물 ▶ • 요한 스트라우스 2세의 '봄의 소리 왈츠' 음원, 요한 스트라우스 2세의 사진, 악기 사진(바이올린과 첼로)

활동방법 ▶
1. 봄의 날씨 변화에 대해 이야기 나눈다.
2. 곡명과 작곡가에 대한 소개를 한다.
   - 이 곡은 파릇파릇한 새싹이 막 돋아나는 느낌을 음악으로 표현한 곡인데 '왈츠의 왕'이라고 불리는 요한 스트라우스 2세라는 사람이 작곡하였단다. 요한 스트라우스 2세는 '왈츠의 아버지'라고 불리는 요한 스트라우스 1세의 아들로 아버지의 이름을 따서 요한 스트라우스 2세라고 부른단다.
3. 음악을 들려준다.
4. 음악에 대한 느낌, 감상을 이야기 나눈다.
   - 이런 음악을 들어본 적이 있니?
   - 음악을 들으니 어떤 느낌이 드니?, 어떤 생각이 들었니?
   - 음악에 맞추어 몸을 어떻게 움직여 볼 수 있을까?
5. 악기 사진을 제시하며 이야기 나눈다.
   - 어떤 악기 소리가 들리니?
6. 음악을 다시 들으면서 느낌을 몸으로 표현해 본다.

평 가

- 음악을 듣고 몸으로 표현해 보니 어떤 느낌이 드니?
- 음악의 어느 부분이 가장 좋게 느껴지니?

〈사진자료〉

〈바이올린〉

〈첼로〉

활동 3-2

뻐꾸기 왈츠

활 동 목 표 ▶ • 음악을 바르게 감상하는 태도를 가진다.
• 음악을 감상하고 그 느낌을 그림으로 표현할 수 있다.

음악적 관련요소 ▶ • 고저, 화성, 멜로디, 음색

교육과정 관련요소 ▶ • 예술경험 : 예술 감상하기 – 다양한 예술을 감상하며 상상하기를 즐긴다.

준 비 물 ▶ –'뻐꾸기 왈츠' 음원, 그림재료 및 도구

활 동 방 법 ▶

1. 음악을 들려준 후 이야기를 나눈다.
   - 음악을 들으니 어떤 느낌이 드니?
   - 음악을 들으니 무엇이 생각나니?
2. 음악의 제목과 작곡가에 대하여 알려준다.
   - 이 곡은 요나슨이라는 사람이 작곡한 곡이란다.
   - 여름철에 볼 수 있는 뻐꾸기의 울음소리를 음악으로 표현하였단다.
3. 어느 부분에서 뻐꾸기 울음소리처럼 들리는지 음악을 다시 감상한다.
4. 음악을 감상한 후 그 느낌을 그림으로 표현해 본다.

〈사진자료〉

활동 3-3

풍년가

활 동 목 표 • 우리나라의 전통 음악 및 문화를 사랑하는 태도를 가진다.

음악적 관련요소 • 장단, 음색

교육과정 관련요소 • 예술경험 : 예술 감상하기 – 우리나라 전통 예술에 관심을 갖고 친숙해진다.

준 비 물 • 벼를 수확하는 농부의 모습, 대보름달을 구경하는 모습, 달밤에 강강술래 하는 모습 등의 사진이나 그림, '풍년가' 음악

활 동 방 법

1. 그림이나 사진을 보며 가을철 모습에 대해 이야기 나눈 후 감상한 곡을 소개한다.
2. 음악을 들려준다.
3. 음악에 대한 느낌, 감상을 이야기 나눈다.
4. 음악을 연주하는 전통악기에 대해서 이야기 나눈다.
   - 어떤 악기 소리가 났니?
5. '풍년가'와 비슷한 느낌의 노래인 강강수월래를 소개하고 '강강수월래'와 '풍년가'를 같이 감상한다.

풍년가

경기도 민요

활동 3-4 과일의 노래

활동목표 ▶ • 가사를 바꾸어 노래를 부를 수 있다.

음악적 관련요소 ▶ • 고저, 멜로디

교육과정 관련요소 ▶ • 예술경험 : 예술 감상하기 – 다양한 예술을 감상하며 상상하기를 즐긴다.
창의적으로 표현하기 – 노래를 즐겨 부른다.

준비물 ▶ • 노랫말 판

활동방법 ▶

1. 노래를 들려준다.
2. 노랫말에 대해서 간단히 이야기를 나눈다.
   - 자두를 먹어 보았니?
   - 어떤 맛이었니?
3. 노래를 불러본다.
4. 계절에 나는 과일로 가사를 바꾸어서 불러본다.
5. 처음부터 끝까지 다함께 부른다.

과일의 노래

권유봉 작사
김숙경 작곡

활동 3-5

조금 더 다가가서

활동목표 • 노래를 듣고 따라 부른다.

음악적 관련요소 • 장단, 멜로디

교육과정 관련요소 • 예술경험 : 창의적으로 표현하기 - 노래를 즐겨 부른다.

준비물 • 노랫말 판

활동방법

1. 시냇가에 가본 경험에 대해 이야기한다.
   - 시냇가에 가 본 적이 있니?
   - 무엇을 보았니?
2. 노래를 들려준다.
   - 시냇가와 나무 위에 있던 것은 무엇이었니?
3. 한 가지 소리로 불러보며 곡조를 익힌다.
4. 노랫말을 읽어본다.
5. 교사가 노래를 부르고 유아들은 의태어 부분만 부른다.
6. 역할을 바꾸어 불러본다.
7. 다함께 같이 부른다.

평가 • 노랫말 중 가장 재미있는 부분은 어디니?

조금 더 다가가서

김성균 작사·곡

활동 3-6 하얀 나라

활동목표 ▶ • 즐거운 마음으로 노래를 부른다.

음악적 관련요소 ▶ • 리듬, 멜로디

교육과정 관련요소 ▶ • 예술경험 : 창의적으로 표현하기 - 노래를 즐겨 부른다.

준비물 ▶ • 노랫말 판

활동방법 ▶
1. 노래를 들려준다.
2. 노랫말에 대해서 간단히 이야기를 나눈다.
   - 겨울에 어떤 놀이를 할 수 있을까?
3. '나는 눈이 좋아서~ 어젯밤 꿈속에' 부분은 교사가, 나머지 부분은 유아가 불러보고 역할을 바꾸어 불러본다.
4. '썰매를 탔죠 눈싸움 했죠 커다란 눈사람도 만들었죠' 부분은 다른 놀이로 바꾸어서도 불러본다.
5. 처음부터 끝까지 다함께 부른다.

평가 ▶ • 노래를 불러보니 느낌이 어떠니?

하얀 나라

김성균 작사·곡

Part 02

활동 3-7

꽃씨 마라카스 연주하기

활동목표 ▶ • 리듬 악기를 탐색하며 즐긴다.
• 노래에 맞춰 마라카스를 연주해 본다.

음악적 관련요소 ▶ • 리듬, 역동성

교육과정 관련요소 ▶ • 예술경험 : 아름다움 찾아보기 – 자연과 생활에서 아름다움을 느끼고 즐긴다.
창의적으로 표현하기 – 노래를 즐겨 부른다.

준비물 ▶ • 다양한 종류의 꽃씨(곡식), 꽃 그림, 다양한 색과 모양의 시트지, 투명한 플라스틱 용기

활동방법 ▶

1. 다양한 종류의 꽃씨를 관찰한다.
2. 꽃씨 마라카스를 만든다.
   - 투명한 플라스틱통 안에 종류별로 꽃씨를 넣은 후 뚜껑을 덮어 고정시킨다.
   - 다양한 색과 모양의 시트지를 이용하여 투명한 플라스틱통을 꾸민다.
   - 완성된 마라카스의 한쪽 부분에 꽃그림을 붙인다.
3. 꽃씨 마라카스를 흔들면서 소리를 탐색하고 비교한다.
   - 마라카스의 소리가 어떻게 들리니?
   - 마라카스의 소리가 어떻게 다르니?
4. 알고 있는 노래(예: 씨앗)를 부르며 꽃씨 마라카스를 연주해 본다.

평가 ▶ • 꽃씨 마라카스를 흔들어 본 느낌이 어땠니?

<그림자료>

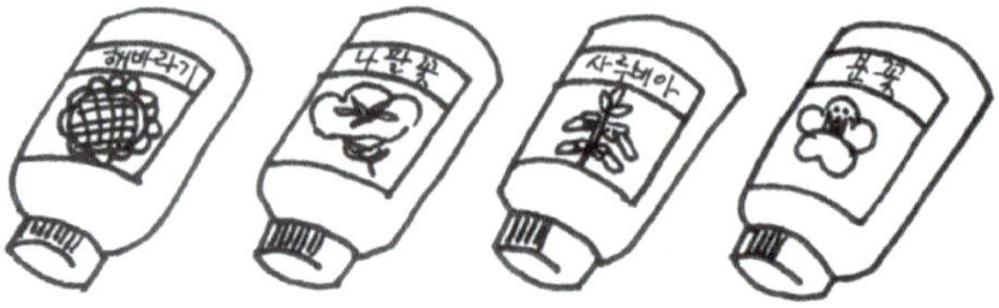

씨 앗

김성균 작사 · 곡

(C): I V I
씨 씨 씨 를뿌리 고 꼭 꼭 물 을주었 죠
I V7
3 3 3 3
하 룻밤 이 틀 밤 쉿 쉿 쉿 뽀 드 득 뽀 드 득
I IV V I
3
뽀 드 득 싹 이 났 어 요

활동 3-8

방울 짝짝이 연주하기

활 동 목 표 ▶ • 리듬 악기를 탐색하며 즐긴다.

음악적 관련요소 ▶ • 음의 고저, 리듬, 음색

교육과정 관련요소 ▶ • 예술경험 : 아름다움 찾아보기 - 예술적 요소에 관심을 갖고 찾아본다.
창의적으로 표현하기 - 신체, 사물, 악기로 간단한 소리와 리듬을 만들어 본다.

준 비 물 ▶ • 방울 짝짝이(산타 할아버지 신발을 부직포로 만든 후 신발 바닥에 나무를 붙이고 앞부분에 방울을 붙인다), 트라이앵글, 악기연주판

활 동 방 법 ▶ 1. 신발 속에 손을 넣어 방울 짝짝이를 치면서 소리를 탐색하고 비교한다.
- 소리가 어떻게 들리니?
- 소리를 낼 수 있는 다른 방법도 생각해 보자.

2. '산타 할아버지 우리 마을에 오시네' 노래를 부르며 악기를 연주한다.

평 가 ▶ • 노래를 부르며 방울 짝짝이를 쳐본 느낌이 어땠니?

〈악기 사진〉

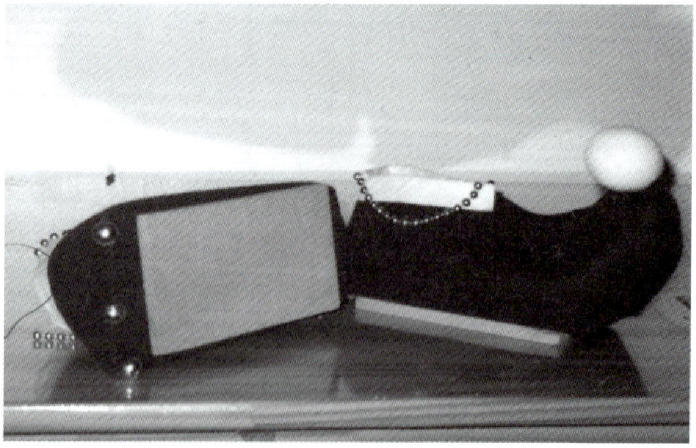

산타 할아버지 우리 마을에 오시네

프레그쿠츠 작곡

Chapter 03

봄 · 여름 · 가을 겨울

활동 3-9

낙엽처럼 되어 보기

활 동 목 표 ▶ • 낙엽의 움직임을 창의적으로 표현한다.

음악적 관련요소 ▶ • 고저, 리듬, 멜로디

교육과정 관련요소 ▶ • 신체운동·건강 : 신체활동 즐기기 – 신체를 인식하고 움직인다.
– 신체움직임을 조절한다.
• 예술경험 : 창의적으로 표현하기 – 신체와 도구를 활용하여 움직임과 춤으로 자유롭게 표현한다.

준 비 물 ▶ • 음악(예: 고엽)

활 동 방 법 ▶

1. 가을 동산을 돌아보며 가을나무와 낙엽들의 모습을 관찰한다.
2. 바람에 나뭇잎이 떨어지는 모습과 나뭇잎이 움직이는 모습이 어떠했는지 이야기 나눈다.
3. 나뭇잎의 모습을 신체를 이용하여 표현해 본다.
   - 나뭇잎 모양, 나뭇잎이 떨어지는 모습, 나뭇잎이 구르는 모습과 바람의 움직임 등을 표현해 본다.
   - 어떤 나뭇잎과 바람을 표현했는지 이야기해 본다.
4. '고엽' 음악을 듣고 느낌과 생각을 이야기 나눈다.
5. 나무, 바람, 낙엽의 역할을 정하고 음악을 들으면서 표현해 본다.
6. 교사는 영유아의 표현을 격려하는 이야기를 해 준다.

평 가 ▶ • 낙엽이 되어본 느낌이 어떠니?
• 어느 부분이 가장 재미있었니?

활동 3-10 겨울잠 자는 동물 되어 보기

활동목표 ▶ • 겨울잠 자는 동물의 특징에 대해 안다.
• 신체를 이용하여 겨울잠을 자는 동물의 모습을 다양하게 표현한다.

음악적 관련요소 ▶ • 장단, 고저, 멜로디

교육과정 관련요소 ▶ • 신체운동·건강 : 신체 활동 즐기기 - 신체를 인식하고 움직인다.
- 신체 움직임을 조절한다.
• 예술경험 : 창의적으로 표현하기 - 신체나 도구를 활용하여 움직임과 춤으로 자유롭게 표현한다.

준비물 ▶ • 겨울잠을 자는 동물의 깨어 있는 모습과 잠자는 모습의 사진이나 그림자료, 그림책 '어떻게 잠잘까요?'(한림출판사), 자장가 종류의 음악

활동방법 ▶
1. '어떻게 잠잘까요?' 책을 보면서 겨울잠을 자는 동물에 대해 이야기한다(뱀, 개구리, 곰, 두더지 등).
2. 책에 나오지 않은 겨울잠을 자는 동물들은 어떤 모습으로 자는지 상상해 본다.
3. 겨울잠을 자는 동물의 사진을 보며 동물의 모습을 앉은 자세에서 표현해 본다.
4. 어떤 동물을 표현할 것인지 정하고 자장가 음악에 맞추어 온몸으로 표현한다.

평가 ▶ • 겨울잠을 자는 동물이 되어본 느낌이 어땠니?

활동 3-11 커다란 밭(손유희)

활 동 목 표
- 노랫말에 맞는 손유희 동작을 표현할 수 있다.

음악적 관련요소
- 곡, 멜로디

교육과정 관련요소
- 신체운동·건강 : 신체 활동 즐기기 – 신체를 인식하고 움직인다.
- 예술경험 : 창의적으로 표현하기 – 신체나 도구를 활용하여 움직임과 춤으로 자유롭게 표현한다.

커다란 밭

출처: 김정순(1999). 유아신체표현. 학문사.

작고 작은 밭을
(작고 작은 꽃씨를)

손가락 두 개로 사각형의 밭(꽃씨)을 작게 표현한다.

갈고 갈아서

검지손가락을 세워 깍지 끼우고, 앞으로 한 번 뒤로 한 번 괭이질하듯 표현한다.

뿌렸습니다

한 손은 펴서 놓고 다른 손으로 씨앗을 뿌리듯이 표현한다.

뾰족뾰족 새싹이
돋아서

검지 두 개를 세워서 위 아래로 번갈아가며 새싹이 돋는 표현을 한다.

빨강(노랑, 하얀) 꽃이
피었습니다

검지를 세워서 작게 빙빙 돌리면서 표현한다.

폭

검지를 세워서 양옆으로 '폭' 하면서 동시에 벌린다

알맞은 밭을
(알맞은 씨를)

손으로 사각형의 밭(꽃씨)을 적당히 표현한다.

커다란 밭을
(커다란 씨를)

손으로 사각형의 밭(꽃씨)을 아주 크게 표현한다.

팍

손을 펴서 양쪽으로 벌리면서 동시에 '팍' 한다.

활짝

손을 위로 벌리면서 올린다. 동시에 '활짝' 이라고 표현한다.

활동 3-12 꼬마 산타(음악극)

활 동 목 표
- 노래에 담긴 이야기의 내용을 동작으로 표현할 수 있다
- 소중한 사람들끼리 선물을 주고받는다는 것을 안다.

음악적 관련요소
- 장단, 고저, 리듬, 멜로디, 화성, 조성

교육과정 관련요소
- 예술경험 : 창의적으로 표현하기 - 노래를 즐겨 부른다.
  - 신체, 사물, 악기로 간단한 소리와 리듬을 만들어 본다.
  - 신체나 도구를 활용하여 움직임과 춤으로 자유롭게 표현한다.
  - 다양한 미술 재료와 도구로 자신의 생각과 느낌을 표현한다.
  - 극놀이로 경험이나 이야기를 표현한다.

준 비 물
- 음악극 악보, 녹음테이프, 등장인물 의상 및 소품(쥐, 쥐 친구들, 산타, 포장된 선물, 빨간 옷과 모자, 까만 장화, 까만 장갑, 흰 수염 등)

활 동 방 법

1. 음악극을 하기 위해서 어떤 준비가 필요한지 이야기 나눈다.
   - '꼬마 산타'를 음악극으로 하려면 어떤 준비가 필요할까?
2. 음악극 노래를 배운다.
   - '꼬마 산타' 음악극 노래를 배운다.
   - 음악적 요소와 관련해 노래를 배운다.
3. 음악극 노래에 맞추어 동작을 만들어본다.
   - 쥐, 쥐 친구들, 산타, 포장된 선물, 빨간 옷과 모자, 까만 장화, 까만 장갑, 흰 수염에 맞는 동작을 표현한다.
   - 음악극 노래의 상황에 맞게 동작을 표현한다.
4. 음악극 노래를 녹음한다.
5. 쥐, 쥐 친구들, 산타, 포장된 선물, 빨간 옷과 모자, 까만 장화, 까만 장갑, 흰 수염 의상 및 소품을 준비한다.

6. 역할(등장인물과 스탭)을 나누고 공연한다.
   - 많은 유아들이 참여할 수 있도록 쥐 친구들의 수를 늘릴 수도 있다.
7. 역할을 바꾸어서 다시 공연한다.

평 가 ▶ • '꼬마 산타'를 음악극으로 해보니까 어떠니?
• 크리스마스에 소중한 사람들에게 선물을 주면 어떤 기분일까?

꼬마 산타

(무대 중앙에 꼬마쥐의 집이 있고, 왼쪽편에 합창단이 서 있다.)
(시작 전에 무대 뒤나 옆으로 합창 단원들이 노래 부른다.)

〈합창〉 느리지 않게

김완진 작사
김순세 작곡

• 해 설 : 깊은 숲 속에 큰 바위가 자리 잡고 있는 그 밑에는 예쁘고 작은 꼬마쥐의 집이 한 채 있었습니다. 그 집에는 꼬마쥐가 한 마리 혼자서 쓸쓸하게 살고 있었습니다. 그런데 이 꼬마쥐는 이름이 없었고 또 그 쥐의 이름을 부르려고 하는 사람도 없었습니다. 오늘 밤은 바로 크리스마스 전날 밤입니다. 아기 예수님이 나신 고요하고 거룩한 밤이 꼬마쥐의 집으로도 찾아왔습니다.

〈합창〉 가볍게

• 쥐들 : 이 밤은 산타 할아버지 선물 갖고 오시는 밤, 어서 가자, 집에 가서 산타 기다리자. 안녕, 안녕, 안녕.

(쥐돌이 퇴장한다.)

〈꼬마쥐〉 느리고 사랑스럽게

• 해 설 : 아이 참 불쌍해라. 산타 할아버지 불쌍해라. 선물을 드리는 이 아무도 없다니 아이 불쌍해라.
• 합창단① : "아니야, 아니야, 내가 선물 드릴 테야!"
• 합창단② : "아니야, 아니야, 내가 선물 드릴 테야!"

〈꼬마쥐〉

〈꼬마쥐〉

• 해 설 : 꼬마쥐는 감자를 예쁘게 쌌습니다. 훌륭한 선물이 마련되었습니다. 꼬마쥐는 선물 위에 '수고하시는 산타 할아버지'라고 썼습니다. (합창단 어린이들이 카드를 든다) 그러나 꼬마쥐는 이름이 없어서 자기의 이름을 쓰지 못했습니다. 꼬마쥐는 선물을 벽에다 걸어 놓았습니다.

〈꼬마쥐〉

(산타 할아버지 등장한다.)

〈합창〉 조금 빠르게

〈합창〉

(산타 할아버지는 집 구경을 하며 쥐가 자는 침대 가까이 가서 머리를 쓰다듬어 준다. 산타 할아버지는 선물을 발견하고 깜짝 놀란다.)

〈산타 할아버지〉

• 산타 할아버지 : 옳지, 옳지, 이 꼬마쥐에게 특별한 선물을 주어야겠다. 무엇을 줄까? 가만이 있자, 이름이 무엇이더라? 참 이름이 없지?

〈산타 할아버지〉

• 합창단 : 꼬마 산타가 옷이 있어야지(북소리에 맞추어서) 자, 자, 여기 빨간 옷이 있네. 자, 자, 여기 빨간 모자 있네. 자, 자, 여기 까만 장화 있네. 자, 자, 여기 까만 장갑 있네. 자, 자, 여기 흰 수염이 있네.

〈합창〉

• 꼬마쥐 : (꼬마쥐 눈을 뜬다.) 아이 잘 잤다. 꿈에는 산타 할아버지가 오셨었는데 어디로 가셨을까?

〈꼬마쥐〉

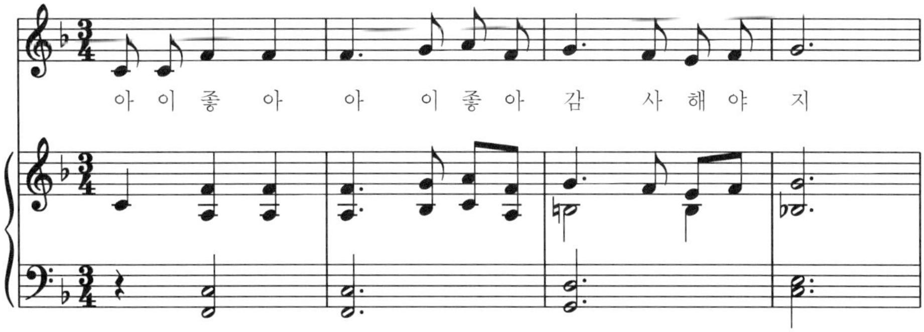

(옷을 주워 입는다)

〈합창〉

(산타 할아버지 등장한다.)

〈꼬마쥐〉

〈세 번 되풀이 된다〉

〈산타 할아버지〉

(루돌프 썰매를 타고 나간다.)

〈합창〉

(피날레로서 합창단이 먼저 부른 다음 어린이와 학부모들도 함께 부른다.)

Chapter 4

건강과 안전

음악감상하기

- 닭발 위에 세워진 오두막집
- 어린이의 놀이 중 행진곡

노래부르기

- 음식을 고루 먹으면
- 병원놀이
- 길조심
- 깨끗이 이를 닦아요

악기다루기

- 빨래판 악기
- 우리들의 악기연주

동작으로 표현하기

- 국수는 요술쟁이
- 팝콘이 되어 보아요
- 내가 만약 치약이라면
- 꼬마 도시락(손유희)

통합적으로 표현하기(음악극)

- 늑대와 일곱 마리 아기 양

Part 02

활동 4-1

닭발 위에 세워진 오두막집

무소르그스키

활 동 목 표 ▶ • 바르게 감상하는 태도를 기른다.
• 음악감상한 느낌을 이야기할 수 있다.

음악적 관련요소 ▶ • 리듬, 화성

교육과정 관련요소 ▶ • 예술경험 : 예술 감상하기 – 다양한 예술을 감상하며 상상하기를 즐긴다.

준 비 물 ▶ • 무소르그스키의 '닭발 위에 세워진 오두막집' 음악, 무소르그스키의 사진, 요술 할머니 그림

활 동 방 법 ▶

1. 요술 할머니 그림을 제시하며 이야기를 들려준다.
   - 이 할머니는 슬라브의 전설 속에 나오는 무서운 요술 할머니 '바바야가'란다. 슬라브의 전설에 따르면 요술 할머니는 화가 나면 큰소리로 주문을 외우고 힘차게 북을 치며 누군가를 잡으러 오두막집에서 내려온단다.
2. 음악을 들려준다.
3. 곡에 대한 소개를 한다.
   - 이 곡은 러시아의 작곡가 무소르그스키가 누군가를 잡으러 오는 요술 할머니의 모습을 음악으로 표현한 곡이란다.
4. 다시 한 번 들어본다.
   - 요술 할머니가 주문을 외우며 큰 소리로 다가오는 모습을 상상하며 이 곡을 들어보자.
5. 음악을 감상한 후 느낌을 이야기 나눈다.

닭발 위에 세워진 오두막집

무소르그스키가 1874년에 작곡한 '전람회의 그림'은 10개의 그림에서 영감을 받아 총 10곡으로 구성되어 있는 곡임.
'닭발 위에 세워진 오두막집'은 9번째 곡임

평 가

- 음악을 들어보니 어떤 느낌이 드니?
- 요술 할머니가 누군가를 잡으러 오는 모습이 어떻게 표현된 것 같니?

〈그림자료〉

활동 4-2 어린이의 놀이 중 행진곡

활동목표 ▶ • 음악 감상을 통해 정서적 안정감을 가지며 심미감을 기른다.
• 자신의 느낌을 창의적으로 표현할 수 있다.

음악적 관련요소 ▶ • 리듬, 빠르기, 화성

교육과정 관련요소 ▶ • 예술경험 : 예술 감상하기 – 다양한 예술을 감상하며 상상하기를 즐긴다.
창의적으로 표현하기 – 신체와 도구를 활용하여 움직임과 춤으로 자유롭게 표현한다.

준비물 ▶ • 비제의 '어린이의 놀이 중 행진곡' 음악

활동방법 ▶

1. 행진에 대해 이야기 나눈다.
   - 친구들과 행진을 해본 적이 있니?
2. 곡에 대한 소개를 한다.
   - 오늘 감상할 곡은 비제라는 작곡가가 어린이들이 나팔과 북을 치며 행진하는 모습을 재미있게 음악으로 표현한 곡이란다.
   - 나팔 부는 소리와 북을 치며 행진하는 모습을 상상하며 음악을 들어보자.
3. 음악을 들려준다.
4. 음악을 들은 후 느낌을 이야기 나눈다.
   - 음악을 들으니 어떤 느낌이 드니?
   - 행진대열이 가까이 오다가 점점 사라지는 모습을 어떻게 표현했을까?
5. 음악을 다시 들으며 좋아하는 악기나 장난감을 가지고 행진을 해본다.
   - 우리도 음악에 맞춰 행진해 보자.

평가 ▶ • 친구들과 함께 행진해 보니 느낌이 어떠니?

활동 4-3

음식을 고루 먹으면

활 동 목 표 ▶ • 즐거운 마음으로 노래를 부른다.
• 음식을 골고루 먹어야 건강하게 자랄 수 있음을 안다.

음악적 관련요소 ▶ • 장단, 멜로디

교육과정 관련요소 ▶ • 예술경험 : 창의적으로 표현하기 - 노래를 즐겨 부른다.

준 비 물 ▶ • 노랫말 판, 키가 커지는 인형, 탬버린

활 동 방 법 ▶ 1. 노랫말에 관한 이야기를 나눈다.
- 싫어하는 음식은 무엇이니?
- 좋아하는 음식은 무엇이니?
- '키가 커지는 인형'을 제시하며 음식을 고루 먹으면 이 인형처럼 키가 큰단다.

2. 노래를 들려준다.

3. 허밍으로 불러 노래의 분위기를 알게 한다.

4. 노랫말 판을 보고 노랫말을 읽어본다.

5. 다함께 반복해서 불러본다.
- '채소 과일 고기' 부분에 좋아하는 다른 음식 이름을 넣어 불러본다.
- 탬버린을 치며 노래를 불러본다.

평 가 ▶ • 노랫말을 바꾸어 불러보니 어땠니?

음식을 고루 먹으면

임성혜 작사 · 곡

〈인형자료〉

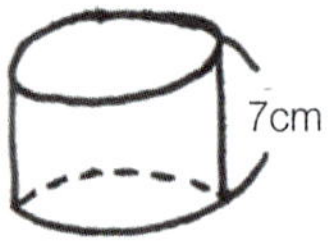

1. 페트병을 자른다.

2. 막대 끝에 뽕뽕이를 붙여 얼굴을 꾸민다.

3. 천으로 옷을 만들어 아랫부분을 페트병에 맞추고 붙이고 윗부분은 얼굴과 연결한다.

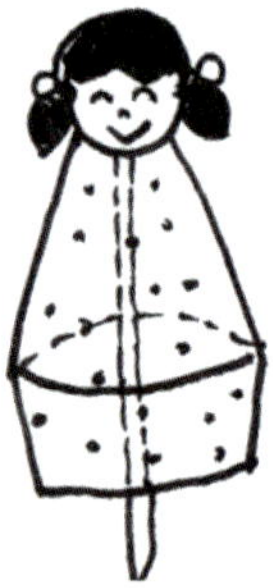

4. 페트병 부분을 손으로 잡고 막대를 위로 올리면 키가 커지고 아래로 내리면 키가 작아진다.

활동 4-4

병원놀이

활 동 목 표
- 병원에서 하는 일과 건강의 중요성에 대해 안다.
- 즐겁게 노래를 부른다.

음악적 관련요소
- 고저, 멜로디, 리듬, 강약, 화성

교육과정 관련요소
- 예술경험 : 창의적으로 표현하기 – 노래를 즐겨 부른다.

준 비 물
- 노랫말 판, 트라이앵글

활 동 방 법

1. 몸이 아플 때 어떻게 하는지 이야기 나눈다.
2. 병원놀이 노래를 들려준다.
3. 허밍으로 불러본다.
4. 멜로디가 익숙해지면 노랫말을 넣어 노래를 불러본다.
5. 트라이앵글을 치며 다함께 반복해서 불러본다.
   - '배가 아파요', '소아과' 부분을 바꾸어 불러본다(예: 눈 - 안과, 이 - 치과 등).

병원놀이

장민수 작사
장정옥 작곡

활동 4-5

길조심

활동목표 ▶ • 신호등에 관한 안전규칙을 안다.
• 즐거운 마음으로 노래를 부른다.

음악적 관련요소 ▶ • 멜로디

교육과정 관련요소 ▶ • 예술경험 : 창의적으로 표현하기 - 노래를 즐겨 부른다.

준비물 ▶ • 그림자료, 노랫말 판

활동방법 ▶ 1. 준비된 그림자료를 보여주며 이야기를 구성하여 노랫말을 전달한다.

- 이슬이는 엄마 심부름으로 슈퍼에 우유를 사러 가게 되었어요. 그 슈퍼는 찻길 건너에 있었어요. 엄마는 이슬이에게 "조심해서 다녀오고, 거스름돈을 잊지 말아라." 하고 말씀하셨어요. 이슬이는 "네, 엄마, 걱정하지 마세요. 신호등이 빨간색일 때는 건너지 않고, 초록색일 때는 옆에 차가 있나 없나를 살피고 건너갈게요." 라고 대답하며 집을 나섰어요. 자전거는 따르릉거리며 지나가고 있었고, 차도에는 자동차가 뻥뻥거리며 지나가고 있었어요. 신호등의 색깔이 빨간색이어서 이슬이는 멈춰섰어요. 초록불로 바뀌자 이슬이는 오른쪽, 왼쪽을 살피고 조심하며 횡단보도를 건넜어요. 길조심을 하며 찻길을 건너다녔기 때문에 이슬이는 무사히 엄마의 심부름을 마칠 수가 있었어요.

2. 노래를 들려준다.

3. 유아와 같이 '음음'으로 불러본다.

4. 노랫말을 넣어 불러본다.

5. 교사와 유아가 앞뒤 부분을 나누어서 불러본다.

평가 ▶ • 노래 부르기가 어땠니?
• 길을 건널 때 지켜야 할 규칙은 어떤 것이 있었니?

길조심

조성녀 작사 · 곡

〈신호체계가 변경되었으므로 일부분을 개사하였음〉

〈그림자료〉

활동 4-6

깨끗이 이를 닦아요

활동목표 ▶
- 충치를 예방하려면 이를 깨끗이 닦아야 한다는 것을 안다.
- 즐거운 마음으로 노래를 부른다.

음악적 관련요소 ▶
- 장단, 리듬, 멜로디

교육과정 관련요소 ▶
- 예술경험 : 창의적으로 표현하기 – 노래를 즐겨 부른다.

준비물 ▶
- 노랫말 판, 테이프, 캐스터네츠

활동방법 ▶

1. 이 아파본 경험에 대해 이야기 나눈다.
   - 이가 아파본 적이 있니?, 왜 아팠니?
   - 왜 이에 벌레(충치)가 생겼을까?
   - 이에 벌레가 생기지 않게 하려면 어떻게 해야 할까?
2. 캐스터네츠로 '치카치카 푸푸' 부분을 리드미컬하게 치며 노래를 소개한다.
3. 영유아와 함께 불러본다.

평가 ▶
- 노래 부르기가 어땠니?
- 이는 어떻게 닦아야 할까?
- '치카치카 푸푸' 대신 이 닦는 소리를 만들어 보자.

깨끗이 이를 닦아요

임성혜 작사 · 곡

활동 4-7

빨래판 악기

활 동 목 표 ▶ • 빨래판 악기를 이용하여 다양한 소리를 만들어 보는 즐거움을 가진다.

음악적 관련요소 ▶ • 음색, 화성

교육과정 관련요소 ▶ • 예술경험 : 아름다움 찾아보기 – 자연과 생활에서 아름다움을 느끼고 즐긴다.
창의적으로 표현하기 – 신체, 사물, 악기로 간단한 소리와 리듬을 만들어 본다.

준 비 물 ▶ • 빨래판 악기, 귀로, 우드블록, 나무막대, 연주법 카드

활 동 방 법 ▶

1. 빨래판 악기를 보여준 후 어떤 방법으로 소리를 낼 수 있는지 알아본다.
   - 이런 물건을 본 적이 있니?, 무엇을 할 때 사용하는 물건일까?
   - 어떤 방법으로 소리를 낼 수 있을까?
2. 유아가 배운 노래를 부르면서 자유롭게 연주한다.
3. 연주법 카드를 보여주며 연주방법을 의논한다.
   - 이 표시에서는 어떻게 소리를 내면 좋을까?
4. 교사가 연주법 카드를 제시하고 연주해 본다.
5. 연주법 카드를 제시하는 유아와 연주하는 유아로 나누어 카드에 제시된 방법대로 연주해 본다.
6. 배경음악을 들려주면서 빨래판 악기 대신 실제 악기(귀로, 우드블록)를 연주해 보게 한다.

평 가 ▶ • 자유롭게 연주한 느낌과 연주법 카드를 보면서 연주한 느낌이 어떻게 다르니?

〈악기그림〉

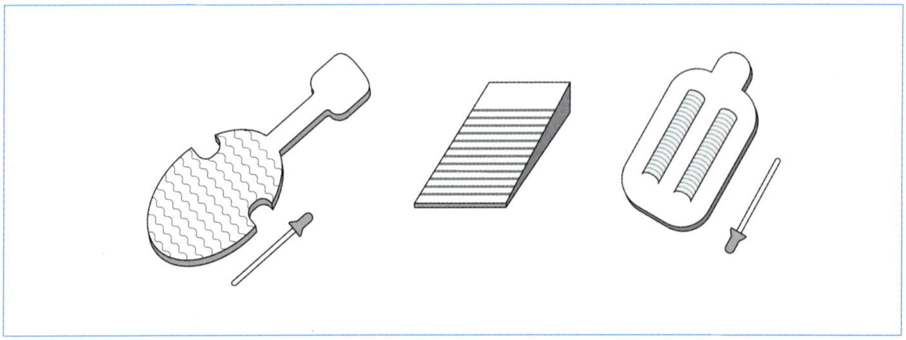

〈연주법 카드〉

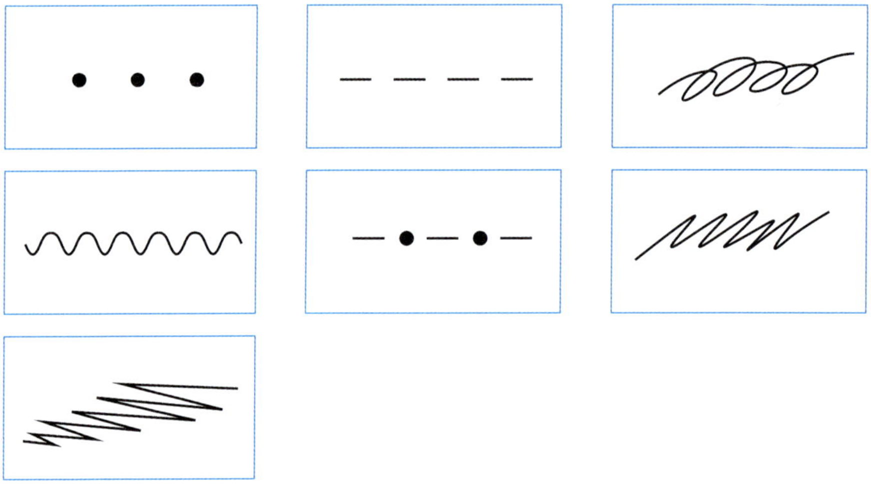

활동 4-8 우리들의 악기연주

활 동 목 표	• 타악기와 리듬악기를 탐색하며 즐긴다.
음악적 관련요소	• 음색
교육과정 관련요소	• 예술경험 : 창의적으로 표현하기 - 신체, 사물, 악기로 간단한 소리와 리듬을 만들어 본다.
준 비 물	• 큰북, 작은북, 탬버린, 트라이앵글, 캐스터네츠, 노랫말 판
활 동 방 법	1. 다양한 리듬악기를 소개한다. 2. 여러 가지 악기를 다루어 보고 소리를 비교해 본다. 3. 노래부르기 시간에 배운 '리듬악기 노래' 노래를 불러본다. 4. 노래를 부르면서 악기를 연주해 본다(노랫말 판에 리듬악기 그림을 그려 넣어서 제시한다). 5. 악기를 서로 바꾸어서 연주해 본다.
평 가	• 여러 가지 악기를 연주해 보니 느낌이 어떠니? • 주변에 있는 물건으로 비슷한 소리를 낼 수 있는 것에는 어떤 것이 있을까?

리듬악기 노래

이계석 작사
이계석 작곡

활동 4-9

국수는 요술쟁이

활동목표 ▶ • 음의 빠르기를 몸으로 표현할 수 있다.
• 국수가 삶기는 과정을 신체로 다양하게 표현한다.

음악적 관련요소 ▶ • 장단, 악센트, 변화, 강약

교육과정 관련요소 ▶ • 신체운동·건강 : 신체 활동 즐기기 – 신체를 인식하고 움직인다.
– 신체 움직임을 조절한다.
• 예술경험 : 창의적으로 표현하기 – 신체나 도구를 활용하여 움직임과 춤으로 자유롭게 표현한다.

준비물 ▶ • 마스킹 테이프(냄비 모양을 붙임), '다양한 표현이 가능하도록 편집한' 음악

참고사항 ▶ • '국수삶기' 요리실습 직후 활동을 다양한 움직임을 유도할 수 있다.

활동방법 ▶

1. 국수를 먹어본 경험에 대해 이야기 나눈다.
2. 유아들의 표현을 돕기 위해 국수에 대한 이야기를 들려준다.
   – 어느 날 점심 때, 배가 고파서 엄마에게 국수를 삶아 달라고 했어요. 엄마는 빳빳한 국수 한 뭉치를 펄펄 끓는 물 속에 집어넣었어요. 나는 엄마 옆에서 뜨거운 물 속에 들어간 국수를 바라보았어요. 무슨 일이 일어났겠어요? 글쎄, 그 빳빳한 몸들이 점차로 흐물흐물해지면서 스르르 풀어지는 게 아니겠어요? 그러더니 놀랍게도 끓는 물 소리에 맞추어 국수는 춤을 추기 시작했어요. 느슨해지고, 흔들리고, 뛰어오르고, 뺑뺑 돌고, 아래, 위, 양옆으로 춤을 춥니다.
3. 국수가 되어서 어떻게 움직여볼지 생각하며 음악을 들어보게 한다.
   – 음악을 들려주며 중간 중간 곡의 분위기가 변화되는 부분에서 삶기 전 국수, 끓는 물에 들어간 국수, 건져진 국수가 움직이고 있다고 이야기한다.
4. 국수의 변화 과정을 음악에 맞추어 몸으로 표현한다.

평가 ▶ • 몸으로 표현할 때 어떤 부분이 어려웠니?
• 몸으로 표현할 때 어떤 부분이 제일 재미있었니?

활동 4-10

팝콘이 되어 보아요

활 동 목 표 ▶ • 팝콘이 되는 과정을 창의적으로 표현할 수 있다.

음악적 관련요소 ▶ • 리듬, 악센트, 강약, 변화

교육과정 관련요소 ▶ • 신체운동·건강 : 신체 활동 즐기기 – 신체를 인식하고 움직인다.
– 신체 움직임을 조절한다.
• 예술경험 : 창의적으로 표현하기 – 신체나 도구를 활용하여 움직임과 춤으로 자유롭게 표현한다.

준 비 물 ▶ • 마스킹 테이프(프라이팬 모양을 붙임), 팝콘 튀기기가 연상되는 경쾌한 음악

참 고 사 항 ▶ • '팝콘 만들기' 요리실습 직후 활동을 하면 유아의 다양한 움직임을 유도할 수 있다.

활 동 방 법 ▶

1. 팝콘 만들기 요리실습 경험에 대해 이야기 나눈다.
   - 옥수수 알갱이가 어떻게 변했니?
   - 우리 몸으로 팝콘을 표현해 보자.
2. '팝콘'음악을 들려주고 느낌에 대해 이야기 나눈다.
3. 교실 바닥에 붙인 마스킹테이프는 팝콘을 튀길 프라이팬이라고 이야기한다.
4. 팝콘이 튀겨지는 과정을 이야기해 주고, 유아의 적극적인 참여를 위해 먼저 앉아서 몸으로 표현해 본다.
   - 커다란 프라이팬에 기름을 넣었단다. 그리고는 불을 켰지. 조금 있으니까 냄비가 점점 뜨거워졌단다. 옥수수 알맹이들도 '아, 아! 뜨거!' 몸을 이리 비틀고 저리 비틀고, 튀어 오르던 옥수수 알맹이들이 '탁! 타닥, 툭! 툭' 팝콘이 되었단다.
5. 팝콘이 된 유아는 그대로 얼어붙게 한다.
6. 음악에 맞춰 온몸으로 표현해 본다.

평 가 ▶ • 옥수수가 튀겨지는 것을 몸으로 표현해 보니 어떤 느낌이 드니?

활동 4-11

내가 만약 치약이라면

활동목표
- 치약을 표현하는 동안 흐름을 경험할 수 있다.
- 치약의 모습을 창의적으로 표현할 수 있다.

음악적 관련요소
- 장단, 리듬

교육과정 관련요소
- 예술경험 : 아름다움 찾아보기 – 자연과 생활에서 아름다움을 느끼고 즐긴다.
  창의적으로 표현하기 – 신체나 도구를 활용하여 움직임과 춤으로 자유롭게 표현한다.

준비물
- 치약(또는 치약 그림), '경기병 서곡' 음악

활동방법

1. 치약의 겉모습과 치약을 짰을 때의 모습에 대해 이야기 나눈다.
2. '내가 만약 치약이라면' 어떤 모습일지 생각하고 표현해 보게 한다.
3. '애기 치약' 이야기를 들려주면서 치약의 모습을 몸으로 표현해 보게 한다.
   - "어느 깜깜한 밤, 목욕탕의 애기 치약은 바깥세상을 구경하고 싶었어요. 그래서 뚜껑을 열고 자기의 하얀 몸을 '쭉쭉' 짜면서 수도꼭지를 지나서, 변기를 지나서, 문틀을 지나서, 현관문 밑으로 쑤욱 지나서, 촉촉한 흙 위를 지나서 울퉁불퉁한 자갈돌을 지나서 마당까지 나왔어요. 거기에는 또 다른 애기 치약이 나와 있었어요. 두 친구는 너무 기뻐서 인사도 나누고 둘이 얼싸안고 춤도 추었어요. 아침이 되나 봐요. 이제 빨리 목욕탕으로 돌아가야 되겠어요. 다시 튜브 속으로 쏘옥 들어간 애기 치약은 밤에 했던 여행을 생각하면서 즐거워했어요."
4. 또 다른 애기 치약을 만나는 부분에서는 두세 명의 영유아가 협동해서 표현해 보게 한다.
5. 교사는 영유아들의 동작을 보면서 다양한 동작이 나올 수 있도록 자극한다.

평가
- 치약을 다양하게 표현해 보았니?
- 어떤 부분의 표현이 가장 어려웠니?
- 동작은 부드럽게 이어졌니?

활동 4-12 꼬마 도시락(손유희)

활동목표
- 내용에 어울리는 손유희 동작을 표현할 수 있다.
- 손, 팔, 머리, 상체의 근육을 유연하게 움직일 수 있다.

음악적 관련요소
- 리듬, 박

교육과정 관련요소
- 신체운동 · 건강 : 신체활동 즐기기 - 신체를 인식하고 움직인다.
- 신체 움직임을 조절한다.
- 예술경험 : 창의적으로 표현하기 - 신체나 도구를 활용하여 움직임과 춤으로 자유롭게 표현한다.

내 용

예쁜/ 네모난/ 꼬마 도시락/ 빨간 당근/ 노란 달걀/ 파란 시금치/

하얀 쌀밥에/ 까만 콩이 들었네/

예쁜/ 동그란/ 꼬마 도시락/

김밥/ 주먹밥/ 나란히 나란히/

냠냠냠냠 맛있게/ 감사합니다/

예쁜	네모난	꼬마 도시락	빨간 당근

양손을 포개어 가슴에 얹는다.	양손의 엄지와 검지 손가락으로 네모 모양을 만든다.	손으로 네모 모양의 도시락을 만든다.	두 손을 모아 당근처럼 세운다.

노란 달걀

손을 달걀처럼 동그랗게 모아서 마주 댄다.

파란 시금치

손을 팔랑팔랑하면서 좌우로 흔든다.

하얀 쌀밥에

한손은 허리에 얹고 다른 손은 펴서 손바닥이 위로 보이게 배와 직각이 되게 한다.

까만 콩이 들었네

하얀 쌀밥을 표현한 손 위에 손가락으로 꼭꼭 찌르듯이 한다.

동그란

손으로 동그란 모양을 그린다.

김밥

한 손으로 주먹을 쥐고 아래로 팔을 편다.

주먹밥

다른 손으로 주먹을 쥐고 아래로 팔을 편다.

나란히 나란히

양손을 펴고 두 팔을 나란히 하여 옆으로 뻗는다.

냠냠냠냠 맛있게

한 손은 도시락처럼 펴서 배에 직각이 되도록 대고 한 손으로는 먹는 흉내를 낸다.

감사합니다

양손의 바닥을 마주 붙이고 고개를 숙여 인사한다.

활동 4-13

늑대와 일곱 마리 아기 양(음악극)

활 동 목 표
- 위험한 상황을 인식하고 대처하는 태도를 기른다.
- 창의적 표현능력을 기른다.

음악적 관련요소
- 장단, 리듬, 멜로디, 음색

교육과정 관련요소
- 예술경험 : 창의적으로 표현하기 - 노래를 즐겨 부른다.
  - 신체나 도구를 활용하여 움직임과 춤으로 자유롭게 표현한다.
  - 다양한 미술 재료와 도구로 자신의 생각과 느낌을 표현한다.
  - 극놀이로 경험이나 이야기를 표현한다.

준 비 물
- 음악극 악보, 동화자료, 극에 필요한 소품(양 머리띠, 털장갑 등), 노래 테이프, 녹음기

활 동 방 법

1. '늑대와 일곱 마리 아기 양' 동화를 듣고 음악극을 계획한다.
   - 음악극으로 하려면 어떻게 해야 할까?
2. 음악극 노래를 익힌다.
3. 음악극 노래에 동작을 연계하며 표현해 본다.
   - 늑대(양, 엄마양)를 동작으로 만들어보자.
4. 음악극에 필요한 소품을 만든다.
   - 양(엄마양, 늑대)의 머리띠를 만든다.
5. 음악극 노래를 녹음한다.
6. 역할(등장인물과 스탭)을 나눈다.
7. 음악극을 공연한다.
8. 역할을 바꾸어 다시 공연한다.

평 가
- 음악극을 할 때 재미있었던 점은 무엇이니?
- 음악극을 할 때 어려웠던 점은 무엇이니?
- 양(엄마양, 늑대)이 되어보니 어떤 느낌이 들었니?
- 스탭을 해보니까 어땠어?

늑대와 일곱 마리 아기 양

(좌측 무대는 양들의 방 안이다. 냉장고, 시계, 책장, 장농들이 있다. 가운데는 울타리가 일자로 놓여 있고 문이 있으며, 우측은 숲속 전경이다.)

• 해설 : 옛날 숲속 마을에 일곱 마리 양과 엄마양이 행복하게 살고 있었어요.

(음악에 맞춰 새끼 양들 춤을 추며 나온다. 춤을 춘 후 즐거워하며 악기를 집어든다.)

• 다 같이 : 우리 이번엔 악기놀이해 볼까?

〈양들 모두〉

• 다 같이 : 야! 참 재밌다.

(엄마 양이 등장한다.)

〈엄마양〉

〈새끼양〉

〈엄마양〉

- 새끼양들 : 알았어요 엄마, 우리 걱정 마시고 어서 빨리 다녀오세요.
- 엄마양 : 그래 그래, 재미있게 놀고 있어라. (엄마양 퇴장한다.)
- 새끼양 1 : 얘들아, 어서 들어와.
- 새끼양 2 : 늑대가 못 들어오게 문을 잠그자.
- 새끼양 3 : 우리 기차놀이할까?
- 새끼양 3, 4, 5, 6, 7 : 그래그래. (새끼양들 집 안으로 들어와 문을 잠근다.)
- 새끼양들 : 그래 그래. 기차놀이 하고 놀자!

(새끼양들 다 같이 기차놀이한다.)〈효과음악〉
(늑대 숨어서 엄마가 나가는 것을 보고 있다가 새끼양들이 놀고 있을때 어슬렁어슬렁 새끼양 집으로 간다.)

〈늑대〉

- 새끼양 7 : 야, 엄마가 오셨다.
- 새끼양 4 : (작은 소리로) 가만히 있어봐.
  (밖을 향해) 잠깐만 기다리세요.

(양들 문틈으로 달려가 본다. 시커먼 발을 보고 깜짝 놀란다.)

〈새끼양〉

〈늑대〉

(늑대 퇴장한다.)

- 새끼양들 : 아휴, 하마터면 큰일 날 뻔했어.
- 새끼양 5 : 자, 빨리빨리 놀자. (양들 퇴장)

(토끼 등장. 춤을 추며 논다.)

- 토끼 1 : 우리 그만 놀고 빨리 가자!
- 토끼들 : 그래 그래.

(토끼가 가려고 할 때 늑대가 나타난다.)

〈늑대〉

- 토끼 2 : 여기 있어요. (밀가루를 준다.)

(늑대 받아 가지고 가며, 손과 발에 바른다.)

- 토끼 3 : 얘들아, 아무래도 늑대가 이상하지?
- 토끼 4 : 그래 정말 이상해.

(토끼들 고개를 갸우뚱거리며 나간다.)〈효과음악〉

(원숭이들 등장. 춤을 추며 논다.)

(늑대가 지나가는 것을 보고 멈추면서 말을 한다.)

- 원숭이 1 : 얘들아, 저기 봐.
- 원숭이 2 : 어! 늑대 아냐.

• 원숭이 3 : 그런데, 왜 늑대 발이 하얗지?
• 원숭이 4 : 얘들아. 우리 어디 가나 물어보자!

〈원숭이〉 〈늑대〉

〈원숭이〉

(새끼양들 떠들며 노느라고 못 듣는다.)
(이때 늑대가 나타난다.)
• 원숭이들 : 늑대가 왔다. 숨자!
(늑대가 새끼양 집에 온다.)

〈늑대〉

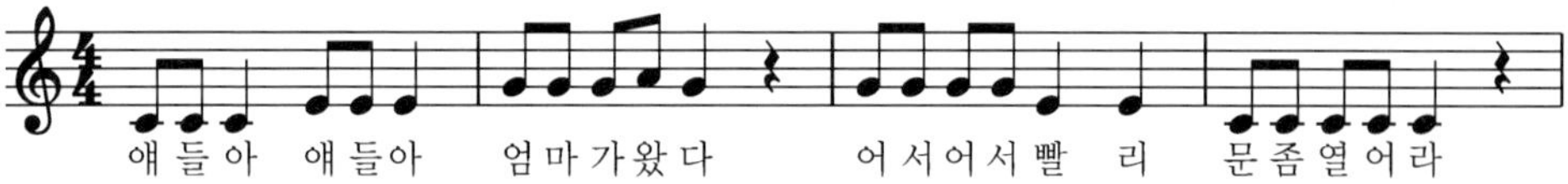

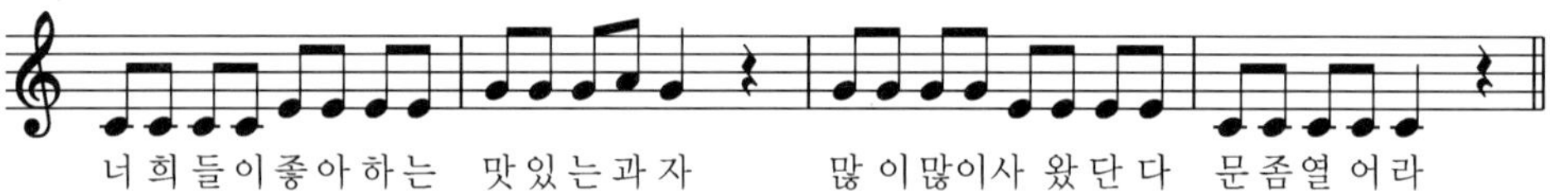

• 새끼양 7 : 야! 엄마다.
• 새끼양들 : (작은 소리로) 가만히 있어 봐. 혹시 늑대면 어떡해.
• 새끼양들 : 그럼 어디 발 좀 봐요.
• 늑대 : 자, 여기 봐. (밀가루 묻힌 발을 내보인다.)
• 새끼양들 : 야, 엄마다. 엄마!
• 새끼양 6 : 내가 문을 열어줄게. 〈문 여는 효과음〉
(새끼양이 문을 열자, 늑대가 뛰어 들어온다.)
• 늑대 : (달려 들며) 요놈들 꼼짝마라.
(새끼양들 벌벌 떨며 냉장고, 책상, 장농 등에 숨는다. 새끼양 7은 시계 속에 숨는다.)
(늑대가 새끼양들을 한 마리씩 찾아내어 잡아 먹는다. 그러나 새끼양 7은 찾지 못한다.)

〈늑대〉

• 늑대 : 아이, 배불러. 한숨 자야겠구나.

(산속으로 나간다.)

• 해설 : 어떡하지요? 그것도 모르고 엄마양이 돌아왔어요.

(엄마양 나타난다.)

〈엄마양〉

(새끼양 7 시계 속에서 튀어 나온다.)

〈새끼양〉

• 엄마양 : 뭐라구! 큰일 났구나. 빨리 찾아보자.

(엄마양과 새끼양 7 집 밖으로 나온다. 이때 원숭이와 토끼가 나타난다.)

• 원숭이와 토끼 : 여기 늑대가 있어요. 쉿! 조용해요.

(엄마양 깜짝 놀라며 늑대가 있는 곳으로 간다.)

• 엄마양 : 이 놈의 늑대가 우리 양들을 모두 잡아먹었구나.
이를 어쩌지. 어떻게 하면 좋지.

(어쩔 줄 모르고 왔다 갔다 한다.)

• 새끼양 7 : 엄마, 저기 늑대 배 좀 봐요.

• 엄마양 : 옳지. 좋은 수가 있다. 막내야, 빨리 가위 좀 가져와.

• 새끼양 7 : 네.

(새끼양 7 뛰어가서 가위를 가져와서 엄마양에게 준다.)

(엄마양이 늑대 배를 자르자, 늑대 배에서 한 마리씩 새끼양들이 나온다. 원숭이와 토끼들이 박수치고 좋아하며 양들을 센다.)〈가위로 자르는 효과음〉

• 엄마양 : 우리 양들 모두 무사하구나.

• 토끼 : 정말 큰일 날 뻔했어요.

(다 같이 노래를 부른다.)

〈다 같이〉

〈엄마양〉

• 해설 : 일곱 마리 아기양과 엄마양은 행복하게 잘 살았답니다.

Chapter

5

동식물과 자연

음악감상하기

- 동물의 사육제
- 호박벌의 비행
- 피터와 늑대

노래부르기

- 개구리와 올챙이
- 참외밭에 삽살개
- 꼬꼬댁
- 나무

악기다루기

- 동물 모양 악기로 연주하기
- 깡통북

동작으로 표현하기

- 코끼리 걸음
- 공룡처럼 움직여 보기
- 여러 곤충이 되어 보세요
- 엄마닭(손유희)

통합적으로 표현하기(음악극)

- 브레멘 음악대

Part 02

활동 5-1 동물의 사육제

활동목표 ▶ • 바르게 감상하는 태도를 기른다.
• 음악을 듣고 느낌을 말로 표현해 본다.

생상

음악적 관련요소 ▶ • 장단, 고저, 리듬, 멜로디, 화성, 강약, 음색

교육과정 관련요소 ▶ • 예술경험 : 예술 감상하기 – 다양한 예술을 감상하며 상상하기를 즐긴다.
아름다움 찾아보기 – 예술적 요소에 관심을 갖고 찾아본다.

준비물 ▶ • 생상의 '동물의 사육제' 음악(총 14곡으로 이루어져 있으며, 영유아와 감상 시에는 한 번에 한두 곡 정도를 계획하면 적당하다), 악기 그림이나 사진 자료(피아노, 클라리넷, 바이올린, 비올라), 생상의 사진

활동방법 ▶ 1. 음악가 생상에 대한 이야기를 들려준다.
- 이 곡은 생상이라는 음악가가 작곡한 곡이란다. 동물의 모습을 재미있게 음악으로 표현한 곡인데 어떤 동물들이 생각나는지 잘 들어보자.

2. 음악을 들려준다.
3. 곡에 대한 소개를 한다.
- 제1곡 서주와 사자왕의 행진: 피아노와 현악합주로 연주되고 동물의 왕이라 불리는 사자가 위풍당당하게 걸어가는 모습을 표현하였단다.
- 제2곡 수탉과 암탉: 피아노와 현악기는 수탉을, 클라리넷은 암탉을 표현하고 있단다.
- 제3곡 당나귀: 2대의 피아노가 힘차게 질주하는 당나귀를 표현하고 있단다.

4. 음악을 다시 한 번 들려준다.
- 사자, 수탉, 암탉과 당나귀가 움직이는 모습을 상상하며 다시 한 번 이 곡을 들어 보자.

평가 ▶ • 음악을 들으니 어떤 느낌이 드니?

후속활동 ▶ • 음악을 들으며 동물들의 모습을 그림으로 표현해 보기

활동 5-2 호박벌의 비행

림스키 코르샤코프

활 동 목 표
- 바르게 감상하는 태도를 기른다.
- 음악을 감상한 느낌을 이야기해 본다.

음악적 관련요소
- 리듬, 멜로디, 화성, 변화

교육과정 관련요소
- 예술경험 : 예술 감상하기 – 다양한 예술을 감상하며 상상하기를 즐긴다.
  아름다움 찾아보기 – 예술적 요소에 관심을 갖고 찾아본다.

준 비 물
- 림스키 코르샤코프의 '호박벌의 비행' 음악, 악기 그림 또는 사진 자료(바이올린), 림스키 코르샤코프의 사진

활 동 방 법

1. '황제 술탄 이야기'를 들려주며 이야기를 나눈다.
   - 이 곡은 '황제 술탄 이야기'라는 동화를 오페라로 만든 곡 중의 일부란다. '황제 술탄 이야기'는 악마의 성에서 백조로 변한 가엾은 공주가 호박벌의 습격을 받고 고통을 당하고 있을 때 멋진 왕자가 백조를 구해주자 예쁜 공주로 변하여 왕자와 행복하게 살았다는 이야기란다.
2. 음악을 들려준다.
3. 음악의 제목과 작곡가를 소개한다.
   - 이 곡은 러시아의 작곡가 림스키 코르샤코프가 백조로 변한 공주 주위를 호박벌들이 윙윙거리며 공격하는 모습을 음악으로 표현한 '호박벌의 비행'이라는 곡이란다.
   - 음악을 다시 한 번 들려준다.
4. 벌들이 떼를 지어 윙윙거리며 머리 위를 나는 것을 상상하며 다시 한 번 이 곡을 들어보자.

평 가	• 음악을 들으니 어떤 느낌이 드니? • 벌들이 공격할 때 소리는 어떻게 표현된 것 같니?
후속활동	• 음악을 들으며 벌들이 하늘에서 날아다니는 모습을 표현해 보기

〈사진자료〉

〈바이올린〉

활동 5-3

피터와 늑대

활 동 목 표
- 등장인물의 특징을 표현해 주는 악기의 소리를 구별할 수 있다.
- 음악을 감상할 때 바른 태도를 갖는다.

음악적 관련요소
- 리듬, 멜로디, 고저

교육과정 관련요소
- 신체운동·건강 : 신체활동 즐기기 – 신체 움직임을 조절한다.
- 예술경험 : 예술 감상하기 – 다양한 예술을 감상하며 상상하기를 즐긴다.

준 비 물
- 프로코피에프의 '피터와 늑대' 음악, 융판동화로 꾸며진 피터와 늑대 자료, 악기 사진 또는 그림 자료(바이올린, 첼로, 비올라, 더블베이스, 오보에, 클라리넷, 플루트, 파곳, 호른, 팀파니)

활 동 방 법

1. 음악을 듣기 전 융판동화로 '피터와 늑대'를 들려준다.
2. '피터와 늑대'가 음악가 프로코피에프에 의해 음악동화로 꾸며졌음을 이야기해 준다.
3. 다시 들려주며, 새가 되어 움직여보게 한다.
4. 악기를 융판에 붙여가며 등장인물이 말을 하거나 움직일 때는 악기들이 대신 소리내는 것을 알게 한다.
   - 피터 – 바이올린, 첼로
   - 집오리 – 오보에
   - 고양이 – 클라리넷
   - 작은 새 – 플루트
   - 할아버지 – 파곳
   - 늑대 – 호른
   - 사냥꾼 – 팀파니
5. 곡의 해설 중 악기를 소개하는 부분을 들어본다.

6. 동화의 몇 가지 상황을 예로 들어 이런 경우에는 악기가 어떻게 소리를 낼지에 대하여 생각해 보게 한다.
   - 집오리가 야산으로 산책을 나갈 때(보통으로)
   - 고양이가 살금살금 다가올 때(작고 느리게)
   - 할아버지가 야단치실 때(크고 느리게)
   - 늑대가 나타날 때(크고 무겁게)
7. 곡을 감상한다. 교사가 중간중간에 해설을 들려준다.
8. 음악감상 후 느낌을 이야기해 본다.

평 가

- 음악을 들어보니 어떠니?
- 악기의 다양한 소리로 표현한 것을 알 수 있었니?

〈피터와 늑대〉

어느 이른 아침, 피터는 문을 열고 푸른 풀밭으로 나갔습니다. 커다란 나뭇가지 위에는 피터의 친구인 작은 새가 앉아 있었어요.

"온 세상이 조용해."

새가 유쾌하게 말했습니다. 바로 그때 오리가 어기적거리며 걸어왔습니다. 오리는 피터가 문을 잠그지 않은 것을 알고는 기뻐하며 숲에서 수영하기로 마음먹었어요. 오리를 보자 작은 새는 풀밭으로 내려앉아 오리 곁에 자리잡고는 이렇게 놀렸습니다.

"너는 무슨 새가 날지도 못하니?"

이 말에 오리는 "너는 무슨 새가 수영도 못하니?"라고 대꾸하면서 연못 속으로 풍덩 뛰어들었습니다. 갑자기 무엇인가 피터의 시선을 끄는 것이 있었어요. 피터는 고양이 한 마리가 풀밭을 지나 살금살금 다가오고 있는 것을 보았습니다. 고양이는 살금살금 새에게 다가갔습니다.

"조심해!"

피터가 소리치자 새는 재빨리 나무 위로 올라갔어요. 오리는 연못 한가운데서 고양이에게 화가 나 꽥꽥거렸습니다. 고양이는 나무 주위를 빙빙 돌아가며 생각했습니다.

"저렇게 높이 올라갈 필요가 있을까? 내가 저기로 올라가면 새는 저 멀리 날아가 버릴텐데."

그때 할아버지가 나오셨습니다. 할아버지는 피터가 풀밭으로 나가서 몹시 화가 나셨습니다.

"이곳은 위험한 곳이야. 늑대가 숲에서 나오면 어떻게 하려고 그러느냐?"

피터는 할아버지 말씀에 주의를 기울이지 않았습니다. 그러나 할아버지는 피터의 손을 이끌고

집으로 가서 문을 잠그셨습니다. 그 순간 숲에서 커다란 늑대 한 마리가 나왔습니다. 눈 깜짝할 사이에 고양이는 나무 위로 기어 올라갔습니다. 오리는 꽥꽥거리며 흥분하여 연못에서 뛰어나왔어요. 그러나 오리가 달아나기란 너무 어렵군요. 결국 오리는 늑대를 피할 수 없었습니다. 늑대는 점점 더 가까이……가까이…… 다가와 오리를 덮치고……. 그러고는 오리를 잡아서 꿀꺽 삼켜버렸습니다. 그동안 나뭇가지 위에는 새가 있었구요. 다만 고양이한테서 조금 멀리요. 이젠 늑대는 나무 주위를 어슬렁어슬렁 돌아다니며 욕심에 찬 눈으로 나무 위를 올려다보았습니다. 그러는 동안, 피터는 조금도 무서워하지 않고 닫힌 문 뒤에 서서 이 모든 일들을 지켜보았습니다. 피터는 집으로 뛰어 들어가 단단한 밧줄을 갖고 와서는 높은 돌담을 타고 올라갔어요. 늑대가 어슬렁거리며 나무 주위를 돌고 있었습니다. 나무의 가지 하나가 돌담 위까지 뻗어 있었습니다. 그 가지를 붙잡고 피터는 가볍게 나무 위로 기어 올라갔어요. 피터가 새에게 말했습니다.

"날아가서 늑대 머리 위를 빙빙 돌아, 단 늑대에게 잡히지 않도록 조심해야 해."

새가 늑대 머리에 날개가 거의 닿을 정도로 날아다니자, 늑대는 화가 나서 이리저리 날뛰었습니다. 새가 늑대를 한껏 약 오르게 했으니, 늑대는 새를 얼마나 붙잡고 싶겠어요. 그러나 새가 더 꾀가 많았기 때문에 늑대 뜻대로 그렇게 쉽게 되지는 않았지요. 그동안 피터는 올가미를 만들어 조심스럽게 내려뜨려서 ……. 늑대 꼬리를 집어넣고는 있는 힘을 다해 끌어당겼습니다. 자기가 잡힌 것을 알자 늑대는 빠져나가려고 거칠게 날뛰기 시작했지만 그럴수록 밧줄은 더 단단히 늑대의 꼬리를 동여맸지요. 바로 그때였어요. 사냥꾼들이 숲에서 나왔습니다. 늑대의 발자국을 따라 총을 탕탕 쏘고 있었어요. 피터는 나무에 앉아 말했습니다.

"쏘지 마세요! 우리가 늑대를 잡았어요. 이제 늑대를 동물원으로 데려가도록 저희를 도와주세요."

자, 과연 어떻게 되었을까요? 상상해 보세요. 당당한 승리의 행진을! 용감한 피터가 맨 앞에 섰죠. 그리고 사냥꾼들이 늑대를 들고 그를 따랐습니다. 행진을 끝맺은 것은 할아버지와 고양이였습니다.

"허 참, 그런데 피터가 늑대를 잡지 못했다면? 그럼 어떻게 되었을까?"

그들 위로 새가 즐겁게 지저귀며 따라다녔습니다.

"아! 피터와 나, 우리는 정말 무척이나 용감했어요! 우리가 잡은 것을 보라구요!"

이때 만일 누군가 조심스럽게 귀를 기울였다면 그 사람은 아마 늑대 뱃속에서 꽥꽥대는 오리의 소리를 들을 수 있었을 거예요. 왜냐하면 늑대는 너무 서둘렀기 때문에 오리를 산 채로 삼켜버렸거든요.

〈사진자료〉

〈플루트〉

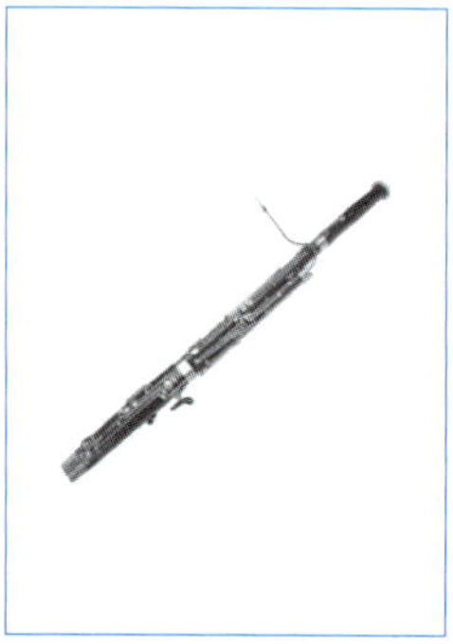

〈파곳〉

〈오보에〉

〈바이올린〉

〈비올라〉

〈첼로〉

〈호른〉

〈클라리넷〉

〈팀파니〉

〈더블베이스〉

활동 5-4 개구리와 올챙이

활 동 목 표

- 노래를 동작으로 표현할 수 있다.
- 올챙이의 모습을 창의적으로 표현할 수 있다.
- 노래를 리듬 있게 부를 수 있다.

음악적 관련요소

- 장단, 리듬, 멜로디

교육과정 관련요소

- 예술경험 : 창의적으로 표현하기 - 노래를 즐겨 부른다.
  - 신체나 도구를 활용하여 움직임과 춤으로 자유롭게 표현한다.

준 비 물

- 개구리의 한살이에 대한 그림카드, 노랫말 판

활 동 방 법

1. 올챙이의 특징에 대해 이야기를 나눈다.
   - 올챙이는 어떻게 생겼니?
   - 올챙이는 어떻게 움직이니?
   - 올챙이는 움직일 때 몸을 어떻게 흔드니?
2. 노래를 들려준다.
3. 다시 들려주면서 유아는 의태어 '꼬물꼬물', '팔딱팔딱' 부분만 따라 부르게 한다.
4. 모두 함께 노래 전제를 부른다.
5. 노래에 익숙해지면 동작을 만들어본다.

평 가

- 노래를 불러본 느낌이 어떠니?
- 올챙이가 어떻게 개구리가 되는지 알 수 있었니?
- 어떤 동작이 제일 재미있었니?

개구리와 올챙이

윤현진 작사·곡

〈그림자료〉

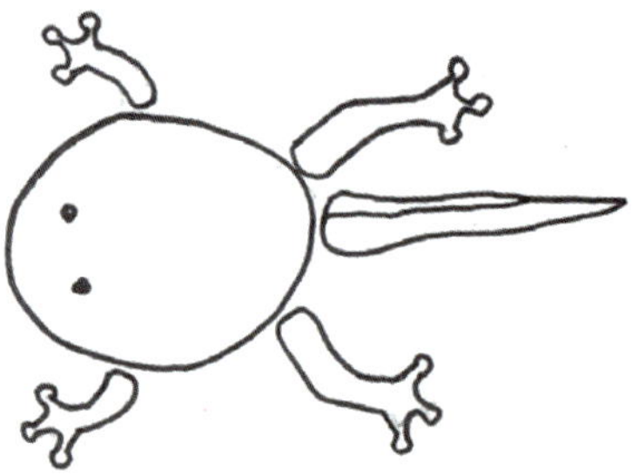

1. 올챙이와 다리, 꼬리를 따로따로 그린다.

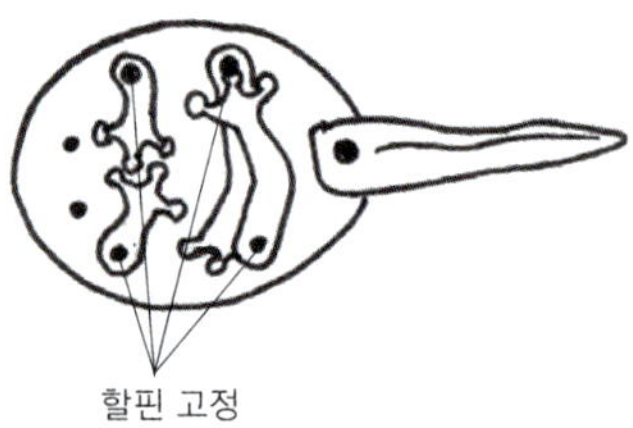

2. 할핀으로 고정시킨다.

3. 뒤집으면 개구리가 된다.

활동 5-5 참외밭에 삽살개

Chapter 05

활 동 목 표 ▶
- 전래동요를 즐겨 부른다.
- 우리나라 토종동물(삽살개)에 대해 관심을 가진다.

음악적 관련요소 ▶
- 장단, 고저, 리듬(악센트), 멜로디, 화성

교육과정 관련요소 ▶
- 예술경험 : 창의적으로 표현하기 - 노래를 즐겨 부른다.
  예술 감상하기 - 우리나라 전통 예술에 관심을 갖고 친숙해진다.

준 비 물 ▶
- 노랫말의 기억을 도울 수 있는 그림자료, 소고(또는 리듬막대), 막대인형

활 동 방 법 ▶

1. 우리나라에서 주로 사는 동물에 대해 이야기 나눈다(삽살개, 진돗개 등).
2. 막대인형을 움직이며 노랫말을 들려준다.
   - 이야기를 듣고 나니 어떤 생각이 드니?
   - 참외밭에는 왜 갔니?
   - 참외밭에서 삽살개는 왜 넘어졌니?, 넘어져서 어떻게 되었니?
   - 삽살개를 어떻게 달래주었니?
3. 노래를 들려준다.
4. 한 가지 소리로 불러보며 곡조를 익힌다.
5. 의성어, 의태어 부분은 유아가, 나머지 부분은 교사가 불러보고 바꾸어서도 불러본다.
6. 모두 함께 처음부터 끝까지 노래를 불러본다.
7. 노래에 익숙해지면 '깽깽' 부분은 소고 또는 리듬막대를 치면서 부른다.
8. 되돌이표 부분은 팀을 나누어 주고받는 식으로 불러보고, 마지막 '깽깽' 부분의 악센트를 강조해서 불러본다.

평 가 ▶
- 노랫말 중 어떤 부분이 제일 재미있었니?
- 소고나 리듬막대를 치면서 노래를 불러본 느낌이 어떠니?
- '깽깽' 부분에 악센트를 주어 강하게 부르니까 어떻게 다르니?

참외밭에 삽살개

재미있게

박범훈 작곡

활동 5-6

꼬꼬댁

활 동 목 표
- 즐겁게 노래를 부른다.
- 병아리가 되는 과정을 알 수 있다.
- 노래를 손동작으로 표현할 수 있다.

음악적 관련요소
- 고저, 장단, 리듬, 멜로디

교육과정 관련요소
- 예술경험 : 창의적으로 표현하기 - 노래를 즐겨 부른다.
  - 신체나 도구를 활용하여 움직임과 춤으로 자유롭게 표현한다.

준 비 물
- 움직이는 그림자료, 노랫말 판

활 동 방 법
1. 그림자료를 이용해 병아리에 대해 이야기를 나눈다.
   - 병아리를 본 적 있니?
   - 병아리는 어떻게 생기는 걸까?
2. 노래를 들려준다.
3. 한 가지 소리로 불러보며 곡조를 익힌다.
4. 가사를 넣어서 부른다.
5. 노래에 익숙해지면 손유희로 만들어 본다.

평 가
- 노래를 불러보니 어떤 부분이 제일 재미있니?
- 병아리가 어떻게 태어났는지 알 수 있겠니?
- 어떤 손동작이 제일 재미있었니?

꼬꼬댁

김신자 작사 · 곡

〈그림자료〉

활동 5-7

나무

활 동 목 표
- 자연의 소중함을 안다.
- 자연 환경을 보호하고 잘 가꾸는 태도를 기른다.

음악적 관련요소
- 리듬, 멜로디

교육과정 관련요소
- 예술경험 : 창의적으로 표현하기 - 노래를 즐겨 부른다.

준 비 물
- 노랫말 판, 융판자료(나무, 유아, 꽃, 나뭇잎, 열매, 나뭇가지에 붙인 눈뭉치), 융판, '나무' 음악

활 동 방 법

1. 융판자료를 가지고 노랫말과 관련된 간단한 이야기를 들려준다.
   - 옛날 어느 마을에 봄이면 예쁜 꽃을 피우고 여름엔 무성한 그늘을 만들어주고 가을에 맛있는 열매를 맺고 겨울엔 눈 쌓인 멋진 모습을 보여주는 나무가 한 그루 있었어요. 나무는 날마다 그 자리에 서 있었기 때문에 다리가 너무너무 아파서 눈물이 날 지경이었어요. 그때 나무 밑을 지나던 아이가 나무의 우는 모습을 보았어요. 아이는 나무를 위로해 줄 방법을 찾다가 노래 한 곡을 불러주기로 했어요. "나무야! 내 노래를 들어 봐."
2. 교사는 노래를 들려준다.
3. 교사는 유아와 함께 노래를 부른다.
4. 다함께 반복해서 불러본다.
5. '누워서 자거라' 부분의 노랫말을 바꾸어 불러본다.

평 가
- 항상 서 있는 나무에게 우리는 무슨 말로 위로해 줄 수 있을까?

나 무

강소천 작사
나운영 작곡

활동 5-8 동물 모양 악기로 연주하기

활 동 목 표 ▸ • 악기를 이용한 음악적 표현을 즐긴다.
• 소리의 차이를 구별한다.

음악적 관련요소 ▸ • 장단, 리듬, 멜로디, 악센트

교육과정 관련요소 ▸ • 예술경험 : 창의적으로 표현하기 – 신체, 사물, 악기로 간단한 소리와 리듬을 만들어 본다.

준 비 물 ▸ • 폐품을 이용하여 만든 동물모양 악기, 그림악보

〈악기 만드는 법〉

• 거북이 귀로: 부직포로 거북이 모양을 만들고 냄비받침을 등에 붙인다.
• 깡통 귀로: 음료수 캔을 색지로 싸서 구두상자 안에 넣는다. 실로폰 채로 긁어서 소리를 낸다.
• 나팔: 페트병의 윗부분을 잘라 플라스틱 막대에 연결하여 꾸민다. 채로 매달아 누느리기도 하고 붙어서 소리를 내기도 한다.
• 방울 마라카스: 일회용 플라스틱 용기에 작은 새처럼 꾸미고 방울을 달아 기둥에 묶은 후 흔들어 소리를 낸다.

활 동 방 법 ▸

1. 준비된 악기들을 소개한다.
   - 어떤 악기들이 있니? 어떻게 소리를 내는 걸까?
2. 악기를 두드리거나 흔들어 소리를 내어보고 어떤 소리가 나는지 어떻게 다른지 이야기해 본다.
3. '작은 동물원' 노래를 불러본다.
4. 노래를 부르며 악기를 마음대로 연주해 본다.
5. 그림악보에 있는 대로 연주해 본다.

평 가

- 노래를 부르며 그림악보에 있는 대로 연주해 보니 어떤 느낌이 드니?
- 가장 재미있었던 부분은 어디였니?

작은 동물원

김성균 작사 · 곡

〈악기사진〉

활동 5-9	깡통북

활동목표 ▶
- 다양한 소리를 듣고 주변의 물건으로 소리를 만들어본다.
- 악기를 이용한 놀이를 즐긴다.

음악적 관련요소 ▶
- 장단, 리듬, 멜로디

교육과정 관련요소 ▶
- 예술경험 : 아름다움 찾아보기 - 예술적 요소에 관심을 갖고 찾아본다.
  창의적으로 표현하기 - 신체, 사물, 악기로 간단한 소리와 리듬을 만들어 본다.

준비물 ▶
- 깡통북, 북채(작은 북채)

활동방법 ▶

1. 여러 종류의 크기가 다른 북을 소개한다.
   - 깡통의 윗면에 각각 기름종이, 풍선, 하드보드지, 함석판을 붙였단다.
2. 북을 두드려보고 소리가 어떻게 다른지 이야기한다.
   - 소리가 다 같았니?, 어떻게 들리니?
   - 어떻게 다르니?
3. '어느날' 노래를 불러본다.
4. '어느날' 노래를 부르며 북을 연주해 본다.

평가 ▶
- 노래만 부를 때와 북을 치며 노래를 부를 때 어떻게 다르니?
- 다른 어떤 악기들과 함께 연주해 볼 수 있을까?
- 두드려서 소리를 낼 수 있는 다른 물건들은 어떤 것이 있을까?

어느 날

김성균 작사 · 곡

〈악기사진〉

활동 5-10

코끼리 걸음

활 동 목 표 ▶ • 코끼리의 걷는 모습을 다양하게 표현할 수 있다.

음악적 관련요소 ▶ • 고저, 멜로디, 리듬, 강약, 변화

교육과정 관련요소 ▶ • 신체운동·건강 : 신체활동 즐기기 – 신체를 인식하고 움직인다.
– 신체 움직임을 조절한다.

• 예술경험 : 창의적으로 표현하기 – 신체나 도구를 활용하여 움직임과 춤으로 자유롭게 표현한다.

준 비 물 ▶ • 코끼리에 관한 책이나 사진, '아기코끼리 걸음마' 음악

활 동 방 법 ▶

1. 음악을 들려준다.
2. 코끼리와 관련된 자신들의 경험을 이야기해 본다.
   - 코끼리를 본 적이 있니?
   - 코끼리는 어떻게 생겼니?
   - 코끼리는 무엇을 먹고 살까?(나무열매나 풀잎, 나무 껍질, 나뭇잎, 나뭇가지 등)
   - 먹이는 어떻게 먹을까?(코로 따서 먹는다.)
   - 아기코끼리는 언제부터 걸을 수 있을까?(태어나서 두 밤만 자고 나면 걸을 수 있다.)
3. '아기코끼리 걸음마' 음악을 배경음악으로 틀어놓고 다음과 같은 이야기를 들려 준다.
   - 코끼리는 아주 천천히 움직이는 동물이에요. 코끼리는 몸이 크고 뚱뚱하기 때문에 빨리 걷는 것을 좋아하지 않아요. 그러나 호랑이가 쫓아온다거나 사냥꾼들이 괴롭힐 때는 밀림 속이 쿵쿵 울리도록 큰 소리를 내면서 뛰어간답니다.
4. 음악에 맞추어 코끼리처럼 천천히 움직여보도록 한다.
5. 코끼리의 몸을 3명 또는 그 이상의 유아가 한 조가 되어 표현해 본다.

평 가 ▶

• 코끼리의 걷는 모습을 표현할 수 있었니?
• 코끼리가 되어본 느낌은 어떠니?
• 혼자 했을 때와 여러 명이 같이 했을 때의 느낌은 어떠니?

활동 5-11

공룡처럼 움직여 보기

활동목표 ▶ • 여러 가지 다양한 공룡의 특징을 안다.
• 공룡의 움직임을 창의적인 동작으로 표현할 수 있다.

음악적 관련요소 ▶ • 리듬, 멜로디, 강약, 악센트, 변화

교육과정 관련요소 ▶ • 신체운동·건강 : 신체활동 즐기기 - 신체를 인식하고 움직인다.
- 신체 움직임을 조절한다.
• 예술경험 : 창의적으로 표현하기 - 신체나 도구를 활용하여 움직임과 춤으로 자유롭게 표현한다.

준비물 ▶ • 여러 종류의 공룡그림, 각종 공룡에 관한 책과 비디오, '워싱턴포스트' 음악

활동방법 ▶

1. 공룡의 그림을 보면서, 공룡의 특징을 간단하게 이야기해 본다.
   - 머리에 세 개의 뿔이 있는 공룡은 무엇일까?(트리케라톱스)
   - 목이 가장 긴 초식공룡은 무엇일까?(브라키오사우루스)
   - 몸집이 닭만한 크기의 가장 작은 공룡은 무엇일까?(콤프소그나투스)
   - 뒷발에 비해 앞발이 짧은 공룡은 무엇일까?(티라노사우루스, 데이노니쿠스)
2. 공룡의 특징과 관련되는 상황을 짧은 이야기로 들으면서 공룡의 움직임을 표현해 본다.
   - 나는 뿔을 가진 트리케라톱스예요. 어디 한번 움직여 볼까요?
   - 나는 목이 긴 브라키오사우루스예요. 저 나뭇잎 참 맛있겠네요.
   - 나는 몸집이 작은 콤프소그나투스예요. 빨리 달려보세요.
   - 나는 앞발이 짧은 티라노사우루스예요. 나한테 덤비기만 하면 모두 도망가지요.
3. 여러 명의 유아들이 공룡의 모습을 표현해 본다.
4. 음악을 들으면서 공룡의 모습을 표현해 본다.

평가 ▶ • 어떤 공룡을 표현해 보았니?
• 공룡이 무엇을 하는 모습을 표현했니?

〈그림자료〉

콤프소그나투스

몸집이 닭만한 크기의
가장 작은 공룡

데이노니쿠스

뒷발에 비해 앞발이 짧은
공룡, 육식공룡

트리케라톱스

머리에 세 개의 뿔이 있고,
장식이 있는 공룡, 초식공룡

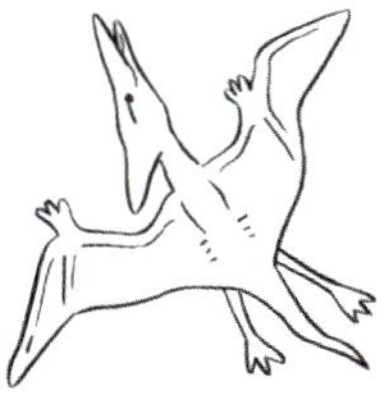

프테라노돈

날아다니고, 물고기를
먹는 공룡

브라키오사우르스

목이 가장 긴 초식공룡

티라노사우르스

뒷발에 비해 앞발이 매우
짧은 공룡, 육식공룡

활동 5-12 여러 곤충이 되어 보세요

활동목표
- 곤충의 특징을 알 수 있다.
- 다양한 곤충의 모습을 창의적으로 표현한다.

음악적 관련요소
- 장단, 리듬, 강약, 고저, 악센트, 변화

교육과정 관련요소
- 신체운동·건강: 신체활동 즐기기 – 신체를 인식하고 움직인다.
  – 신체 움직임을 조절한다.
- 예술경험: 창의적으로 표현하기 – 신체나 도구를 활용하여 움직임과 춤으로 자유롭게 표현한다.

준비물
- 곤충의 특성을 나타낸 머리띠, 날개, '빠르게–느리게–빠르게 순서로 편집 녹음한' 음악

활동방법

1. 유아들이 알고 있는 곤충에 대해 이야기를 나눈다.
   – 나비, 벌, 메뚜기, 사마귀, 개미
2. 곤충의 움직이는 특징을 유아 한 명씩 나와서 해보도록 한다.
3. 음악을 들려준다.
   – 곡의 분위기가 바뀌는 곳에 주의를 기울일 수 있도록 지도한다.
4. 각자 되어 보고 싶은 곤충을 정하고 머리띠와 날개를 단다.
5. 다시 음악을 들으며 곤충이 되어 움직여보도록 한다.
   – 이때 곤충의 특징과 곡의 분위기에 주의를 기울일 수 있도록 언어적인 안내를 한다.

평가
- 곤충이 되어 움직여 본 느낌은 어떠니?
- 재미있게 표현한 친구는 누구니?
- 어떤 점이 재미있었니?

활동 5-13

엄마닭(손유희)

활동목표 ▸ • 내용에 맞는 손동작을 표현할 수 있다.
• 손, 팔, 머리, 상체의 근육을 유연하게 움직일 수 있다.

음악적 관련요소 ▸ • 강약, 장단

교육과정 관련요소 ▸ • 신체운동·건강 : 신체활동 즐기기 – 신체 움직임을 조절한다.
• 예술경험 : 창의적으로 표현하기 – 신체나 도구를 활용하여 움직임과 춤으로 자유롭게 표현한다.

〈내 용〉

엄마 닭이/ 배가 몹시 아프더니/ 조그만 알을 하나 낳았어요/
눈도/ 없다/ 꼬꼬댁/ 코도 없다/ 꼬꼬댁/ 입도 없다/ 꼬꼬댁/
옆에 있던 아빠 닭이/ 괜찮다/ 열 개만 낳아라/
한 밤 자고 / 한 알 낳고 / 또 한 밤 자고 / 한 알 낳고 / 열 개를 낳았습니다/
엄마 닭은/ 알을 품고/ 스무 밤을/ 자고 나니/ 조그마한 알 속에서/ 예쁜 병아리가/
삐약삐약하고 나왔어요/
아빠 닭은/ 쥐가 오나 고양이가 오나/ 지키고 있었어요/
엄마 닭은/ 안아도 주고 업어도 주고/ 재미있게 살았대요/

엄마 닭이	배가 몹시 아프더니	조그만 알을 하나 낳았어요	눈도

검지손가락을 세워 엄마 닭을 표현한다.	양손을 배에 대고 옆으로 쓰다듬는다.	한 손은 검지와 엄지 손가락으로 알을 나타내고, 다른 손은 검지를 세워 하나를 표현한다	양손으로 눈을 가린다.

없다	꼬꼬댁 (삐약삐약)	옆에 있던 아빠 닭이	괜찮다

한 손은 팔꿈치에 대고 다른 손은 세워서 좌우로 흔든다.	양손을 펴고 입에 대고, 짹짹거리는 것처럼 움직인다.	엄지손가락을 세워서 아빠 닭을 표현한다.	한 손은 팔꿈치에 대고 다른 손으로 크게 옆으로 두어 번 젓는다.

열 개만 낳아라 (스무 밤을)	자고 나니	알을 품고	예쁜 병아리가

양손을 편 후 손가락을 접으면서 수를 센다.	양손을 포개고 볼 옆에 가만히 댄 후 눈을 감는다.	양팔을 크게 배에 겹쳐 잡는다.	양손을 활짝 펴서 턱 밑에 댄다.

쥐가 오나 고양이가 오나	지키고 있었어요	안아도 주고 업어도 주고	재미있게 살았대요

한 손은 이마에 대고 다른 손은 허리에 얹고서 망을 보는 것처럼 한다. 한 번씩 번갈아가면서 두 번 표현한다.	양손의 엄지와 검지 손가락을 둥굴게 하여 눈에 갖다 댄다.	안아주고, 업어주는 표현을 한다.	양손을 높이 들고 빙빙 돌린다.

활동 5-14 브레멘 음악대(음악극)

활 동 목 표
- 음악극에 나오는 다양한 동물들을 노래와 동작으로 표현해 본다.
- 음악극에 나오는 악기를 다루어 볼 수 있다.

음악적 관련요소
- 리듬, 멜로디

교육과정 관련요소
- 예술경험 : 창의적으로 표현하기 - 노래를 즐겨 부른다.
  - 신체, 사물, 악기로 간단한 소리와 리듬을 만들어 본다.
  - 신체나 도구를 활용하여 움직임과 춤으로 자유롭게 표현한다.
  - 다양한 미술 재료와 도구로 자신의 생각과 느낌을 표현한다.
  - 극놀이로 경험이나 이야기를 표현한다.

준 비 물
- 음악극 악보, 녹음CD, 등장인물 의상 및 소품(개, 닭, 말, 주인, 도깨비), CD플레이어

활 동 방 법

1. 동화를 들려주고 음악극을 계획한다.
2. 음악극 노래를 배운다.
   - 동물들의 특성에 맞게 노래를 배운다.
   - 동화들의 특성에 맞게 노래를 부른다.
   - 동화의 장면에 맞게 노래를 부른다
3. 음악극 노래에 맞추어 동작을 만들어본다.
   - 동물들의 특성에 맞게 동작을 만든다.
   - 동화의 장면과 상황에 맞게 동작을 만든다.
4. 음악극에 맞추어 악기로 연주해 본다.
   - 동물과 악기를 연결하여 노래에 맞추어 연주해 본다.
5. 의상 및 소품을 만든다.
   - 동물들의 특성을 생각하여 의상을 만든다.
6. 역할(등장인물과 스탭으로)을 나누어 공연한다.
   - 동물을 모두 몇 명이 할 것인지, 도깨비는 몇 명이 할 것인지를 정한다.

	7. 역할을 바꾸어 공연한다.
평　　가	•「브레멘 음악대」 음악극을 해보니 어땠니? • 음악극을 하면서 어려웠던 점은 무엇이니?

브레멘 음악대

(무대 중앙에는 숲속 풍경이 있고, 왼편에 오두막집이 한 채 있다.)

- 해　설 : 나른한 어느 봄날입니다. 당나귀가 커다란 짐을 등에 지고 걸어오고 있습니다. (당나귀와 주인 등장)
- 당나귀 : (한탄하며) 나는 이제 일이 너무 힘들어.
- 주　인 : 어서 이 짐을 싣고 가자.
- 당나귀 : 네. (어슬렁어슬렁 걷는다.)
- 주　인 : 이놈의 당나귀 늙어서 일도 못하는데 팔아버릴까!
- 당나귀 : 죄송해요, 주인님!
- 주　인 : 가죽을 벗겨 팔면 돈이라도 벌지.
- 당나귀 : (슬프고 애처롭게) 주인님 열심히 할게요.

〈주인〉

〈당나귀〉

• 주 인 : 나귀야, 이리 와서 빨리 일하지 못해?

• 당나귀 : 네. 알았어요.

(주인은 퇴장한다.)

〈효괴음악〉

(당나귀는 음악에 맞추어 춤을 춘다.)

〈효과음악〉

(멍멍이 음악에 맞추어 춤추며 등장해 담장 옆에 기대앉는다.)

• 당나귀 : 너는 왜 그렇게 힘이 없니?

• 멍멍이 : 도둑을 못 지켜서 쫓겨났어.

〈멍멍이〉

- 당나귀 : 그럼, 나와 같이 떠나자.
- 멍멍이 : 정말? 고마워!

〈효과음악〉

(당나귀와 멍멍이 뒤쪽으로 물러난다.)

〈효과음악〉

(고양이 춤을 추며 등장한다. 지나가는 닭을 쫓기 시작한다.)

- 꼬꼬닭 : (고양이에게 쫓기며) 꼬꼬댁, 꼬꼬댁, 꼬꼬

(한 바퀴 돌고 꼬꼬닭은 퇴장한다.)

- 주　인 : 네 이놈, 쥐도 못 잡는 것이 꼬꼬닭을 탐내?

〈주인〉

〈고양이〉

(당나귀와 멍멍이 앞으로 나오며)

- 당나귀 : 야옹아 여기서 뭐하니?
- 멍멍이 : 너도 우리처럼 쫓겨났구나!
- 고양이 : 응, 우리 주인이 이제 난 필요가 없대.

〈당나귀, 멍멍이〉

〈고양이〉

- 당나귀, 멍멍이 : 물론이지 우리는 친구야.
- 고양이 : 그래, 고마워. (꼬꼬닭 춤추며 등장한다.)

〈효과음악〉

- 주　인 : (춤추는 닭을 쳐다보며) 너는 춤은 잘 추면서 꼬끼오 소리도 못 내? (빗자루를 휘두른다.)

〈꼬꼬닭〉

• 당나귀, 멍멍이, 고양이 : 꼬꼬야 왜 그렇게 힘이 없니?

〈꼬꼬닭〉

• 당나귀 : 그래? 너무 슬퍼하지마.
• 멍멍이 : 우리하고 친구하면 되잖아.

〈고양이〉

• 꼬꼬닭 : 정말? 고마워.
• 고양이 : 우리 음악대를 만들자.
• 다 함께 : 좋아 좋아.
• 멍멍이 : 그럼 잘하는 악기를 말해봐.
• 당나귀 : 난 힘센 다리로, 드럼을 치고 싶어.
• 다 함께 : 그래, 그래.

- 멍멍이 : 나는 목소리가 크니까 피리를 불게.
- 다 함께 : 좋아, 좋아.
- 고양이 : 나는 발톱으로 기타를 칠래.
- 다 함께 : 그거 참 멋지겠다.
- 꼬꼬닭 : 난 목소리가 예쁘니까 나팔을 불게.

〈모두 함께〉

〈당나귀〉

〈멍멍이〉

〈고양이〉

〈꼬꼬닭〉

• 다 함께 : 우리는 멋진 음악대.

(음악에 맞추어 한 바퀴 돈다.)

• 멍멍이 : 날씨가 점점 어두워진다. 어떡하지?

• 꼬꼬닭 : 우리 어디서 자?

• 고양이 : 어, 저기 봐! 오두막집이다.

• 다 함께 : 그래, 그래, 빨리 가보자.

〈효과음악〉

(모두 오두막으로 향한다.)

〈효과음악〉

(도깨비들이 방망이를 들고 등장한다.)

〈도깨비들〉

- 해　설 : 오두막에서 도깨비들이 음식을 먹으면서 음악에 맞추어 노래하고 춤춘다.
- 도깨비 1 : 우리는 심술꾸러기 도깨비다. 히히히…….
- 도깨비 2 : 이 방망이만 있으면 뭐든지 할 수 있지 . 히히히…….
- 도깨비 3 : 내일은 앞동네에 가서 보석을 훔쳐오자.

〈효과음〉

(도깨비들 시끌시끌 왁자지껄 음식을 먹는다. 당나귀, 멍멍이, 고양이, 꼬꼬닭이 오두막을 엿본다.)

- 고양이 : 와! 무서운 도깨비다.
- 멍멍이 : 나쁜 짓을 하려나 봐.
- 당나귀 : (박수를 치며) 맞아 맞아.
- 꼬꼬닭 : 우리들이 힘을 모아 혼내주자.
- 멍멍이 : 어떻게?
- 다 함께 : 어떻게 혼내줄까?
- 고양이 : (천천히) 옳지. 좋은 생각이 났어. 각자 큰 소리를 치며 확 덤벼드는 거야.
- 다 함께 : 그래, 그래, 준비. 하나, 둘, 셋, 히히잉, 꼬끼오, 멍멍, 야-옹, 와. (효과음)
- 도깨비들 : 와, 귀신이다. 아니야, 괴물이야.

(도깨비들이 놀라서 오두막집 밖으로 뛰어나온다.)

〈도깨비들〉

〈다 함께〉

• 다 함께 : 와 신난다. 하하하!
• 당나귀 : 이것 좀 봐.
• 멍멍이 : 맛있겠다. 빨리 먹자.
• 고양이 : 야, 맛있다. 그치?
• 꼬꼬닭 : 그래, 그래.
• 고양이 : 너희들은 도깨비들을 어떻게 혼내줬니?
• 당나귀 : 난 도깨비 엉덩이를 발로 뻥 찼어.
• 멍멍이 : 나는 다리를 꽉 물었어.
• 고양이 : 나는 얼굴을 확 할퀴었지.
• 꼬꼬닭 : 나는 머리를 꼭꼭 쪼았지.
• 다 함께 : (함께 신나게 웃는다.) 하하하!

〈모두 함께〉

〈음악 삽입〉
(모두 나와서 인사하고 들어간다.)

Chapter 6

환경과 생활

음악감상하기

- 빗방울 전주곡
- 아름답고 푸른 도나우강
- 가자 가자 감나무

노래부르기

- 누가 누가 더 푸른가
- 크고 큰 우주, 작고 작은 우리

악기다루기

- 천둥치는 날
- 우주악기 연주하기
- 우주의 소리

동작으로 표현하기

- 바닷속 생물
- 바람이 불어요
- 비오는 날의 춤
- 우주선(손유희)

통합적으로 표현하기(음악극)

- 털보아저씨

활동 6-1 빗방울 전주곡

쇼팽

활동목표
- 바르게 감상하는 태도를 기른다.
- 음악을 감상한 느낌을 이야기하는 경험을 가진다.

음악적 관련요소
- 셈여림, 리듬, 강약, 악센트, 화성

교육과정 관련요소
- 예술경험 : 아름다움 찾아보기 – 자연과 생활에서 아름다움을 느끼고 즐긴다.
  예술 감상하기 – 다양한 예술을 감상하며 상상하기를 즐긴다.

준비물
- 쇼팽의 '빗방울 전주곡' 음악, 쇼팽의 사진

활동방법

1. '빗방울' 노래를 부르면서 유아들의 주의를 집중시킨 후 이야기한다.
   - 빗방울이 떨어지는 걸 본 적이 있니?
   - 빗방울이 떨어지는 것을 보면 어떤 느낌이 드니?
   - 그 느낌을 음악으로 표현할 수 있을까?
2. 음악을 들려준다.
3. 음악의 제목과 작곡가를 소개한다.
   - 오늘 감상할 곡은 쇼팽이라는 폴란드 작곡가가 조용히 떨어지는 빗방울 소리를 듣고 작곡한 '빗방울 전주곡'이란다.
4. 다시 들려준다.
   - 빗방울이 조용히 떨어지는 모습을 생각하며 이 곡을 들어보자.

평가
- 음악을 들으니 어떤 느낌이 드니?

후속활동
- 음악을 들으며 비오는 날의 느낌을 그림으로 표현해 보기

빗방울

원치호 작사
권길상 작곡

활동 6-2

아름답고 푸른 도나우강

활 동 목 표 ▶ • 음악을 듣거나 춤을 통해서도 즐거움을 느낄 수 있다는 것을 안다.
• 정서적 안정감과 심미감을 기른다.

요한 스트라우스 2세

음악적 관련요소 ▶ • 리듬, 멜로디, 화성

교육과정 관련요소 ▶ • 신체운동 · 건강 : 신체 활동 즐기기 – 신체 움직임을 조절한다.
• 예술경험 : 아름다움 찾아보기 – 자연과 생활에서 아름다움을 느끼고 즐긴다.
창의적으로 표현하기 – 신체나 도구를 활용하여 움직임과 춤으로 자유롭게 표현한다.

준 비 물 ▶ • 요한 스트라우스 2세의 '아름답고 푸른 도나우강' 음악, 리본막대(리본끈 1m 정도), 요한 스트라우스 2세의 사진, 악기사진 또는 그림자료(호른), 관현악 연주 사진

활 동 방 법 ▶ 1. 곡에 대한 소개를 한다.
- 이 곡은 요한 스트라우스 2세가 오스트리아를 가로질러 흐르는 도나우강의 아름답고 웅장한 모습을 음악으로 표현한 '아름답고 푸른 도나우강'이란다.

2. 음악을 들려준다.
- 음악을 들어보니까 어떤 느낌이 드니?

3. 다시 한 번 음악을 들려주고 느낌대로 리본막대를 움직여 보게 한다.

* **관현악**

관현악이란 여러 가지 악기로 이루어진 합주체(合奏體)를 의미하며, 가장 대표적인 형태는 근대의 교향관현악(symphony orchestra)으로서 관 · 현 · 타악기를 포함한 60~120명의 주자로 이루어지며 지휘자의 통제 아래 연주된다. 특수한 것으로는 15~30명 정도의 실내관현악단(chamber orchestra), 현학기만으로 이루어진 현악 오케스트라(string orchestra) 등도 있다.

〈사진자료〉

〈관현악 연주〉

〈호른〉

활동 6-3

가자 가자 감나무

활 동 목 표
- 여러 종류의 나무가 있음을 안다.
- 전래동요에 관심을 가진다.

음악적 관련요소
- 리듬, 음색

교육과정 관련요소
- 예술경험 : 아름다움 찾아보기 – 자연과 생활에서 아름다움을 느끼고 즐긴다.
  예술 감상하기 – 우리나라 전통 예술에 관심을 갖고 친숙해진다.

준 비 물
- 노랫말 판

활 동 방 법

1. 동요를 읊어준다.
2. 동요의 내용에 대해 이야기를 나눈다.
   - 무엇에 대한 동요일까?
   - 동요에 나오는 나무 이름을 들어본 적이 있니?
3. 동요를 다시 읊어준다.
4. 예전부터 전해 내려오는 우리나라의 전래동요임을 이야기한다.
5. 영유아들을 참여시켜 읊어본다.
   - 앞부분은 선생님이 읊고 나무가 나오는 부분은 친구들이 읊어보자.
6. 다시 한 번 함께 읊으며 감상해 본다.

평 가
- 동요에서 어떤 나무들이 나왔니?
- 사람들은 모두 모습과 이름이 서로 다른데 나무는 어떨까?

〈노랫말 판〉

가자 가자 감나무

전래 동요

가자 가자 감나무
오자 오자 옻나무
십리 절반 오리나무
따끔따끔 가시나무
칼로 찔러 피나무
입맞춘다 쪽나무
방귀 뿡뿡 뽕나무
늙었구나 느릅나무
시름시름 시무나무
솔솔 바람 소나무
가다 보니 가닥나무
오다 보니 오동나무
귀신 쫓는 복숭아나무
살살 녹는 살구나무
덜덜 추워 사시나무
말라빠진 살대나무
깔고 앉아 구기자나무
마당 쓸어 싸리나무

출처: 교육부(2000). 유치원교육활동 지도자료7. 「지구와 환경」.

활동 6-4 누가 누가 더 푸른가

활 동 목 표 ▶
- 환경보호에 대하여 관심을 가진다.
- 요들송에 대해 흥미를 가진다.

음악적 관련요소 ▶
- 리듬, 셈여림, 멜로디

교육과정 관련요소 ▶
- 예술경험 : 창의적으로 표현하기 - 노래를 즐겨 부른다.

준 비 물 ▶
- 노랫말 판, '누가 누가 더 푸른가' 음악, 그림자료(푸른 산 풍경)

활 동 방 법 ▶

1. 그림자료를 가지고 이야기를 나눈다.
   - 여기가 어디일까? 이런 곳에 가본 적이 있니? 무엇을 보았니?
2. 노래를 들려준다.
3. 한 가지 소리로 불러보며 곡조를 익힌다.
4. 다함께 불러본다.
5. '하나 둘 셋 넷(×|)' 부분을 손뼉치거나 발을 구르면서 부른다.
6. '요로레이' 부분을 강조해서 부른다.
   - 이 노래에는 재미있는 노랫말이 들어있어. 어떤 말인지 알겠니? 요로레이.
   - 이런 노랫말이 나오는 노래를 들어본 적이 있니?
   - 이런 노래를 요들송이라고 해.

평 가 ▶
- 노래를 불러보니 어떤 느낌이었니?

요들(Yodel) 송

요들송은 스위스 알프스 지방, 오스트리아의 티롤지방에 사는 주민들 사이에서 불리는 독특한 창법의 노래이다. 주로 목동들이 가축을 모을 때나 산악지방의 마을과 마을을 잇는 통신수단으로 활용되었다. 독창과 중창이 있고, 18세기 후반부터 가사가 붙은 요들이 작곡되었다.

누가 누가 더 푸른가

출처: 교육부(1995). 유치원 교육 활동 지도 자료 7. 「환경 · 지구와 우주」.

활동 6-5

크고 큰 우주, 작고 작은 우리

활동목표
- 우리가 살고 있는 곳에 관심을 가진다.
- 노래부르는 것을 즐긴다.

음악적 관련요소
- 리듬, 멜로디

교육과정 관련요소
- 예술경험 : 창의적으로 표현하기 - 노래를 즐겨 부른다.

준비물
- 노랫말 판, 융판자료, 융판

활동방법

1. 융판자료를 보면서 이야기를 나눈다.
   - 무슨 그림일까?
   - 우주에 있는 많은 별들 중에서 우리가 사는 곳은 무엇이라고 부를까?
   - 우리나라의 이름은 무엇일까?
2. 노래를 들려준다.
3. 교사와 함께 노래를 부른다.
4. 노랫말을 바꾸어 노래를 불러본다.
   - '우주'를 우리, 유치원, 서울, 한국, 지구, 우주로 넓혀갈 수 있다.

평가
- 노래부르기가 즐거웠니?
- 노랫말을 바꾸어 불러보니까 어떠니?

크고 큰 우주, 작고 작은 우리

김진영 작사 · 곡

활동 6-6

천둥치는 날

활 동 목 표

- 리듬악기로 자연의 소리를 표현하는 경험을 갖는다.
- 자연현상으로 나는 소리를 탐색한다.

음악적 관련요소

- 리듬, 멜로디, 화성

교육과정 관련요소

- 예술경험 : 아름다움 찾아보기 – 자연과 생활에서 아름다움을 느끼고 즐긴다.
  창의적으로 표현하기 – 신체, 사물, 악기로 간단한 소리와 리듬을 만들어 본다.

준 비 물

- 리듬악기(탬버린, 트라이앵글, 북, 귀로, 리듬막대, 마라카스), 베토벤의 '교향곡 No. 6 전원「천둥 번개 표현 부분」' 음악

활 동 방 법

1. 천둥치는 날에 들을 수 있는 소리에 대해 이야기를 나눈다.
   - 천둥치는 날은 어떤 소리가 날까?
2. 천둥치는 날에 들을 수 있는 소리를 만들어본다.
   - 천둥소리를 어떻게 낼 수 있을까?
   - 천둥소리를 무엇으로 만들 수 있을까?
3. 리듬악기를 소개하고 천둥치는 날에 들을 수 있는 소리를 표현해 본다.
   - 악기를 정한 후 각자 만든 소리를 들려주고 알아맞혀 본다.
4. 교사가 들려주는 이야기에 맞추어 리듬악기로 연주해 본다.
   - 어느 날, 하늘이 갑자기 어두워지더니 비가 오기 시작했어요. 빗방울이 굵어지다가 번개가 치고 천둥소리가 들리기 시작했어요. '우르릉 쾅', '우르릉 쾅' 천둥이 치자, 비는 더욱 세차게 오기 시작했어요. 바람도 불었어요. 또 천둥소리가 울려요. '우르릉 쾅', '우르릉 쾅' 천둥이 치자, 비는 더욱 세차게 오기 시작했어요. 바람도 불었어요. 또 천둥소리가 울려요. '우르릉 쾅', '우르릉 쾅' 세차게 내리던 빗줄기가 가늘어지자 점점 하늘이 맑아졌어요.

5. 베토벤 교향곡 전원의 '천둥, 번개' 표현 부분을 듣고 유아들이 만들었던 소리와 비교해 본다.

- 베토벤은 천둥소리를 듣고 교향곡 '전원'의 '천둥, 번개' 부분의 음악을 만들었단다. 같이 들어보자.

평 가

- 리듬악기로 천둥치는 날을 연주한 느낌이 어떠니?
- 베토벤의 음악과 우리가 만든 소리는 어떠니?

활동 6-7 우주악기 연주하기

활동목표 • 우주의 소리를 상상하며 연주하는 경험을 가진다.

음악적 관련요소 • 리듬, 장단

교육과정 관련요소 • 예술경험 : 창의적으로 표현하기 – 신체, 사물, 악기로 간단한 소리와 리듬을 만들어 본다.

준비물 • 우주 악기(로켓, 달, 별 마라카스), '로켓' 노랫말 판과 악기그림(그림악보용)

〈악기 만드는 법〉

- 로켓 마라카스 : 투명한 페트병 용기에 물들인 쌀을 한 숟가락 넣는다.
- 달 마라카스 : 두 개의 종이 접시 사이에 콩을 넣는다.
- 별 마라카스 : 모루로 별모양을 만들고 제일 작은 방울을 단다.

활동방법

1. 직접 만든 악기를 여러 가지 방법으로 소리 내어 들어보고, 소리의 차이를 느껴본다.
   - 어떻게 소리 낼 수 있을까?
   - 또 다른 방법으로는 어떻게 해야 소리가 날까?
2. 유아에게 노랫말 판에 악기그림을 붙여 그림악보를 만들어 보도록 한다.
3. 노래를 부르며 유아가 만든 그림악보대로 악기를 연주해 본다.

평가

- 그림악보를 직접 만들어 본 느낌은 어떠니?
- 그림악보대로 연주해 보니까 어떠니?

로 켓

정정숙 작사
황남성 작곡

〈그림자료〉

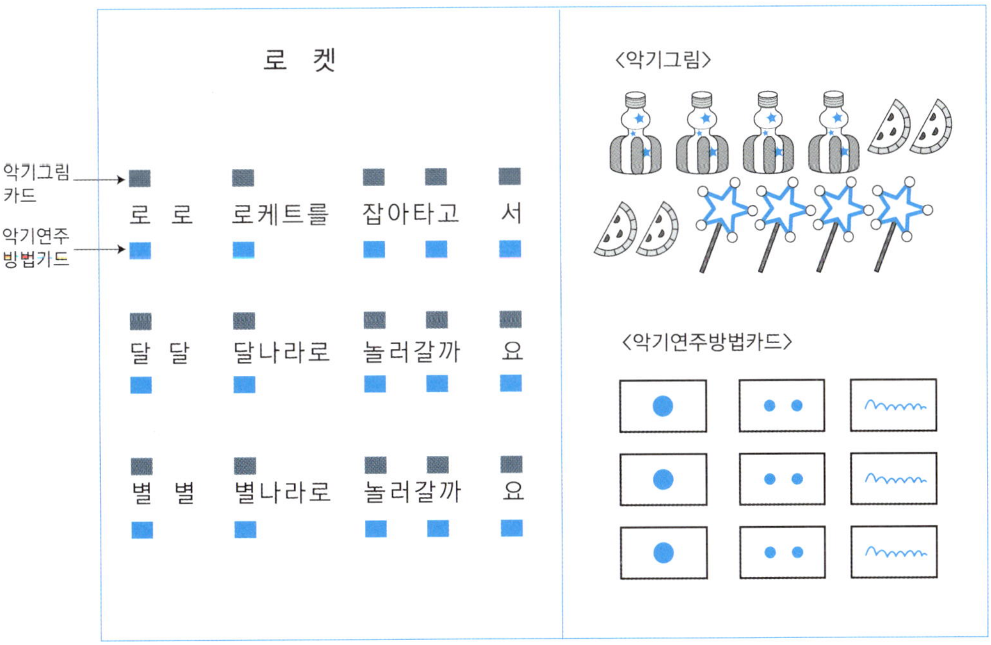

활동 6-8 우주의 소리

활동목표	• 우주의 소리를 상상하여 표현하는 경험을 한다.
음악적 관련요소	• 강약, 악센트, 변화
교육과정 관련요소	• 예술경험 : 아름다움 찾아보기 – 예술적 요소에 관심을 갖고 찾아본다. 창의적으로 표현하기 – 신체, 사물, 악기로 간단한 소리와 리듬을 만들어 본다.
준비물	• 탬버린, 캐스터네츠, 트라이앵글, 리듬막대, 귀로, 방울, '영화 「스타워즈」' 배경음악, 녹음용 기기

활동방법

1. 우주에서 볼 수 있는 것(별, 우주인, 우주선 등)에 대해서 이야기를 나눈다.
   - 하늘에서 반짝이는 것은 무엇일까?
   - 우주에서 볼 수 있는 것은 어떤 것이 있을까?
2. 우주에서는 어떤 소리가 나는지 이야기 나눈다.
   - 우주선이 발사될 때 어떤 소리가 날까?
   - 우주선 안에서는 어떤 소리가 날까?
   - 우주에서는 어떤 소리가 날까?
3. 악기를 하나씩 정하고 이야기한 내용 중 악기로 표현할 것을 정한다.
4. 한 사람씩 자기가 만든 소리와 무엇을 표현하는지 보여준다.
5. 배경음악을 듣고 어떤 부분에서 악기소리를 낼지를 의논한다.
6. 배경음악에 맞추어 리듬악기를 연주하고 이 소리를 녹음한다.
7. 리듬악기 연주소리를 녹음한 후 들어보고 느낌을 이야기해 본다.

평가

• 우리가 연주한 악기 소리를 들어보니까 어떤 느낌이 들었니?

활동 6-9

바닷속 생물

활동목표
- 신체를 통한 창의적 표현력을 기른다.
- 극놀이를 즐긴다.
- 다양한 바닷속 생물들을 표현해 본다.

음악적 관련요소
- 셈여림, 장단, 리듬, 강약, 악센트, 변화

교육과정 관련요소
- 신체운동·건강 : 신체활동 즐기기 – 신체 움직임을 조절한다.
- 예술경험 : 창의적으로 표현하기 – 신체나 도구를 활용하여 움직임과 춤으로 자유롭게 표현한다.

준비물
- 바닷속 생물 머리띠와 가면(문어, 조개, 해파리, 게, 물고기, 상어, 해초), 보자기, '바닷속 축제(under the sea)' 음악

활동방법

1. 바닷가에 가본 경험에 대해 이야기 나눈다.
   - 바닷가에 가본 적이 있니?
   - 깊은 바닷속에는 어떤 것들이 살고 있을까?
2. 동화 '상어보다 더 무서운 것'을 들려준다.
3. 등장인물들의 역할을 맡아 머리띠를 쓰고 극놀이를 해본다.
   - 문어는 어떻게 움직일까?
   - 상어랑 해초는 어떻게 움직일까?
4. 배경음악에 맞춰 각 생물의 움직임을 표현해 본다.

평가
- 어떤 부분이 가장 재미있었니?
- 누가 재미있게 표현했니?

〈상어보다 더 무서운 것〉

글 : 이현정

깊은 바닷속 그곳은 아주 신비로운 곳이에요. 산호가 많아 산호마을이라 불리는 이곳에는 친구들이 모두 사이좋게 살고 있었어요. 먹물을 뿜어내며 8개의 긴 다리로 친구들을 휘어감아 깜짝 놀라게 하는 장난꾸러기 문어, 발을 내놓고 있다가 누가 가까이 오면 깜짝 놀라 뚜껑을 닫아 버리고 모래 속에 숨어 버리는 겁 많은 조개, 투명인간처럼 몸이 투명해서 잘 안 보이지만 화가 나면 침을 쏘는 심술쟁이 해파리, 옆으로 기어가면서 커다란 집게발을 자랑하는 게, 그리고 바닷속의 별이라며 별 모양을 자랑하면서 천천히 움직이는 불가사리, 그리고 귀엽고 예쁜 작은 물고기들이 살고 있었지요.

햇살이 따뜻한 어느 날이었어요. 여느 때처럼 바닷속 친구들은 헤엄도 치고, 장난도 치고, 숨기도 하고, 물 위로 올라갔다 내려갔다 하면서 놀고 있었어요.

그런데 갑자기 사방이 조용해졌어요. 기분이 이상해요. 그래서 옆을 보니…….

"앗! 상어다."

문어는 울퉁불퉁한 바위 뒤로 숨었어요. 조개는 모래를 마구 급하게 파서 모래 속으로 숨었어요. 해파리는 투명한 몸을 해초 사이에 숨겨서 해초 속에는 아무것도 없는 것처럼 보였어요. 게도 조개를 따라 모래 속으로 숨었어요. 불가사리는 바위에 붙어서 죽은 듯이 꼼짝 안 하고 있었어요. 저런! 작은 물고기들은 숨을 곳이 없어요. 해초 속에 숨어도 상어가 따라오고, 물위로 올라가도 따라오고, 이리저리 방향을 바꾸어 도망가도 따라오고, 큰일 났네요.

상어가 큰 입을 벌리고 다가왔어요. 작은 물고기들은 소리를 질렀어요.

"누가 좀 도와주세요."

"친구들아, 도와줘."

숨어 있던 친구들은 이 소리를 듣고 가만히 있을 수 없었어요. 바위 뒤에 숨어 있던 문어가 먹물을 뿌렸어요. 상어는 작은 고기들이 어디 있는지 볼 수가 없었어요. 그때 불가사리 두 마리가 달려들어 상어의 눈을 가렸어요. 뒤를 이어 해초 사이에 숨어 있던 해파리는 순식간에 달려와 상어 배를 그 무서운 침으로 쏘았어요. 게는 모래 속에서 나와 상어의 입을 집게발로 물었어요. 덩치가 크지만 겁이 많은 조개는 용기를 내어 상어의 꼬리를 꽉 물고 놓지 않았어요. 상어는 너무나 무서웠어요.

"이곳에는 나보다 힘센 무서운 괴물이 살고 있어. 다시는 이곳에 안 올거야." 하며 엉엉 울면서 도망갔대요.

산호마을은 다시 아무 일도 없었던 것처럼 평화로워졌어요. 예전처럼 산호마을 친구들은 다 함께 모여 재미있게 놀았어요. 문어는 너무 기뻐 다리 빨판으로 친구들을 꽉 껴안고서 즐겁게 춤을 추었답니다.

〈그림자료〉

활동 6-10

바람이 불어요

활동목표 ▶ • 창의적으로 표현하는 경험을 가진다.

음악적 관련요소 ▶ • 리듬, 변화

교육과정 관련요소 ▶ • 신체운동·건강: 신체활동 즐기기 - 신체 움직임을 조절한다.
• 예술경험: 창의적으로 표현하기 - 신체나 도구를 활용하여 움직임과 춤으로 자유롭게 표현한다.

준비물 ▶ • '바람소리' 음원, 비발디의 사계 중 '가을' 음악

활동방법 ▶

1. '바람소리' 음원을 듣는다.
   - 무슨 소리처럼 들리니?
   - 바람이 부는 것을 본 적이 있니?
   - 바람에 나무가 흔들리는 모습을 생각해 보자.
2. 비발디 사계 중 '가을' 음악을 듣는다.
   - 음악을 들으니 어떤 느낌이 드니?
3. 음악을 들으면서 나무가 된 느낌을 상체로 표현해 본다.
4. 역할을 정하고 음악에 맞추어 온몸을 창의적으로 표현한다.
   - 바람이 점점 세게 불어요.
   - 나뭇잎이 떨어지려고 해요.
5. 몸으로 표현해 본 느낌을 이야기한다.

평가 ▶ • 바람이 되어본 느낌이 어떠니?
• 나무가 된 친구들은 어떤 느낌이 들었니?

활동 6-11 비오는 날의 춤

활 동 목 표 • 창의적으로 표현하는 경험을 가진다.

음악적 관련요소 • 리듬, 강약, 변화

교육과정 관련요소
- 신체운동·건강 : 신체활동 즐기기 - 신체 움직임을 조절한다.
- 예술경험 : 창의적으로 표현하기 - 신체나 도구를 활용하여 움직임과 춤으로 자유롭게 표현한다.

준 비 물 • 얇고 가벼운 스카프, 쇼팽의 '빗방울 전주곡' 음악

활 동 방 법

1. 유아들에게 '비의 이야기'를 들려준다.
   - 어느 날, 비가 왔어요. 주룩주룩 왔어요. 안녕! 비야, 안녕! 비야. 땅 위에 떨어진 비는 데굴데굴 구르면서 친구들을 만나 흘러 흘러갑니다. 주룩주룩 비가 와요. 내 머리에도 내 어깨에도 주룩주룩 비가 와요. 우리 집에도, 우리 동네에도 안녕! 비야, 안녕! 비야.
2. 유아들에게 스카프를 가지고 마음대로 움직여 보게 한다.
3. 이야기에서 묘사된 대로 스카프를 이용하여 비를 다양하게 표현해 본다.
4. 음악을 들려주고 어떻게 표현할 것인지 생각해 보게 한다.
5. 음악을 들으면서 스카프를 이용하여 비를 다양하게 표현해 본다.

평 가
- 스카프를 사용해 보니 어떤 느낌이 드니?
- 비 오는 모습을 표현할 때 가장 재미있었던 부분은 어디였니?

활동 6-12 우주선(손유희)

활동목표
- 특정한 동작의 상징적인 의미를 이해한다.
- 노랫말에 적절한 손유희를 표현해 볼 수 있다.

음악적 관련요소
- 강약, 음색

교육과정 관련요소
- 예술경험 : 창의적으로 표현하기 – 신체나 도구를 활용하여 움직임과 춤으로 자유롭게 표현한다.
- 신체운동·건강 : 신체활동 즐기기 – 신체 움직임을 조절한다.

우주선

문영화 작사·곡

반짝 빛나는	우주복 입고	하늘 향해 가슴을 펴고	번쩍 (불꽃)

양손을 펴고 '반짝반짝' 하는 동작을 한다.	우주복을 입는 동작을 한다.	양팔을 하늘 높이 든다.	박수를 크게 한 번 친다.

우르릉 (뿜으며)	하늘 향해 솟는 우주선 (높이높이 어서 올라라)	구름 헤치고	바람을 뚫고

양팔을 벌려 위로 반짝 반짝하는 동작을 한다.	두 손을 모아 위로 솟는 우주선의 모양을 표현한다.	양팔을 앞으로 크게 구름을 헤치듯이 동작을 한다.	양팔을 위로 들어 좌우로 흔든다.

대한 우주선	아리랑 호는	견우 직녀	만나러 가라

양손의 엄지손가락을 든다.	한 팔을 머리 위로부터 쓸어내린다.	한 손씩 세워서 손을 구부린다.	세운 양손을 조금씩 움직이며 만난다.

활동 6-13

털보아저씨(음악극)

활 동 목 표
- 털보아저씨 음악극을 할 수 있다.
- 털보아저씨에 나오는 등장인물에 맞는 동작을 표현해 본다.

음악적 관련요소
- 장단, 고저, 리듬, 멜로디, 화성

교육과정 관련요소
- 예술경험 : 창의적으로 표현하기 - 노래를 즐겨 부른다.
  - 신체나 도구를 활용하여 움직임과 춤으로 자유롭게 표현한다.
  - 다양한 미술 재료와 도구로 자신의 생각과 느낌을 표현한다.
  - 극놀이로 경험이나 이야기를 표현한다.

준 비 물
- 음악극 악보, 녹음 CD, 등장인물 의상 및 소품(털보아저씨, 아이, 부인, 동네 사람들, 소방수, 신문기자, 순경, 화가, 교사, 우체부, 동물애호가, 목사, 거위, 꼬마새)

활 동 방 법

1. 음악극을 하기 위해서 어떤 준비가 필요한지 이야기 나눈다.
   - '털보아저씨'를 음악극으로 하려면 어떤 준비가 필요할까?
2. 음악극 노래를 배운다.
   - '털보아저씨' 음악극 노래를 배운다.
   - 음악극의 장면과 상황을 고려하여 노래를 배운다.
3. 음악극 노래에 맞추어 동작을 만들어본다.
   - 등장인물에 맞는 동작을 표현한다.
   - 음악극의 장면에 맞게 동작을 표현한다.
4. 음악극 노래를 녹음한다.
5. 등장인물의 의상 및 소품을 준비한다.
6. 역할(등장인물과 스탭)을 나누어 음악극을 공연한다.
7. 역할을 바꾸어 다시 음악극을 공연한다.

평 가
- 털보아저씨 음악극을 해보니까 어떠니?
- 털보아저씨는 왜 잠만 잤니?

털보아저씨

(무대 전면에 털보아저씨 집 풍경이 있고, 털보아저씨가 침대에 누워 있다.)

- 해설 : 옛날 어느 마을에 수염이 많이 난 털보아저씨가 살고 있었어요. 그런데 웬일일까요? 털보아저씨가 침대에 누워서 일어나지 않고 있어요.

〈아이들〉

- 아이 1 : 아저씨, 아저씨, 어딜 가셔요.
- 아이 2 : 아저씨, 아저씨, 바쁘셔요.
- 아이 3 : 아저씨, 아저씨, 우리랑 놀아요.
- 아이 4 : 아저씨, 아저씨, 내 장난감 고쳐주셔요.
- 아이 5 : 아저씨, 아저씨, 나 업어주셔요.
- 아이 6 : 아저씨, 아저씨, 나랑 팔씨름해요.
- 아이 7 : 아저씨, 아저씨, 주무시지 마셔요.

(딸들 등장하며 딸들 노래를 부른다.)

〈딸들〉

〈털보아저씨〉

〈합창〉

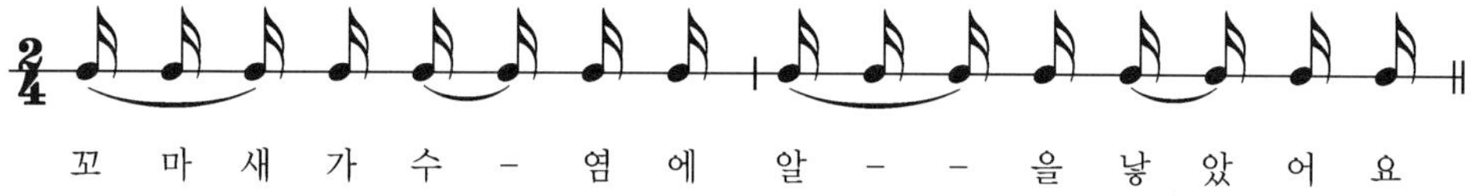

〈합창〉

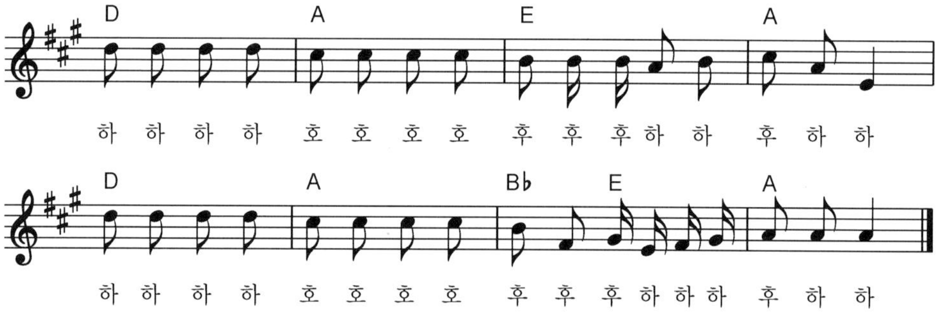

- 딸 1 : 아빠, 아빠, 눈을 뜨셔요.
- 딸 2 : 아빠, 아빠, 진지 잡수셔요.
- 딸 3 : 아빠, 아빠, 수염에 새가 앉아 있어요.
- 딸 4 : 아빠, 아빠, 새가 알을 낳았어요.
- 딸 5 : 아빠, 아빠, 조용 조용 쉬쉬.
- 딸 6 : 아빠, 아빠, 새가 알을 품고 있어요.
- 딸 7 : 아빠, 아빠, 너무나 신기해요.

• 털보아저씨 : 난 못 일어나. 일어나면 안 돼.

〈부인〉

〈털보아저씨〉

〈합창〉

〈합창〉

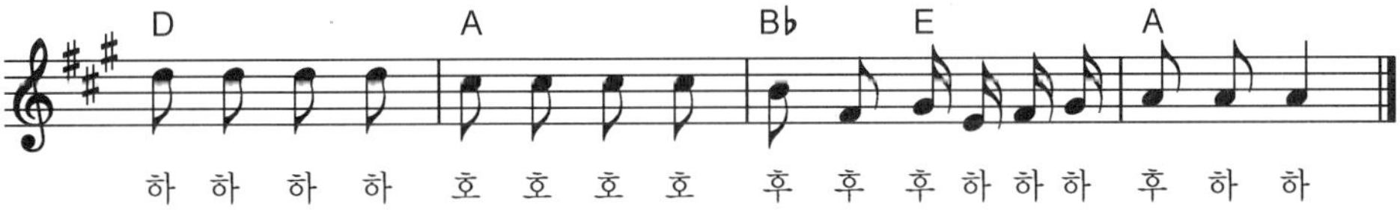

(동네사람들이 등장한다.)

• 동네사람 1 : 털보, 털보, 잘 있나.
• 동네사람 2 : 털보, 털보, 여기서 자면 안 돼.
• 동네사람 3 : 털보, 털보, 새를 위해서 목숨을 바칠 거야.
• 동네사람 4 : 털보, 털보, 배고프지. 밥을 가져왔네.
• 동네사람 5 : 털보, 털보, 바닥이 차지. 침대를 가져왔네.

- 동네사람 6 : 털보, 털보, 어둡지. 전등을 달겠네.
- 동네사람 7 : 털보, 털보, 심심하지. 텔레비전을 가져왔네.
- 털보아저씨 : 알이 깰 때까지 불편해도 참아야지. 참아야지.

(할아버지 등장하며 할아버지 노래를 부른다.)

〈할아버지〉

〈털보아저씨〉

〈합창〉

〈합창〉

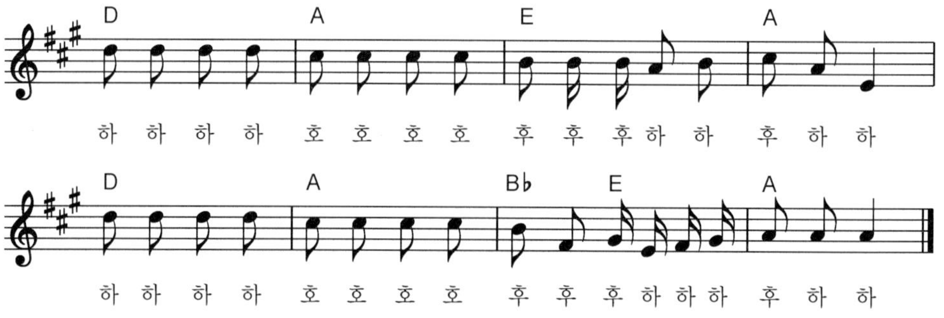

(신문 기자, 순경, 소방수 등장한다.)

- 신문 기자 1 : 특종, 특종, 털보아저씨의 새 사랑
- 신문 기자 2 : 특종, 특종, 새 새끼가 알에서 나올 때까지 누워 있는 사나이.
- 신문 기자 3 : 특종, 특종, 동물사랑 자연사랑 사진 한 장.
- 순경 1 : 여러분 질서를 지킵시다.
- 순경 2 : 여러분 길을 막지 맙시다.
- 순경 3 : 여러분 밀지 맙시다.
- 소방수 1 : 털보아저씨가 더울 텐데 호스로 비를 내릴까?
- 소방수 2 : 털보아저씨랑 새에게 우산을 먼저 씌워야지.
- 털보아저씨 : 어이, 시원해. 어이, 시원해.
- 해설 : 웬일일까요? 아직도 털보아저씨는 일어나려 하지 않네요! 어! 그런데 아저씨 수염에서 무슨 일이 있는 것 같아요.

(청소부 등장하며 청소부 노래를 부른다.)

〈청소부〉

〈털보아저씨〉

〈합창〉

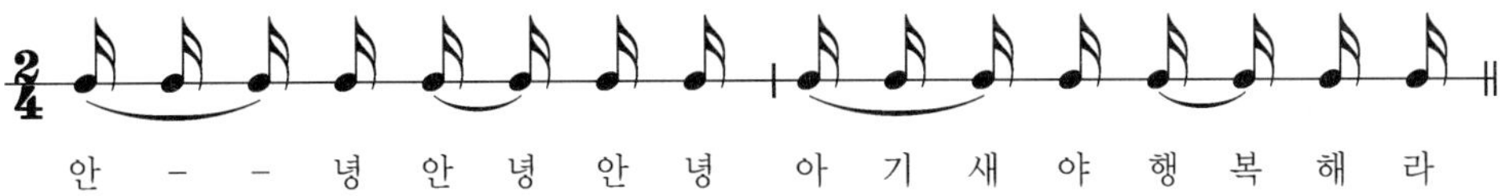

〈합창〉

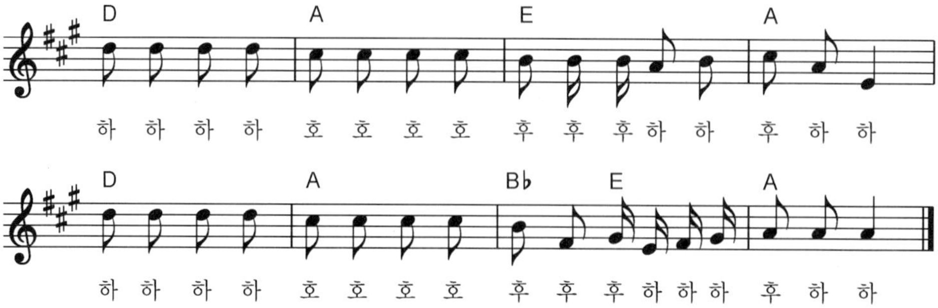

(목사, 화가, 교사, 우체부, 동물 애호가, 텔레비전 기자가 등장한다.)

- 목사 : 여러분, 새끼가 잘 깨어나도록 기도합시다.
- 화가 : 아름다운 모습을 그려야겠습니다.
- 교사 : 여러분, 아저씨의 거룩한 사랑을 배웁시다.
- 우체부 : 아저씨, 격려의 엽서가 많이 왔습니다.
- 동물 애호가 : 동물보호협회에서 상장을 드리려고 왔습니다.
- 텔레비전 기자 1 : 이곳은 푸른마을 푸른동 느티나무 아래의 상황입니다.
- 텔레비전 기자 2 : 저희 CBS는 한 개의 새알을 키우기 위하여 몸을 바친 이 시대의 영웅의 모습을 생중계해 드리고 있습니다.
- 다 같이 : 알이 깨어지네. 새끼가 나오네. 만세, 만세.
- 털보아저씨 : 어휴 살았다. 아기새야 잘 자라라. 마음껏 날아라. (알에서 깬 아기새가 날아간다.)

- 해 설 : 아하! 그랬군요. 털보아저씨의 수염에 아기새가 알을 품고 있었군요. 아기새는 털보아저씨에게 고맙다고 몇 번이나 주위를 돌아다니다 훨훨 날아갔답니다. 마음씨 착한 털보아저씨 이야기는 온 세상에 전해졌답니다.

Chapter 7

교통기관

음악감상하기

- 크시코스 우편마차
- 푸니쿨리 푸니쿨라
- 교통수단 알아맞히기

노래부르기

- 장난감 기차
- 씽씽 굴러가는 바퀴
- 건너가는 길
- 줄을 섭시다

악기다루기

- 간다 간다
- 비행기 마라카스
- 칙칙폭폭

동작으로 표현하기

- 타고 날 수 있는 것처럼 되어 보기
- 기차(손유희)

통합적으로 표현하기(음악극)

- 서울쥐 시골쥐

활동 7-1 크시코스 우편마차

활 동 목 표 ▶ • 바르게 감상하는 태도를 기른다.
• 음악에 대한 느낌을 언어로 표현한다.

음악적 관련요소 ▶ • 리듬, 강약, 음색

교육과정 관련요소 ▶ • 예술경험 : 예술감상하기 – 다양한 예술을 감상하며 상상하기를 즐긴다.
아름다움 찾아보기 – 자연과 생활에서 아름다움을 느끼고 즐긴다.

준 비 물 ▶ • 우편마차 그림, 헤르만 네케의 '크시코스의 우편마차' 음악

활 동 방 법 ▶ 1. 음악을 들려준다.
- 이 곡은 교통기관과 관련된 음악이란다. 어떤 교통기관이 생각나는지 음악을 잘 들어 보자.

2. 곡에 대한 소개를 한다.
- 우리가 감상한 곡은 '크시코스의 우편마차'라는 피아노곡으로, '크시코스'는 '말'을 의미한단다. 이 곡은 '헤르만 네케'라는 작곡가가 편지를 배달하는 마차를 보고 음악으로 표현한 곡이란다.

3. 음악을 다시 들려준다.
- 빠르게 연주될 때와 느리게 연주될 때 무엇이 생각나는지 들어보자.

4. 우편배달부가 하는 일과 우편마차가 무엇인지에 대해 이야기를 나눈다.
- 이 그림은 어떤 일을 하시는 분 같니?

평 가 ▶ • 이 음악을 들었을 때 느낌이 어땠니?

〈그림자료〉

활동 7-2

푸니쿨리 푸니쿨라

활동목표 ▶ • '푸니쿨리 푸니쿨라' 음악을 감상한다.
• 음악을 듣고 상상할 수 있다.

음악적 관련요소 ▶ • 장단, 고저, 리듬, 화성, 강약

교육과정 관련요소 ▶ • 예술경험 : 예술감상하기 – 다양한 예술을 감상하며 상상하기를 즐긴다.
아름다움 찾아보기 – 자연과 생활에서 아름다움을 느끼고 즐긴다.

준비물 ▶ • '푸니쿨리 푸니쿨라' 음악, 악기그림 또는 사진자료(피아노), '등산전차' 그림 또는 사진자료

활동방법 ▶ 1. 등산전차에 대해 이야기 나눈다.
- 등산전차란 말을 들어본 적이 있니?
- 등산전차는 어떤 일을 할까?

2. 곡에 대한 소개를 한다.
- 이 곡은 나폴리 민요 가운데서도 가장 오래된 곡 중의 하나로 등산전차가 움직이는 모습을 보며 작곡한 곡이란다. '푸니쿨리 푸니쿨리'는 '케이블카'이고 나중에 등산전차라는 말로 바뀌었단다. 등산전차가 어떻게 움직이는지 상상하며 들어보자.

3. 음악을 들려준다.

4. 음악을 다시 들려주며 기차를 탄 상상을 해본다.

평가 ▶ • 음악을 들으니 어떤 느낌이 드니?

후속활동 ▶ • 기차가 움직이는 모습을 동작으로 표현하기

〈그림자료〉

활동 7-3

교통수단 알아맞히기

활 동 목 표 ▶
- 여러 종류의 교통수단들이 내는 소리를 듣고 구별한다.
- 교통수단들이 내는 소리에 관심을 가진다.

음악적 관련요소 ▶
- 음색

교육과정 관련요소 ▶
- 예술경험 : 아름다움 찾아보기 - 자연과 생활에서 아름다움을 느끼고 즐긴다.
  예술 감상하기 - 다양한 예술을 감상하며 상상하기를 즐긴다.

준 비 물 ▶
- 교통수단 그림자료(자동차, 비행기, 기차, 배, 오토바이, 로켓, 헬리콥터, 소방차, 병원차 등), 융판, 교통수단의 소리

활 동 방 법 ▶
1. 교통수단들의 소리를 들려준다.
2. 어떤 교통수단인지 자료를 찾아 융판에 붙인다.
3. 정말 그 소리가 맞는지 다시 한 번 들려준다.
4. 들은 소리를 소리 내어 보도록 한다.

평 가 ▶
- 소리만 듣고도 어떤 교통수단인지 알 수 있었니?
- 어떤 소리가 서로 비슷하니?

후 속 활 동 ▶
- 교통수단의 움직임을 몸으로 표현해 본다.

〈그림자료〉

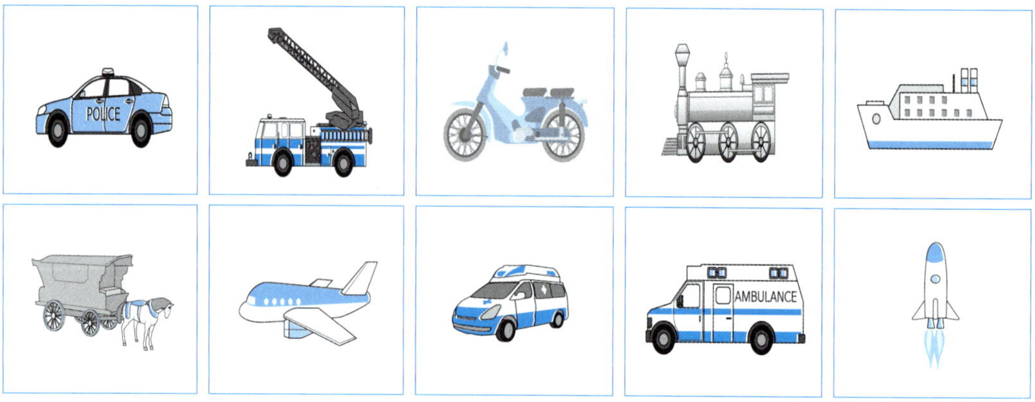

활동 7-4

장난감 기차

활 동 목 표 ▶ • 즐겁게 노래를 부른다.

음악적 관련요소 ▶ • 리듬, 멜로디

교육과정 관련요소 ▶ • 예술경험 : 창의적으로 표현하기 – 노래를 즐겨 부른다.

준 비 물 ▶ • 노랫말 판

활 동 방 법 ▶

1. 노래를 들려준다.
2. 노랫말 판을 보고 노랫말을 읽어본다.
3. 노래를 다시 한 번 들려준다.
4. 영유아들과 함께 불러본다.

평 가 ▶ • 친구들이 기차가 된다면 어디로 여행을 하고 싶니?

장난감 기차

전종화 작곡

활동 7-5 씽씽 굴러가는 바퀴

활동목표	• 바퀴의 생김새에 관심을 가진다. • 즐겁게 노래를 부른다.
음악적 관련요소	• 장단, 고저, 리듬, 강약
교육과정 관련요소	• 예술경험 : 창의적으로 표현하기 – 노래를 즐겨 부른다. – 신체나 도구를 활용하여 움직임과 춤으로 자유롭게 표현한다.
준비물	• 노랫말 판, 융판자료
활동방법	1. 여러 모양의 바퀴를 보여준다. 2. 노래를 들려준다. 3. 한 가지 소리로 불러보며 곡조를 익힌다. 4. 교사와 영유아가 나누어서 불러본다. – 의태어 부분은 영유아가 부르고 나머지는 교사가 부른다. 5. 모두 함께 불러본다. 6. '씽씽~', '비틀비틀' 부분을 동작으로 표현해 본다.
평가	• 씽씽 굴러가는 바퀴는 기분이 어떨까?

씽씽 굴러가는 바퀴

서소영 작사 · 작곡

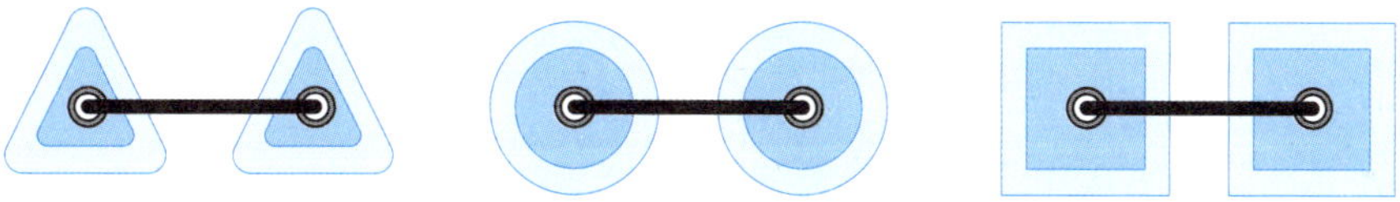

활동 7-6 건너가는 길

활동목표 ▶ • 즐겁게 노래를 부른다.
• 길을 안전하게 다니는 방법을 알고 익힌다.

음악적 관련요소 ▶ • 장단, 리듬, 멜로디, 강약

교육과정 관련요소 ▶ • 예술경험 : 창의적으로 표현하기 - 노래를 즐겨 부른다.

준비물 ▶ • 노랫말 판(빨간불, 초록불 부분을 색지를 동그랗게 오려 붙임)

활동방법 ▶

1. 건널목을 건너본 경험을 이야기한다.
   - 신호등이 있는 길을 건널 때에는 신호등이 무슨 색일 때 건너야 할까?
   - 신호등이 없는 길에서는 어떻게 길을 건너야 할까?
2. 노래를 들려준다.
   - 노랫말에 길을 건널 때에는 어떻게 건너가야 한다고 했는지 말해 볼 수 있겠니?
3. 한 가지 소리로 불러보며 곡조를 익힌다.
   - 어떤 소리로 노래를 불러 볼까? 빵빵, 붕붕
4. '안돼요' 부분만 영유아들이 부른다.
5. 노랫말을 넣어 교사와 영유아가 부분적으로 나누어 부른다.
6. 영유아와 교사가 나눈 부분을 바꾸어 부른다.
7. 처음부터 끝까지 다함께 부른다.

평가 ▶ • 음이 높은 부분 '손을 들고 가야죠'를 부를 땐 느낌이 어떠니?
• 음이 낮다가 갑자기 높아지는 부분인 '빨간불 안돼요'와 '노랑불 안돼요'를 부르기 어렵지 않았니?

건너가는 길

김성균 작사 · 곡

〈그림자료〉

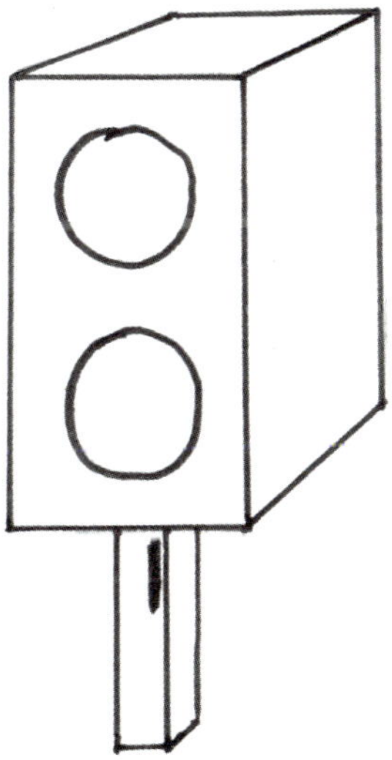

활동 7-7 줄을 섭시다

활 동 목 표 ▶
- 즐겁게 노래를 부른다.
- 교통기관을 이용할 때의 규칙을 안다.

음악적 관련요소 ▶
- 리듬, 멜로디

교육과정 관련요소 ▶
- 예술경험 : 창의적으로 표현하기 - 노래를 즐겨 부른다.

준 비 물 ▶
- 모형 버스, 버스에 태울 사람 등 노랫말과 관련 있는 융판자료, 노랫말 판

활 동 방 법 ▶
1. 자료를 이용하여 노랫말을 이야기한다.
   - 우리는 유치원(어린이집)버스를 기다릴 때 어떻게 하니?
2. 이런 이야기가 담긴 노래를 들려준다.
3. 한 가지 소리로 불러보며 곡조를 익힌다(예: 우, 줄 등).
4. 영유아들과 나누어 노래를 불러본다.
5. 처음부터 끝까지 함께 불러본다.
6. 노랫말에 친구 이름을 넣어서 불러본다.
   - '두 사람, 세 사람' 부분을 영유아들 이름으로 바꾸어 불러본다.

평 가 ▶
- 노래를 배우는 시간이 재미있었니?
- 버스를 안전하게 타려면 어떻게 해야겠니?

줄을 섭시다

<그림자료>

활동 7-8

간다 간다

활 동 목 표
- 악기로 연주하는 것에 관심을 가지고 즐겁게 참여한다.
- 재질에 따른 소리의 차이를 탐색해 본다.

음악적 관련요소
- 리듬, 멜로디

교육과정 관련요소
- 예술경험 : 창의적으로 표현하기 - 신체, 사물, 악기로 간단한 소리와 리듬을 만들어 본다.

준 비 물
- 악기연주표, 악기연주표에 붙일 악기 모형 그림, 리듬악기(캐스터네츠, 탬버린, 샌드블록, 트라이앵글)

활 동 방 법

1. 악기를 보고 이야기를 나눈다.
   - 어떤 악기들이 준비되어 있니?
2. 연주하고 싶은 악기를 가지고 가도록 한다.
   - 먼저 가져갈 영유아를 정하여 순서대로 가져가게 한다.
   - 영유아들이 가져간 악기를 마음껏 탐색해 보도록 한다.
   - 악기 사용방법을 알려준다.
3. 노래를 들어보고 악기연주표를 살펴본다.
   - 악기연주표에 사용할 악기그림을 붙여보게 한다.
4. 악기연주표를 따라 악기를 연주한다.
5. 악기연주가 끝난 후 악기를 제자리에 정리한다.

평 가
- 신나고 즐겁게 연주할 수 있었니?
- 빠르게 연주한 부분(간다 간다)은 느낌이 어땠니?
- '간다 간다' 부분을 다른 악기로 표현한다면 어떤 악기가 좋을까?

간다 간다

김성균 작사 · 곡

1.간 다 간 다 간 다 간 다 골 목 길 로 간 다 간 다 간 다 간 다 넓 은 길 로
2.간 다 간 다 간 다 간 다 지 붕 위 로 간 다 간 다 간 다 간 다 구 름 위 로
3.간 다 간 다 간 다 간 다 산 을 넘 어 간 다 간 다 간 다 간 다 강 을 건 너

간 다 간 다 간 다 간 다 뛰 뛰 빵 빵 랄 라 랄 라 자 동 차
간 다 간 다 간 다 간 다 하 늘 높 이 랄 라 랄 라 비 행 기
간 다 간 다 간 다 간 다 굴 을 지 나 랄 라 랄 라 기 - 차

〈그림자료〉

간다 간다		악기를 고르세요
간다 간다 간다 간다	 골 목 길 로	
간다 산나 산다 간다	 넓 은 길 로	
간다 간다 간다 가다	 (뛰 뛰 빵 빵)	
랄 라 랄 라	 자 동 차	

활동 7-9

비행기 마라카스

활동목표	• 리듬에 맞추어 악기를 연주한다. • 재질에 따른 소리의 차이를 느낄 수 있다.
음악적 관련요소	• 고저, 리듬, 멜로디
교육과정 관련요소	• 예술경험 : 창의적으로 표현하기 – 신체, 사물, 악기로 간단한 소리와 리듬을 만들어 본다.
준비물	• 작은 페트병으로 만든 비행기 모양 마라카스, 노랫말 판(비행기)
활동방법	1. 비행기 마라카스를 보면서 이야기를 나눈다. – 이 비행기로 어떻게 놀이할 수 있을까? 2. 마라카스에 들어 있는 내용물(콩, 모래, 쌀 등)에 따라 달라지는 소리를 탐색한다. – 어떤 소리가 나니? – 소리가 어떻게 다르니? 3. 마라카스 연주를 할 때 지켜야 할 점에 대해 이야기를 나눈다. 4. '비행기' 노래를 부르며 다양한 방법으로 마라카스를 연주한다. 5. 교통기관에 관해 배운 노래들을 부르며 마라카스를 연주한다.
평가	• 마라카스 연주하기가 재미있었니? • 어떻게 연주하는 게 소리가 제일 잘 나니?

〈그림자료〉

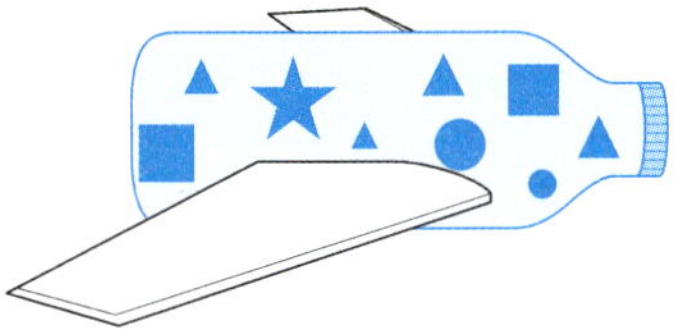

〈연주방법 카드의 예〉

〈노랫말 판〉

비행기

떴 다 떴 다 비 행 기
날 아 라 날 아 라
높 이 높 이 날 아 라
우 리 비 행 기

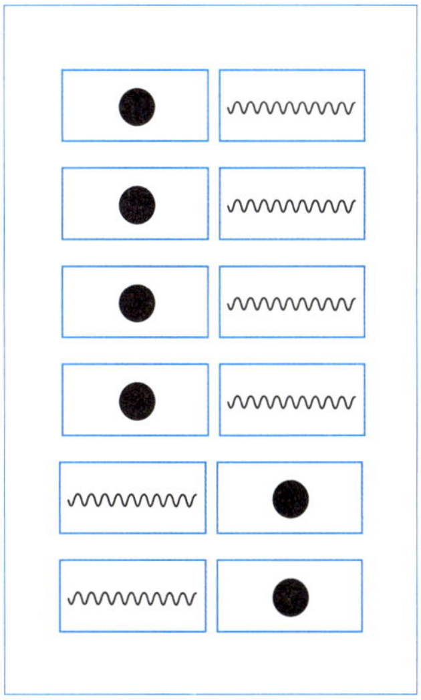

활동 7-10 칙칙폭폭(탬버린, 캐스터네츠, 마라카스 연주하기)

활동목표
- 다양한 방법으로 악기를 연주한다.
- 리듬을 다양한 악기로 창의적으로 표현한다.

음악적 관련요소
- 리듬

교육과정 관련요소
- 예술경험 : 창의적으로 표현하기 – 신체, 사물, 악기로 간단한 소리와 리듬을 만들어 본다.

준비물
- 탬버린, 짝짝이, 마라카스, 악기연주 노랫말 판(악기그림은 따로 그려 찍찍이를 붙여 영유아들이 다시 붙일 수 있도록 함), 깡통북, 페트병 마라카스

활동방법

1. 노래 배우기 시간에 배운 노래 중 '칙칙폭폭'을 다시 부른다.
2. 기차 소리 부분은 어떤 방법으로 표현할지 악보에 손, 발, 탬버린, 마라카스, 캐스터네츠 그림을 붙이고, 이것을 보고 부분적으로 나누어 부른다.
   - 목소리 주고받기
   - 신체를 이용하여 주고받기, 소리 밑에 손, 발 그림 붙이기
     (예: 교사 - 손뼉, 영유아 - 발구르기)
   - 악기를 이용해서 주고받기
     (예: 교사 - 탬버린, 영유아 - 마라카스)
3. 연주하고 싶은 악기를 가져가도록 한다.
4. 악기연주표에 악기그림을 붙여보게 한다.
5. 다함께 노래를 부르며 연주해 본다.
6. 악기연주가 끝난 후 악기를 제자리에 정리한다.

평가
- 신나고 즐겁게 연주할 수 있었니?

칙칙폭폭

김경희 작사 · 곡

〈노랫말 판〉

칙칙폭폭

기차를 타고서 달려봅시다. 우리 동네 한 바퀴 돌아봅시다.

칙 칙 폭 폭 칙 칙 칙 칙 폭 폭 폭 폭

■ ■ ■ ■ ■ ■ ■ ■ ■ ■ ■ ■

라라라라라 라라라라라라 칙 칙 칙 폭 폭 폭

〈그림자료〉

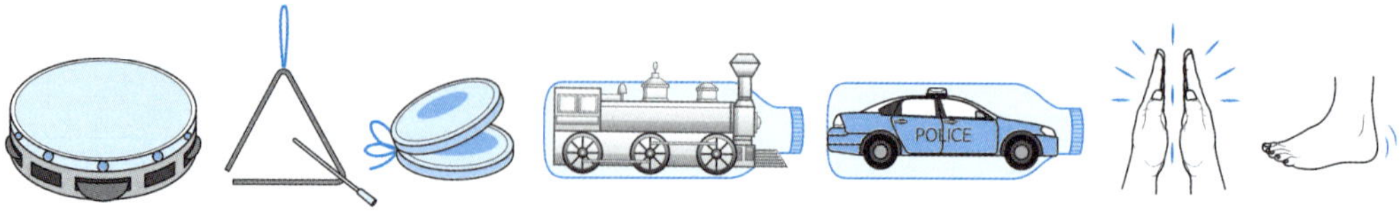

〈악기사진〉

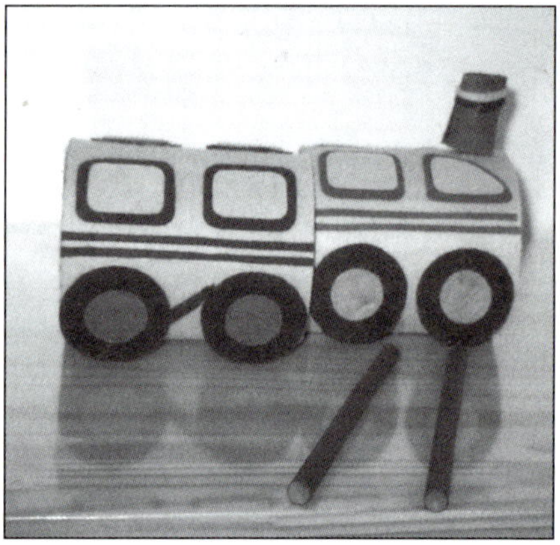

활동 7-11 타고 날 수 있는 것처럼 되어 보기

활동목표 ▶ • 교통기관을 분류할 수 있다.
• 교통기관의 움직임을 창의적으로 신체로 표현할 수 있다.

음악적 관련요소 ▶ • 리듬, 강약, 음색

교육과정 관련요소 ▶ • 신체운동·건강 : 신체활동 즐기기 – 신체 움직임을 조절한다.
• 예술경험 : 창의적으로 표현하기 – 신체나 도구를 활용하여 움직임과 춤으로 자유롭게 표현한다.

준비물 ▶ • 다양한 음악(크시코스 우편마차)

활동방법 ▶ 1. 날아다니는 것 중 탈 수 있는 것에는 어떤 것들이 있는지 영유아들과 이야기를 나눈다.
- 전투기는 어떻게 움직일까? 빠르게 나는 모습.
- 헬리콥터의 움직임은 어떨까? 프로펠러의 돌아가는 모습.
- 우주선의 움직임은 어떨까?
- 여객기의 움직임은 어떨까? 천천히 떠가는 모습.

2. 몸을 이용하여 탈것을 표현하게 한다.
3. 표현하고 싶은 탈것을 정한 후 음악을 들려준다.
4. 다시 음악을 들려주며 움직여 보도록 격려한다.
창의적인 움직임을 장려한다.

평가 ▶ • 탈것이 되어 표현해 본 느낌이 어떠니?

활동 7-12 기차(손유희)

활 동 목 표 ▶
- 언어가 전달하는 내용을 동작으로 표현할 수 있다.
- 특정한 동작의 상징적 의미를 이해한다.

음악적 관련요소 ▶
- 리듬, 박

교육과정 관련요소 ▶
- 신체운동·건강 : 신체활동 즐기기 – 신체 움직임을 조절한다.
- 예술경험 : 창의적으로 표현하기 – 신체나 도구를 활용하여 움직임과 춤으로 자유롭게 표현한다.

〈내 용〉

나는/ 까맣고/ 기다란/ 기차랍니다/
나는/ 꼬불꼬불한 시골길도/ 캄캄한 굴속도/ 잘 달립니다/
여기저기 다니면서/ 별것 별것 다/ 구경한답니다/
내 이름은/ 기차라고 합니다/
까만 철길 위를/ 바람처럼 달려갑니다/ 칙칙폭폭/
칙칙폭폭 칙칙폭폭 칙칙폭폭 쉬지 않고 달려갑니다/

나는 (내 이름은)	까맣고 (캄캄한 굴속도)	기다란 (까만 철길 위를)	기차랍니다. (기차라고 합니다)

가슴에 손을 한 손씩 얹는다.	양손을 두 눈에 댄다.	양손을 앞으로 쭉 펴면서 '기다란'(또는 '까만 철길 위를')을 표현한다.	팔을 구부리고 손을 펴서 동그랗게 엇갈려서 돌린다.

꼬불꼬불한 시골길도	잘 달립니다. (바람처럼 달려갑니다, 칙칙폭폭, 칙칙폭폭, 칙칙폭폭 쉬지 않고 달려갑니다.)	여기저기 다니면서	별것 별것 다

양팔을 몸통에서부터 꼬불꼬불 움직이면서 앞으로 뻗는다.	양손을 펴고 두 팔을 구부려서 동그라미를 그리면서 교차해서 돌린다.	한 손씩 교대로 이마에 올리면서 두리번거린다.	한 손으로 이곳저곳을 가리킨다.

구경한답니다.

양손을 이마 위에 얹고 고개를 좌우로 움직인다.

활동 7-13 서울쥐 시골쥐(음악극)

활 동 목 표
- 서울쥐 시골쥐 음악극을 할 수 있다.
- 쥐의 움직임을 동작으로 표현할 수 있다.

음악적 관련요소
- 장단, 고저, 리듬, 멜로디, 화성

교육과정 관련요소
- 예술경험 : 창의적으로 표현하기 - 노래를 즐겨 부른다.
  - 신체나 도구를 활용하여 움직임과 춤으로 자유롭게 표현한다.
  - 다양한 미술 재료와 도구로 자신의 생각과 느낌을 표현한다.
  - 극놀이로 경험이나 이야기를 표현한다.

준 비 물
- 음악극 악보, 서울쥐 시골쥐 음악, 등장인물 의상 및 소품(서울쥐, 시골쥐)

활 동 방 법

1. 동화를 듣고, 음악극을 하기 위해서 어떤 준비가 필요한지 이야기 나눈다.
   - '서울쥐 시골쥐'를 음악극으로 하려면 어떤 준비가 필요할까?
2. 음악극 노래를 배운다.
   - '서울쥐 시골쥐' 음악극 노래를 배운다.
   - 음악극의 장면과 상황을 고려하여 노래를 배운다.
3. 음악극 노래에 맞추어 동작을 만들어 본다.
   - 등장인물에 맞는 동작을 표현한다.
   - 음악극의 장면에 맞게 동작을 표현한다.
4. 음악극 노래를 녹음한다.
5. 등장인물의 의상 및 소품을 준비한다.
6. 역할(등장인물과 스탭)을 나누고 공연한다.
7. 역할을 바꾸어 음악극을 공연한다.

평 가
- '서울쥐 시골쥐' 음악극을 해보니까 어떠니?
- '서울쥐와 시골쥐'의 차이점은 무엇이니?

서울쥐와 시골쥐

(무대 전면에 서울쥐의 집 장면이 그려져 있고, 시골쥐의 대사와 노래가 나올 때 어둡게 한다.)

(음악에 맞추어 시골쥐들이 춤을 춘다.)

- 시골쥐1 : (초대장을 들고 뛰어 나오면서) 얘들아! 이것 좀 봐.
- 시골쥐들 : 뭔데?
- 시골쥐1 : 서울쥐한테서 초대장이 왔어. 우리 모두를 서울로 초대해서 구경시켜준대.
- 시골쥐2 : 정말?
- 시골쥐3 : 정말?
- 시골쥐4, 5 : 정말?
- 시골쥐들 : 야! 신난다. (좋아서 펄쩍펄쩍 뛴다.)

〈시골쥐들〉

(시골쥐들 퇴장한다. 자동차와 빌딩들이 분주하게 시나고, 이때 무대는 서울쥐의 집으로 한다.)
(시골쥐가 등장하여 자동차 빌딩들과 음악에 맞추어 돌아다니다가 모두 퇴장한다.)
(서울쥐 등장한다.)

- 서울쥐1 : 얘들아! 시골쥐들이 도착할 시간이 다 되었어. 준비는 다 되었니?
- 서울쥐2 : 응. 준비되었어. 피자, 햄버거, 케이크, 치즈.
- 서울쥐3 : 그런데 시골쥐가 우리집을 잘 찾을 수 있을까?
- 서울쥐4, 5 : 와! 빨리 왔으면 좋겠다.

(이때, 벨소리가 딩~동 하고 울린다.)

• 서울쥐들 : 와! 시골쥐들이 왔나 봐.

〈서울쥐〉

• 시골쥐1 : 난 호박.
• 시골쥐2 : 자, 당근.
• 시골쥐3 : 난, 고구마.
• 시골쥐4 : 난, 토마토.
• 시골쥐5 : 자, 오이.
• 서울쥐 다같이 : 와! 되게 큰데. 고마워. 잘 먹을게.
• 서울쥐1 : 이렇게 무거운 걸 들고 오느라고 힘들었지?
• 시골쥐4 : 서울에 오니까 빌딩도 많고, 자동차도 많아.
• 시골쥐5 : 서울엔 땅도 딱딱해.
• 시골쥐3 : 서울엔 사람도 많아.
• 서울쥐들 : 서울에는 신기한 것이 많아. 그리고 맛있고, 달콤한 것들도 많고 볼 것들도 많단다.
• 시골쥐들 : 그리고 또?

〈서울쥐들〉

- 서울쥐2 : 얘들아, 이제 우리가 준비한 음식을 먹으러 가자.
- 모두들 : (신나게) 야! (모두들 준비한 식탁으로 걸어간다.)
- 시골쥐3 : 난, 고구마.
- 서울쥐1 : 이건 피자.
- 서울쥐2 : 이건 햄버거야.
- 서울쥐3 : 이건 케이크.
- 서울쥐4 : 이건 치즈.
- 서울쥐5 : 이건 식빵.
- 서울쥐(다같이) : 맛있게 먹어.

(시골쥐들 먹으며 수근거린다. 이때 야 ~ 옹 소리가 들려오면 놀라며 모두들 바닥에 납작 엎드린다.)

〈효과음〉

(고양이들 음악에 맞춰 춤을 추며 등장한다.)

- 고양이들 : 야~옹! (고양이들 춤을 춘다.)

〈효과음〉

(고양이 춤이 끝나면 고양이들이 쥐들을 잡으러 다닌다. 모두들 잡혀서 끌려 나온다.)

- 고양이1 : 네 이놈들! 감히 여기가 어딘 줄 알고!
- 고양이2,3,4,5 : 네 이놈들!
- 시골쥐1 : 고양이님. 시, 시골에서 왔습니다요. 한 번만 살려 주십시오.
- 고양이들 : 뭐? 살려달라고?

(이때 서울쥐1이 간사하게 와서 고양이 옆에 앉는다.)

- 서울쥐1 : 고양이님, 고양이님 털이 참 멋있으시네요. 어머, 눈도 반짝반짝 빛나구요. 그리구……
- 고양이1 : 떽! (서울쥐 놀라서 뒤로 자빠진다.)
- 고양이들 : 그럼 우리가 너희들을 살려줄 줄 알고?
- 서울쥐2 : 고양이님! 고양이님! 우리가 멋있는 춤을 보여 드릴게요.
- 고양이들 : 뭐? 춤이라고? 너희들이? (깔깔거리며 웃는다.)
- 서울쥐, 시골쥐 모두 : 예! 정말 멋있는 춤을 보여 드릴게요.

(고양이들 머리를 맞대고 수근거린다.)

- 고양이들 : 좋아.
- 고양이1 : 어디 한 번 해봐라.

(서울쥐, 시골쥐 모두 음악에 맞추어 춤을 춘다. 이때 고양이 신기한 듯 보며 따라해 본다.)

우리 같이 춤춰요

〈서울쥐, 시골쥐 모두〉

김신자 작사 · 곡

- 쥐들 : 고양이님! 어떠셨어요? (고양이들 서로를 쳐다보며 어깨를 으쓱거린다.)
- 고양이들 : (다같이 천천히) 정말 멋진 춤이야.
- 쥐들 : 고맙습니다. 고양이님. 고양이님들은 정말 멋있는 분들이에요.
- 시골쥐들 : 어휴! 큰일 날 뻔 했잖아.
- 서울쥐들 : 괜찮아. 괜찮아.
- 서울쥐2 : 걱정마. 서울에서는 우리가 하는 대로만 하면 돼.

(검은 고양이 네로에 맞추어 고양이들 퇴장한다.)

〈서울쥐들〉

- 시골쥐들 : 그래도 우린 무서워.

〈서울쥐들〉

- 시골쥐1 : 그래서 우린 서울에서 못 살겠어.
- 서울쥐1 : 괜찮아. 무서운 것도 많지만 재미있는 것도 많아.
- 서울쥐들 : 그래. 우리랑 같이 구경 다니자.
- 시골쥐들 : 아냐 아냐. 그래도 우린 시골이 제일 좋아.

〈서울쥐들〉

〈모두 함께〉

치 키 치 키 빵 빵 바 람 을 가 르 며 세 상 을 달 린 다 달린다
칙 칙 치 키 치 키 빵 빵 나 가 신 다 – 썩 길 을 비 켜
라 칙 칙 치 키 치 키 빵 빵
신 들 린 자 동 차 자동차 치 키 치 키 빵 빵 하 늘 을 나 르 고
바 다 로 달 린 다 달린다 칙 칙 치 키 치 키 빵 빵
나 가 신 다 – 훨 훨 물 러 가 거 라

Chapter

8

생활도구

음악감상하기

- 빈의 음악시계
- 대장간의 합창
- 타이프라이터

노래부르기

- 돋보기 안경
- 빙글빙글 세탁기

악기다루기

- 종이악기 연주하기
- 악기놀이

동작으로 표현하기

- 할아버지는 목공
- 거울 되어 보기
- 공 춤
- 자석놀이
- 빨래(손유희)

통합적으로 표현하기(음악극)

- 세 마리 곰

Part 02

활동 8-1

빈의 음악시계

활 동 목 표 ▶ • 음악을 듣고 느낌을 말로 표현할 수 있다.
• '빈의 음악시계' 음악을 감상한다.

코다이

음악적 관련요소 ▶ • 리듬, 음색, 화성

교육과정 관련요소 ▶ • 예술경험 : 아름다움 찾아보기 - 예술적 요소에 관심을 갖고 찾아본다.

준 비 물 ▶ • 코다이의 '빈의 음악시계' 음악, 악기그림이나 사진자료(카리용(종소리), 플루트, 피콜로), 코다이의 사진

활 동 방 법 ▶

1. 음악시계에 대해 이야기를 나눈다.
   - 뻐꾸기 시계나 음악시계를 본 적이 있니?
2. 곡에 대해 소개한다.
   - 이 곡은 코다이라는 작곡가가 매 시간마다 종이 울리고 음악과 함께 인형 군인들이 퍼레이드를 하는 시계를 묘사한 경쾌한 곡이란다.
   - (악기그림이나 사진자료를 제시하며) 플루트, 카리용 악기를 사용한 곡이란다.
3. 음악을 들려준다.
4. 음악을 들은 후 느낌을 이야기 나눈다.
   - 음악을 들어보니 어떤 느낌이 드니?
   - 시계의 추가 움직이는 것처럼 연주되는 악기는 어떤 것일까?
5. 음악을 다시 감상한다.
   - 음악을 들으며 음악시계의 추처럼 기본 박에 맞추어 좌우로 움직여 보자.

평 가 ▶ • 시계의 추처럼 움직이면서 음악을 들으니까 어떠니?

카리용

카리용은 크기가 다른 많은 종들로 구성되어 있는 고전 악기로, 각 종의 종추에 연결된 레버와 페달을 눌러서 연주한다.

피콜로

피콜로는 '작다' 라는 뜻을 가진 목관악기로, 많은 나라에서 '작은 플루트' 라는 이름으로 불리고 있다. 피콜로는 플루트의 음높이보다 더 높은 음을 얻기 위해 만들어졌으며 그 음색은 빛나는 듯 화려하다. 그러나 음역이 사용범위가 한정되어 있어서 관현악에서는 특별한 효과를 낼 때만 쓰인다.

플루트

플루트는 최고음역을 가진 목관악기로 '피리' 란 뜻을 가지며 관악기로 통용된다. 하지만 한국에서는 보통 오케스트라에서 사용되는 백통(白銅) · 은 등의 금속제로 만들어진 특정한 가로피리를 가리킨다. 플루트 음악은 음색과 음량관계로 독주곡이 많은 것이 특징이다.

활동 8-2 대장간의 합창

활 동 목 표 ▶ • 음악을 듣고 느낌을 동작으로 표현할 수 있다.
• '대장간의 합창' 음악을 감상한다.

음악적 관련요소 ▶ • 리듬, 셈여림, 화성

교육과정 관련요소 ▶ • 예술경험 : 창의적으로 표현하기 - 신체와 도구를 활용하여 움직임과 춤으로 자유롭게 표현한다.
예술감상하기 - 다양한 예술을 감상하며 상상하기를 즐긴다.

준 비 물 ▶ • 베르디의 '일트로바토레* 중 대장간의 합창' 음악, 대장간 사진

활 동 방 법 ▶

1. 대장간 사진을 보며 대장간에 대해 이야기 나눈다.
   - 대장간이란 말을 들어본 적이 있니?
   - 대장간은 어떤 일을 하는 곳일까? 대장간은 쇠를 달구어 각종 연장을 만드는 곳인데, 옛날에는 시골장터나 마을마다 대장간이 있어 무딘 농기구나 각종 연장을 불에 달구어 새로운 연장을 만들어 내는 일을 하던 곳이었단다. 그리고 이런 일을 하는 사람을 대장장이라고 불렀단다.
2. 곡에 대한 소개를 한다.
   - 오늘 감상할 곡은 산 속의 대장간에서 철판을 두드리며 힘차게 부르던 합창곡이란다.
   - 대장간에서 철판을 어떻게 두드리는지 음악을 잘 들어보자.
3. 음악을 들려준다.
4. 음악을 들은 후 느낌을 이야기 나눈다.
   - 음악을 들으니 어떤 느낌이 드니?
   - 철판을 어떻게 두드리는 것 같니?
5. 음악을 다시 들려주며 철판을 두드리는 대장장이 모습을 표현해 보게 한다.

* **일트로바토레**

일트로바토레는 베르디의 이름을 널리 알린 4막의 오페라이며, 한 트로바토레(음유시인)에 얽힌 비극적 이야기이다.
이 중 대장간의 합창은 2막(집시들)에 등장하는 합창곡이다.

활동 8-3

타이프라이터

활 동 목 표 ▶
- 음악을 듣고 느낌을 동작으로 표현할 수 있다.
- '타이프라이터' 음악을 감상한다.

음악적 관련요소 ▶
- 셈여림, 고저, 리듬, 악센트, 변화, 화성

교육과정 관련요소 ▶
- 신체운동·건강: 신체 조절과 기본 운동하기 – 신체 조절하기
- 예술경험: 아름다움 찾아보기 – 예술적 요소에 관심을 갖고 찾아본다.
  창의적으로 표현하기 – 신체와 도구를 활용하여 움직임과 춤으로 자유롭게 표현한다.
  예술감상하기 – 다양한 예술을 감상하며 상상하기를 즐긴다.

준 비 물 ▶
- 앤더슨의 '타이프라이터' 음악, 타이프라이터 사진자료

활 동 방 법 ▶

1. 타이프라이터 사진을 보며 타이프라이터에 대해 이야기를 나눈다.
   - 타이프라이터를 본 적이 있니?
   - 어떤 일을 할 때 사용되는 것일까?
     타이프라이터는 컴퓨터가 나오기 전에 글을 칠 때 사용하던 기계란다.
   - 타이프라이터를 칠 때는 어떤 소리가 날까? 컴퓨터의 키보드 자판을 칠 때 나는 소리와 비슷한 소리가 나는데 타이프라이터는 컴퓨터와 다르게 한 줄을 다 치고 다음 줄로 넘어갈 때 벨이 울려서 종이를 위로 올려주어야 한단다.
2. 곡에 대한 소개를 한다.
   - 이 음악은 앤더슨이라는 작곡가가 타이프라이터를 분주하게 치는 모습을 보고 음악으로 표현한 곡이란다. 타이프라이터 치는 소리가 어느 부분에서 들리는지 잘 들어보자.

3. 음악을 들려준다.
4. 음악을 들은 후 느낌을 이야기 나눈다.
   - 음악을 들으니 어떤 느낌이 드니?
   - 타이프라이터를 치는 소리는 어떻게 들렸니?
5. 음악을 다시 감상하며 타이프라이터를 두 손으로 치는 모습을 함께 표현해 본다.

활동 8-4 돋보기 안경

활동목표 ▶ • 즐거운 마음으로 노래를 부른다.
• 주변에서 사용하는 도구에 대하여 관심을 가진다.

음악적 관련요소 ▶ • 고저, 리듬, 멜로디

교육과정 관련요소 ▶ • 예술경험 : 창의적으로 표현하기 - 노래를 즐겨 부른다.

준비물 ▶ • 노랫말 판, 돋보기 안경

활동방법 ▶ 1. 안경에 대한 수수께끼를 낸다.
- 더 잘 볼 수 있게 도와주어요.
- 여러 가지 모양이에요.
- 코와 귀에 걸어요.

2. 안경에 대한 여러 이야기를 나눈다.
- 안경은 어떤 사람이 쓰는 걸까?
- 안경에는 어떤 종류가 있을까?
- 안경이 우리에게 주는 편리함에는 무엇이 있을까?

3. 돋보기 안경을 보여주고 이야기 나눈다.
4. '돋보기 안경' 노래를 들려준다.
5. 한 가지 소리로 불러보며 곡조를 익힌다.
6. 가사를 넣어서 다함께 불러본다.

평가 ▶ • 재미있었던 부분은 어디였니?

돋보기 안경

이춘희 작사
김성균 작곡

활동 8-5

빙글빙글 세탁기

활 동 목 표 ▶
- 즐겁게 노래를 부른다.
- 세탁과정에 대하여 안다.

음악적 관련요소 ▶
- 리듬, 멜로디, 화성

교육과정 관련요소 ▶
- 신체운동·건강 : 신체활동 즐기기 - 신체를 인식하고 움직인다.
- 예술경험 : 창의적으로 표현하기 - 신체와 도구를 활용하여 움직임과 춤으로 자유롭게 표현한다.

준 비 물 ▶
- 노랫말 판, 세탁기 그림이나 사진

활 동 방 법 ▶

1. 세탁기 그림을 보며 세탁기의 특징에 대하여 이야기를 나눈다.
   - 어떻게 움직이나요?
   - 어떤 소리가 날까요?
2. 노래를 들려준다.
3. 한 가지 소리(예: 빙빙빙, 돌돌돌 등)로 음을 익힌다.
4. 노랫말을 넣어서 노래를 불러본다.
5. 노래를 완전히 익히면 손유희를 만들어 본다.
6. 노래를 부르며 손유희를 해본다.

평 가 ▶
- 재미있었던 부분은 어디니?

빙글빙글 세탁기

출처: 문혜옥, 박경선(1996). 유아음률교육. 창지사.

활동 8-6

종이악기 연주하기

활 동 목 표 ▶ • 종이를 가지고 다양한 소리를 만든다.
• 지시카드에 따라 종이로 소리를 낼 수 있다.

음악적 관련요소 ▶ • 음, 음색

교육과정 관련요소 ▶ • 예술경험 : 아름다움 찾아보기 – 예술적 요소에 관심을 갖고 찾아본다.
창의적으로 표현하기 – 신체, 사물, 악기로 간단한 소리와 리듬을 만들어본다.

준 비 물 ▶ • 종이(같은 종류의 종이 여러 장), 지시카드

활 동 방 법 ▶ 1. 종이를 탐색하고 종이로 소리를 내는 방법에 대하여 생각해 본다.
- 종이를 이용해서 소리를 만들어 볼 수 있을까?
- 종이에서는 어떤 소리가 날까? 손가락으로 튕기며 쳤을 때, 찢었을 때, 구겼을 때, 손바닥으로 비볐을 때, 돌돌 말았을 때

2. 영유아가 좋아하는 소리를 선택하여 소리를 만들어 본다.

3. 친숙한 노래를 정해서 교사는 그림과 같은 지시카드를 제시하고 영유아들은 노래를 부르며 종이악기를 연주해 본다.

평 가 ▶ • 종이악기 연주를 해본 느낌이 어떠니?
• 종이로 어떻게 소리내는 것이 제일 재미있었니?

〈지시카드〉

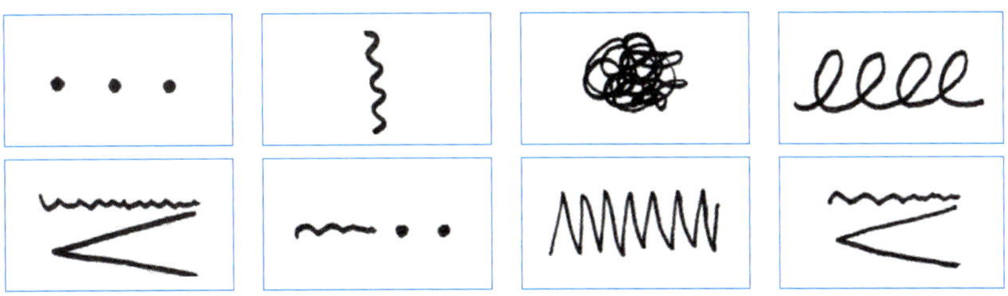

활동 8-7

악기놀이

활 동 목 표 ▶ • 연주방법에 따라 악기소리의 크기가 다름을 안다.
• 노래에 맞추어 악기연주를 한다.

음악적 관련요소 ▶ • 장단, 리듬, 음색

교육과정 관련요소 ▶ • 예술경험 : 창의적으로 표현하기 – 신체, 사물, 악기로 간단한 소리와 리듬을 만들어 본다.

준 비 물 ▶ • 피아노, 나팔, 큰북, 소리조절판 그림, '악기놀이' 노랫말 판

활 동 방 법 ▶
1. 악기의 소리를 탐색한다.
   - 피아노를 쳐보자.
   - 큰북을 쳐보자.
   - 나팔을 불어보자.
2. 노래 배우기 시간에 배운 '악기놀이' 노래를 불러본다.
3. 노랫말에 나온 것처럼 악기를 연주해 본다.
   - 피아노를 힘껏 쳐보자, 가만히 쳐보자.
   - 큰북을 힘껏 때려보자, 가만히 때려보자.
   - 나팔을 힘껏 불어보자, 가만히 불어보자.
4. 노래를 부르면서 악기를 연주해 본다.

평 가 ▶ • 악기를 그냥 칠 때와 노래를 부르면서 칠 때의 느낌이 어떠니?
• 여러 악기 중 가장 재미있었던 악기는 어떤 것이었니?

〈악기그림〉

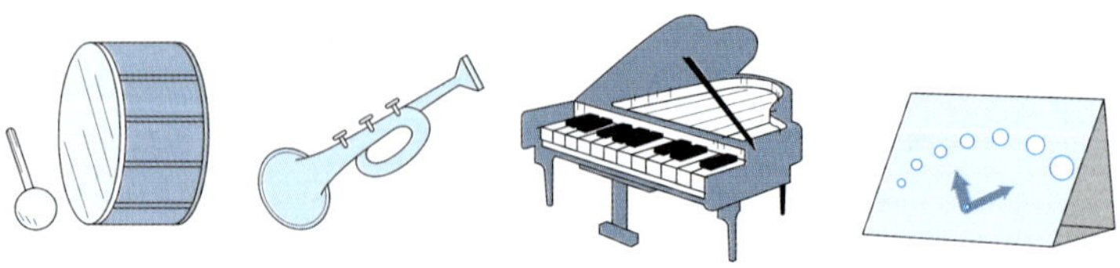

활동 8-8 할아버지는 목공

활동목표
- 연장의 종류 및 이름을 안다.
- 식탁 만드는 과정을 알고 몸으로 표현해 본다.
- 음악을 듣고 상상할 수 있다.

음악적 관련요소
- 리듬, 역동성

교육과정 관련요소
- 신체운동·건강 : 신체활동 즐기기 - 신체를 인식하고 움직인다.
- 예술경험 : 창의적으로 표현하기 - 신체와 도구를 활용하여 움직임과 춤으로 자유롭게 표현한다.

준비물
- 그림카드(연장), 녹음기, 음악테이프(헨델의 '흥겨운 대장장이')

활동방법

1. 식탁을 만드는 과정에 대해 함께 이야기를 나눈다.
   - 어떤 연장들이 필요할까?
   - 나무를 자르려면 무엇이 필요할까?
   - 못을 박으려면 무엇이 필요할까?
   - 구멍을 뚫으려면 무엇이 필요할까?
   - 이렇게 나무로 물건을 만드는 사람을 목공이라 한단다.
2. 이야기를 들려준다.
   - 저녁을 드시러 할아버지가 오셨어요. 형도 문을 열고 들어왔어요. 형은 식탁이 없다고 하면서 바닥에서 밥을 먹자고 했어요. 그랬더니 할아버지께서는 식탁을 만들자고 하셨어요. 형은 놀랐어요. 그런데 정말 할아버지께서 진짜 식탁을 만들기 시작하셨어요.
     쓱싹쓱싹: 톱질을 해 보세요.
     쾅쾅쾅: 망치로 못을 박아보세요.
     윙윙윙윙: 구멍 뚫는 기계로 나무를 뚫어보세요.
     뱅뱅뱅: 나사못을 박아보세요.
     휙휙휙: 자, 이제는 식탁에 멋지게 색을 칠해 보아요.
     할아버진 식탁을 만들어요. 정말 우린 놀랐어요.

3. '흥겨운 대장장이' 음악을 틀어주고 식탁 만드는 과정을 다양하게 표현하도록 한다.

평 가

- 목공 연장에는 무엇 무엇이 있었니?
- 연장을 사용할 때 나는 소리를 들어본 느낌이 어떠니?
- 정말 식탁을 만드는 것 같았니? 어디가 제일 재미있었니?

〈연장그림카드〉

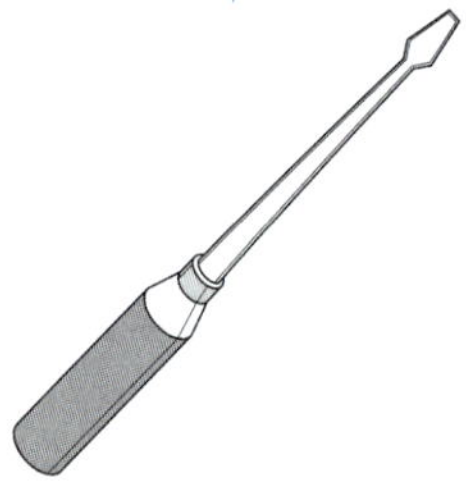

〈드라이버〉

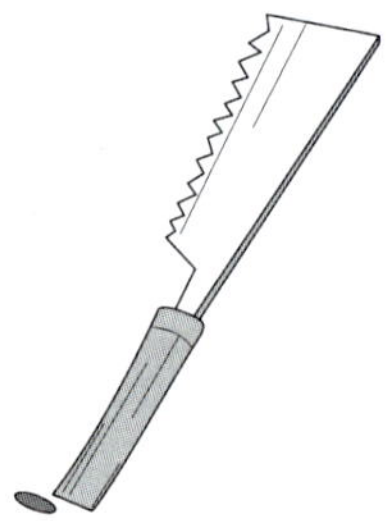

〈톱〉

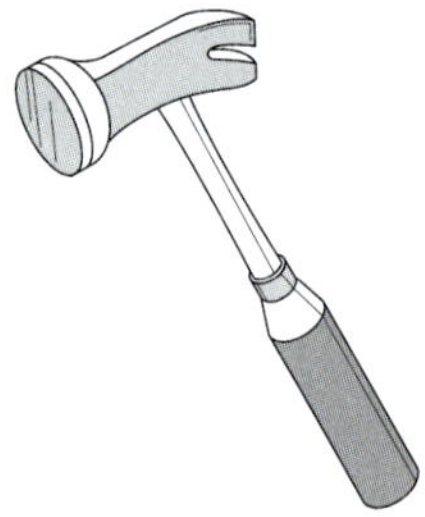

〈망치〉

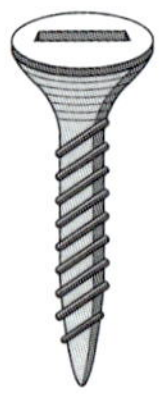

〈나사못〉

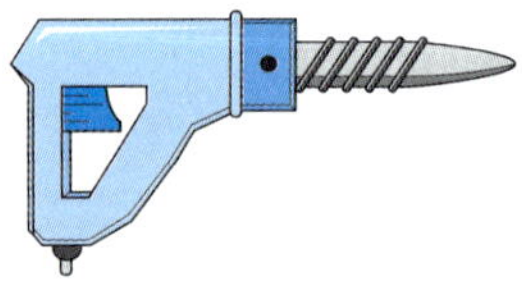

〈드릴: 구멍뚫는 기계〉

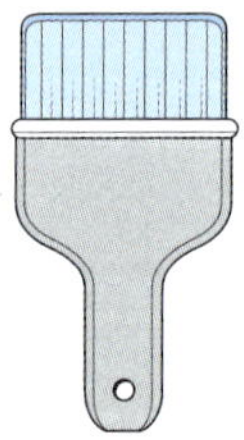

〈붓〉

활동 8-9 거울 되어 보기

활 동 목 표 ▶
- 거울의 특성을 안다.
- 다른 사람의 움직임을 인식하고 즐겁게 따라해 본다.

음악적 관련요소 ▶
- 리듬

교육과정 관련요소 ▶
- 신체운동· 건강 : 신체활동 즐기기 – 신체를 인식하고 움직인다.
- 예술경험 : 창의적으로 표현하기 – 신체와 도구를 활용하여 움직임과 춤으로 자유롭게 표현한다.

준 비 물 ▶
- 전신거울, 경쾌한 음악

활 동 방 법 ▶
1. 전신거울을 보여주고 몇 명의 영유아를 나오게 하여 거울 앞에서 여러 가지 동작을 해보게 한다.
   - 우리가 움직이면 거울 속의 우리는 어떻게 움직일까?
2. 거울놀이에 대하여 소개하고 거울놀이를 재미있게 할 수 있는 방법에 대하여 이야기를 나눈다.
   - 거울이 된 사람은 어떻게 해야 할까?
   - 거울을 보는 사람은 어떻게 해야 할까?
3. 둘씩 짝지어 역할(거울이 될 영유아와 거울을 볼 영유아)을 정한 다음, 마주보고 선다.
4. 거울이 된 영유아는 앞에 선 영유아의 동작을 주의 깊게 관찰하고 그대로 따라서 움직인다.
5. 역할을 바꾸어서 반복하고, 가능하면 친구와 다른 새로운 동작을 해보도록 한다.
6. 활동에 익숙해지면 경쾌한 음악을 틀어주고 신체표현을 해보게 한다.

평 가 ▶
- 거울이 된 사람은 앞사람의 동작을 잘 따라했니?
- 거울을 보았던 사람은 몸을 여러 가지 방법으로 재미있게 움직여 보았니?

활동 8-10

공 춤

활 동 목 표

- 공을 이용하여 다양한 움직임을 경험한다.
- 신체 부분과 기구와의 협응력을 갖는다.

음악적 관련요소

- 리듬, 강약, 악센트, 변화

교육과정 관련요소

- 신체운동·건강 : 신체활동 즐기기 - 신체를 인식하고 움직인다.
  - 기초적인 이동운동, 제자리운동, 도구를 이용한 운동을 한다.
- 예술경험 : 창의적으로 표현하기 - 신체와 도구를 활용하여 움직임과 춤으로 자유롭게 표현한다.

준 비 물

- 탱탱볼, 명쾌한 음악(예: 자메이카의 휴일)

활 동 방 법

1. 공에 대해 자유롭게 탐색해본다. 가능한 한 충분한 시간을 주어 다양하고 새로운 움직임을 하도록 격려한다.
   - 공을 이용하여 어떻게 움직여 볼 수 있겠니?
2. 몇 개의 쉬운 활동부터 2~4번 반복하여 음악에 맞추어 동작한다.
   - 공을 튕겨보자.
   - 공을 던지고 다시 받아보자.
   - 무릎 사이에 공을 끼우고 걸어보자(뛰어보자).
   - 공을 배 밑에 깔고 엎드려 몸을 아래위로 밀어보자.
3. 음악에 맞추어 창의적으로 공을 이용하여 표현해 본다.

평 가

- 공을 이용하여 어떤 동작을 해보았니?
- 공을 가지고 춤을 추어 보니까 어떤 느낌이 드니?

활동 8-11

자석놀이

활동목표
- 자석의 특징과 용도에 대하여 안다.
- 신체를 이용하여 자석의 성질을 창의적으로 표현한다.

음악적 관련요소
- 리듬

교육과정 관련요소
- 신체운동·건강 : 신체활동 즐기기 - 신체를 인식하고 움직인다.
- 예술경험 : 아름다움 찾아보기 - 예술적 요소에 관심을 갖고 찾아본다.
  창의적으로 표현하기 - 신체와 도구를 활용하여 움직임과 춤으로 자유롭게 표현한다.

준비물
- 종이 머리띠(자석, 자석에 붙는 것, 자석에 붙지 않는 것을 그린 종이 머리띠), 큰북

활동방법

1. 자석의 성질에 대하여 이야기를 나눈다.
   - 자석은 어떠한 특징이 있니?
   - 자석에 붙는 것과 붙지 않는 것에는 어떤 것들이 있을까?
2. 2~3명이 나와서 머리띠를 두른 다음 자석에 붙는 것과 붙지 않는 것을 표현한다.
   - 자석이 서로 붙는 모습, 서로 밀어내는 모습
   - 물체가 자석에 붙는 모습, 붙지 않는 모습
3. 북소리를 들려준다.
   - 빠르게 칠 때 어떻게 움직일까?
   - 느리게 칠 때 어떻게 움직일까?
4. 전체 영유아들이 음악과 교사의 언어적 지시에 따라 자석의 성질을 창의적으로 표현한다.

평가
- 자석이 되어 본 기분이 어떠니?
- 재미있었던 표현은 어떤 것이었니?
- 표현할 때 어려웠던 점은 무엇이었니?

활동 8-12 빨래(손유희)

활 동 목 표
- 의성어를 동작으로 표현해 본다.
- 둘이 함께 협동하여 동작을 만들어 본다.

음악적 관련요소
- 리듬

교육과정 관련요소
- 신체운동·건강: 신체활동 즐기기 – 신체를 인식하고 움직인다.
- 예술경험: 아름다움 찾아보기 – 예술적 요소에 관심을 갖고 찾아본다.
  창의적으로 표현하기 – 신체와 도구를 활용하여 움직임과 춤으로 자유롭게 표현한다.

〈내 용〉

절벅절벅 절벅절벅 비누칠하고/ 한 바퀴/

샥-샥- 샥-샥-비비고/ 한 바퀴/

토닥토닥 토닥토닥 방망이질하고/ 한 바퀴/

뽀드득 뽀드득 뽀드득 뽀드득 꼭 짜고/ 한 바퀴/

펄럭펄럭 펄럭펄럭/ 빨래줄에 널고/ 한 바퀴/

절벅절벅 절벅절벅 비누칠하고	한 바퀴	샤- 샤- 샤- 샤- 비비고	토닥토닥 토닥토닥 방망이질하고

비누칠하는 표현을 한다.	두 손을 앞으로 동그랗게 한 번 크게 돌린다.	두 영유아가 손을 마주 잡고 교대로 왔다 갔다 한다.	방망이질을 표현한다.

뽀드득 뽀드득 뽀드득 뽀드득 꼭 짜고	펄럭펄럭 펄럭펄럭	빨랫줄에 널고

양팔을 교차해서 비틀어 싼나.	두 영유아가 손을 마주 잡고 양옆으로 똑같이 흔든다.	두 영유아가 손을 마주 잡고 빨래를 너는 것처럼 한다.

활동 8-13

세 마리 곰(음악극)

활 동 목 표
- 가족의 소중함을 안다.
- 크고/작고, 높고/낮고 등의 비교개념을 안다.
- 음악극을 해보고 생각과 느낌을 서로 나눈다.

음악적 관련요소
- 장단, 고저, 리듬, 멜로디, 화성

교육과정 관련요소
- 예술경험 : 창의적으로 표현하기 - 노래를 즐겨 부른다.
  - 신체나 도구를 활용하여 움직임과 춤으로 자유롭게 표현한다.
  - 다양한 미술 재료와 도구로 자신의 생각과 느낌을 표현한다.
  - 극놀이로 경험이나 이야기를 표현한다.

준 비 물
- 음악극 악보, 음악극 음악, 등장인물 의상 및 소품(아빠곰, 엄마곰, 아기곰, 옥순이, 의자 3개, 그릇 3개, 침대 3개)

활 동 방 법
1. 동화를 듣고, 음악극을 하기 위해서 어떤 준비가 필요한지 이야기 나눈다.
   - '세 마리 곰'을 음악극으로 하려면 어떤 준비가 필요할까?
2. 음악극 노래를 배운다.
   - '세 마리 곰' 음악극 노래를 배운다.
   - 크고/작고, 높고/낮고와 같은 음악적 요소를 고려하여 노래를 배운다.
3. 음악극 노래에 맞추어 동작을 만들어본다.
   - 아빠곰, 엄마곰, 아기곰에 맞는 동작을 표현한다.
   - 음악극 노래의 상황에 맞게 동작을 표현한다.
4. 음악극 노래를 녹음한다.
5. 아빠곰, 엄마곰, 아기곰, 옥순이 의상 및 소품을 준비한다.
6. 역할(등장인물과 스탭)을 나누어 음악극을 공연한다.
7. 역할을 바꾸어 음악극을 공연한다.

평 가
- 아빠곰이 쓰는 물건은 아기곰 물건과 어떻게 다르니?
- 옥순이가 세 마리 곰의 집에서 무엇을 했니?

(무대에는 곰 세 마리 집 안이 그려져 있고, 침대, 식탁, 의자, 죽그릇이 놓여져 있다.)

세 마리 곰

• 해설 : 숲 속 작은 집에 곰 세 식구가 살고 있어요. (세 마리 곰이 등장한다.)

Frank Luther 작
안희옥 · 이은화 옮김

〈음악 : 피아노 연주〉

(곰 세 마리가 차례로 인사하면서)

〈아빠곰〉 〈엄마곰〉

〈아기곰〉 〈모두 함께〉

(의자를 차례로 옮겨 놓으면서)

(밥상 위에 죽 그릇을 놓으면서)

(침대를 만지면서)

〈아기곰〉

(옥순이가 산으로 소풍을 간다.)

〈옥순이〉

(옥순이가 곰집 안으로 들어간다.)

〈옥순이〉

(옥순이는 침실로 들어간다.)

〈옥순이〉

(옥순이가 잠을 잔다.)

〈음악 : 피아노 연주〉

소풍 나갔던 곰 세 식구가 집으로 돌아온다. (곰 세 마리 등장)

〈음악 : 피아노 연주〉 행진곡 같이

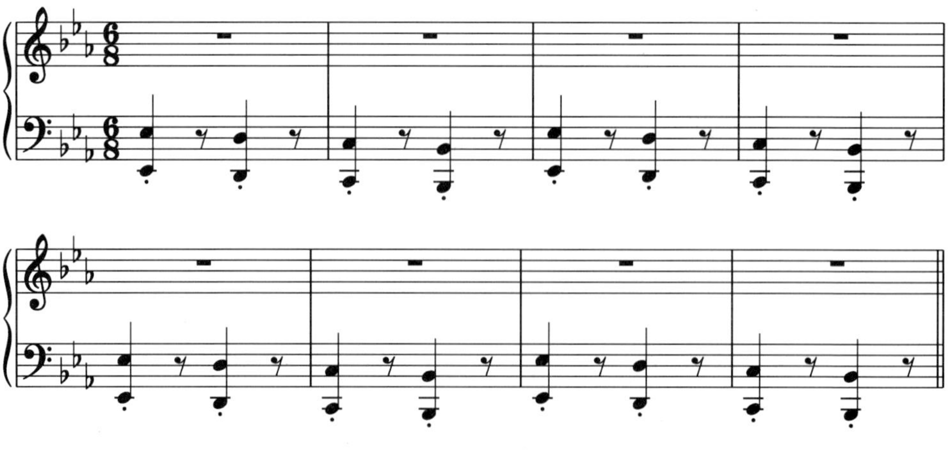

(식당에서)

〈아빠곰〉
아 니누 가 여기들어왔나 보 다 –
아 니누 가 내죽을맛봤나 보 다 –
〈엄마곰〉
아 니누 가 여기들어왔나
아 니누 가 내죽을맛봤나
〈아기곰〉
보 다 – 아 니누 가 여기들어왔나
보 다 – 아 니누 가 내죽을맛봤나
보 다 – 내익–자 가 망가–졌 네 잉 잉
보 다 – 다먹–었 네 다먹–었 네 잉 잉

(침실로 간다.)

〈음악 : 피아노 연주〉

(침실에서)

〈아빠곰〉
아 니누 가 내침 대누웠 었 나 봐 –
〈엄마곰〉
아 니누 가 내침 대누웠 었 나 봐 –
〈아기곰〉
아 니누 가 내 침 대 누 웠 었 나 봐
– – 엄 마 여 기 있 네 잔 다

(옥순이 놀라서 일어난다.)

〈음악 : 피아노 연주〉

(옥순이는 도망간다.)

〈모두 다 함께〉

〈음악 : 피아노 연주〉

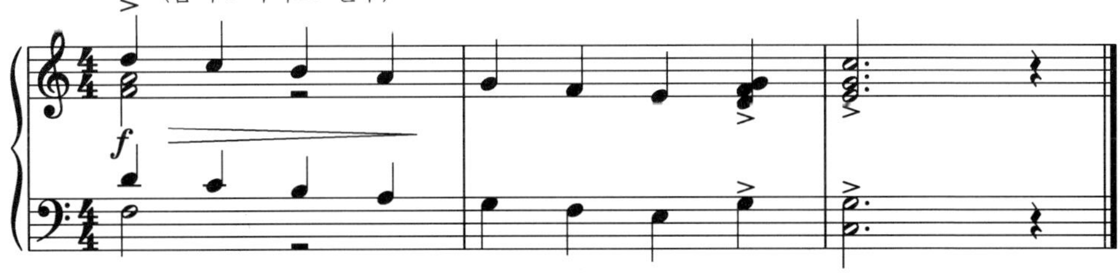

Chapter 9

우리나라와 세계 여러 나라

음악감상하기

- 사물놀이
- 음악이 필요해요
- 어떤 춤이 어울릴까요

노래부르기

- 우리나라
- 손짓으로 노래해요
- 여행
- 세계의 아침인사

악기다루기

- 전통악기 다루어 보기
- 악기 이름을 알아보자

동작으로 표현하기

- 따라해 보세요
- 아름다운 우리나라 춤
- 우린 우린 그렇지 않아 (손유희)

통합적으로 표현하기(음악극)

- 인디언 이야기

활동 9-1

사물놀이

활 동 목 표 ▶ • 우리나라 전통음악을 듣고 즐긴다.
• 전통음악을 연주하는 데 사용되는 우리나라 전통악기에 친숙해진다.

음악적 관련요소 ▶ • 강약, 음색, 화성

교육과정 관련요소 ▶ • 예술경험 : 창의적으로 표현하기 – 신체, 사물, 악기로 간단한 소리와 리듬을 만들어본다.
예술감상하기 – 다양한 예술을 감상하며 상상하기를 즐긴다.

준 비 물 ▶ • 전통악기 소리, 사물놀이 연주음악, 전통악기, 사물놀이에 관련된 책이나 그림자료, 실물자료

활 동 방 법 ▶
1. 그림자료(징, 꽹과리, 장구, 북)나 실물악기를 보며 이야기 나눈다.
   - 이런 악기들을 본 적 있니?
   - 어디에서 보았니?
   - 무엇으로 만들었을까?
   - 어떻게 소리를 내는 걸까?
   - 징, 꽹과리, 장구, 북의 네 가지 악기로 연주하는 놀이를 사물놀이라고 한단다.
2. 각 악기의 형태를 탐색하고 악기의 이름을 알아본다.
3. 다양한 방법으로 소리를 내며 탐색해 본다.
4. 음악을 들으며 각각의 악기소리와 사물놀이 연주곡을 감상해 본다.
5. 감상 후 느낌을 이야기해 본다.

평 가 ▶ • 악기소리의 느낌이 어떠니?
• 우리나라 악기는 피아노나 바이올린과 같은 다른 나라 악기와 어떻게 다르니?

활동 9-2

음악이 필요해요

활 동 목 표 ▶ • 다양한 종류의 음악을 듣고 생각과 느낌을 이야기할 수 있다.
• 음악의 쓰임새에 대하여 안다.

음악적 관련요소 ▶ • 화성, 음색

교육과정 관련요소 ▶ • 예술경험 : 아름다움 찾아보기 - 예술적 요소에 관심을 갖고 찾아본다.
예술감상하기 - 다양한 예술을 감상하며 상상하기를 즐긴다.

준 비 물 ▶ • 음악(영유아들에게 친숙한 동요, 광고음악, 관현악단 연주 음악 등을 30초 정도씩 녹음하여 편집), 음악활동을 하는 사진 또는 그림자료(노래하는 사진, 텔레비전 광고 장면, 관현악단 사진 등)

활 동 방 법 ▶
1. 음악을 들으며 이야기를 나눈다.
   - 이런 음악을 들어본 적 있니?, 언제 들어 보았니?
   - 이 음악을 들으니까 어떤 느낌이 드니?
2. 음악을 다시 들어보면서 어울리는 사진이나 그림자료를 선택해 본다.
   - 이 음악과 어떤 그림(사진)이 어울릴 것 같니?, 왜 그렇게 생각하니?
3. 음악의 쓰임새와 특징에 대해 이야기 나눈다.
   - 사람들은 어떤 곳에서 음악을 사용할까?
   - 이때 음악이 없으면 어떤 느낌이 들까?
   - 어떤 때 음악을 듣고 싶니?

평 가 ▶ • 다양한 음악을 들어보니까 어떠니?

〈사진자료〉

활동 9-3 어떤 춤이 어울릴까요

활동목표 ▶
- 다양한 음악을 듣고 생각과 느낌을 서로 이야기 나눈다.
- 음악의 특징을 살려 다양한 동작으로 표현한다.

음악적 관련요소 ▶
- 장단, 고저, 강약, 화성, 멜로디, 리듬

교육과정 관련요소 ▶
- 신체운동·건강 : 신체활동 즐기기 - 신체를 인식하고 움직인다.
- 예술경험 : 아름다움 찾아보기 - 예술적 요소에 관심을 갖고 찾아본다.
  창의적으로 표현하기 - 신체와 도구를 활용하여 움직임과 춤으로 자유롭게 표현한다.
  예술감상하기 - 다양한 예술을 감상하며 상상하기를 즐긴다.

준비물 ▶
- 여러 가지 춤에 맞는 음악(아리랑 춤, 발레, 무당춤, 괌 민속춤 등을 30초 정도씩 녹음하여 편집), 여러 가지 춤에 관한 사진 또는 그림자료

활동방법 ▶

1. 춤에 관한 사진을 보며 이야기를 나눈다.
   - 어떤 나라의 춤일까?
   - 어떻게 추는 춤일까?
2. 사진 속의 동작에 대해 이야기 나눈다.
   - 사진 속에 있는 사람처럼 춤을 추어볼까?
3. 음악을 한 가지씩 들으며 이야기 나눈다.
   - 이 음악을 들으니 기분이 어떠니?
   - 이 음악에 맞추어 춤을 춘다면 어떻게 추고 싶니?
   - 어떤 음악이 가장 신나니?
   - 가장 조용한 느낌이 드는 음악은 어떤 것이니?
4. 다시 음악을 들으면서 가장 어울릴 것 같은 춤 사진을 골라본다.
   - 이 음악에 가장 잘 어울리는 춤은 어떤 것일까?
5. 하고 싶은 영유아는 음악에 어울리는 사진을 찾고 춤을 추어보도록 한다.

평 가

- 춤을 출 때 사용하는 음악을 들어보니 어떠니?
- 음악에 맞추어 춤을 추어보니까 어떠니?

활동 9-4

우리나라

활동목표	• 노랫말을 듣고 우리나라에 대해 친밀감을 가진다. • 우리나라에는 사계절이 있음을 알 수 있다.
음악적 관련요소	• 장단, 리듬, 멜로디, 화성
교육과정 관련요소	• 예술경험 : 창의적으로 표현하기 - 노래를 즐겨 부른다.
준비물	• 노랫말 판, 소고나 장구
활동방법	1. 주의를 집중시킨 후 노래를 들려준다. 2. 노래를 듣고 노랫말에 대해 이야기를 나눈다. - 무엇을 노래한 것일까? - 우리나라는 어떤 나라일까? 3. 가사 대신 '라라라'로 불러본다. 4. 가사를 넣어서 함께 불러보며 노랫말을 익힌다. 5. 노래에 익숙해지면 소고나 장구와 같은 악기로 리듬을 맞추어 주면서 불러본다.
평가	• 소고(장고)를 쳐주니까 노래 부를 때 느낌이 어떠니? • 어떤 부분이 제일 재미있었니?

우리나라

김성균 작사 · 곡

〈그림자료〉

활동 9-5

손짓으로 노래해요

활동목표 ▶ • 말을 할 수 없는 사람이 있음을 알고 존중한다.
• 노래를 다양한 방법으로 부른다.

음악적 관련요소 ▶ • 음, 멜로디

교육과정 관련요소 ▶ • 신체운동·건강 : 신체활동 즐기기 – 신체를 인식하고 움직인다.
• 예술경험 : 창의적으로 표현하기 – 신체와 도구를 활용하여 움직임과 춤으로 자유롭게 표현한다.

준비물 ▶ • 노랫말 판, 수화그림, 노래테이프, 녹음기

활동방법 ▶

1. 생일축하 노래를 불러본다.
2. 다른 나라 사람들은 생일축하 노래를 어떻게 부르는지에 대해 이야기 나눈다.
   - 영어로 불러본 적이 있니?
   - 일본 사람들은 생일축하 노래를 어떤 말로 부를까?
   - 중국 사람들은 어떻게 부를까?
3. 여러 나라의 말로 노래를 불러본다.
4. 수화에 대해 알아본다.
   - 말을 할 수 없는 사람들은 어떻게 노래를 부를까?
5. 수화로 노랫말을 알아본다.
6. 여러 나라의 말과 수화로 노래를 불러본다.

평가 ▶ • 다른 나라 말로 노래를 불러보니 느낌이 어떠니?
• 수화로 노래를 불러보니 느낌이 어떠니?

생일노래

외국 곡

〈수화그림〉

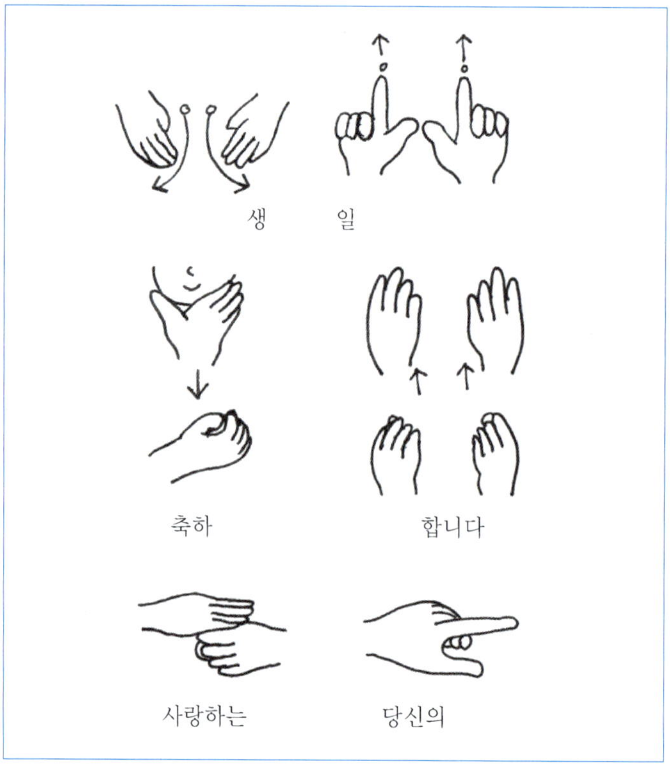

활동 9-6

여행

활 동 목 표
- 노랫말을 통해 다른 나라의 생활환경에 관심을 가진다.
- 노래를 부르며 상상해 볼 수 있다.

음악적 관련요소
- 고저, 멜로디

교육과정 관련요소
- 예술경험 : 창의적으로 표현하기 - 노래를 즐겨 부른다.

준 비 물
- 그림자료, 노랫말 판

활 동 방 법

1. 비행기나 배를 타고 여행해 본 경험에 대해 이야기 나눈다.
2. 그림자료를 보여주며 노랫말의 내용에 대해 이야기한다.
3. 노래를 여러 가지 방법으로 들려준다.
   - 악기로 가락을 만들어 본다.
   - 반주와 함께 가락을 들어본다.
   - 노랫말을 붙여 들어본다.
4. 노래에 익숙해지면 나라 이름과 그 나라의 특징을 나타내는 노랫말을 넣어 다양하게 바꾸어 불러본다.

평 가
- 노래를 부른 후 느낌은 어땠니?
- 어느 나라를 여행하고 싶니?

여행

프랑스 민요

〈그림자료〉

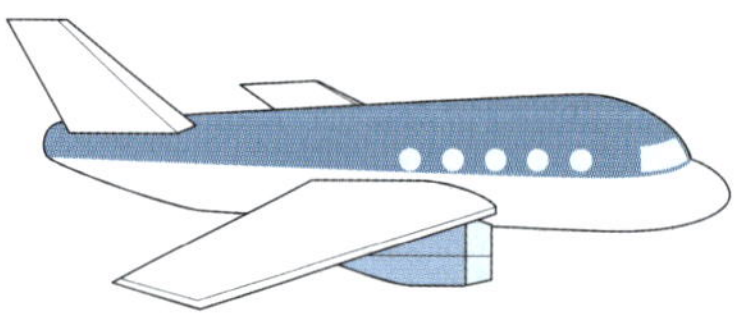

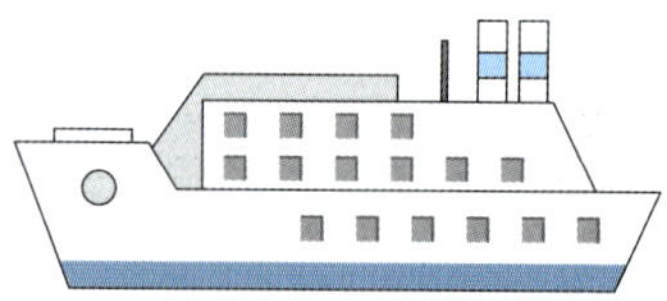

활동 9-7 세계의 아침인사

활 동 목 표
- 다른 나라의 인사말을 알아본다.
- 즐거운 마음으로 노래를 부른다.

음악적 관련요소
- 리듬, 장단, 멜로디

교육과정 관련요소
- 예술경험 : 창의적으로 표현하기 - 노래를 즐겨 부른다.

준 비 물
- 노랫말 판

활 동 방 법
1. 영유아들의 주의를 집중시킨 후 세계 여러 나라 중 알고 있는 나라 이름을 물어본다.
2. 노래를 들려준다.
3. 노랫말에 어느 나라가 나왔는지 물어본다.
4. 다함께 노랫말을 알아본다.
5. 미국, 일본, 프랑스, 독일의 인사말 부분을 4팀으로 나누어 노래부른다.
6. 나라의 인사말 부분을 바꾸어 불러본다.

평 가
- 노래를 부른 후 느낌은 어땠니?
- 어느 나라 말로 아침인사를 하고 싶니?

세계의 아침인사

윤현진 작사 · 곡

활동 9-8

전통악기 다루어 보기

활 동 목 표 ▶ • 우리나라 전통악기에 관심을 가진다.
• 우리나라 전통악기의 소리를 구별한다.

음악적 관련요소 ▶ • 리듬, 음색

교육과정 관련요소 ▶ • 예술경험 : 아름다움 찾아보기 – 예술적 요소에 관심을 갖고 찾아본다.
창의적으로 표현하기 – 신체, 사물, 악기로 간단한 소리와 리듬을 만들어본다.

준 비 물 ▶ • 장구, 북, 징, 꽹과리, 악기 사진자료, 악기소리 녹음테이프, 녹음기

활 동 방 법 ▶ 1. 악기소리를 들려주고 그 소리에 맞는 악기그림을 찾아보게 한다.
2. 악기의 소리를 탐색한다.
- 장구를 쳐보자.
- 북을 쳐보자.
- 징을 쳐보자.
- 꽹과리를 쳐보자.
3. 노래배우기 시간에 배운 색종이 노래를 불러본다.
4. 노래를 부르면서 악기를 연주해 본다.

평 가 ▶ • 우리나라 악기를 연주해 보니 느낌이 어떠니?

〈사진자료〉

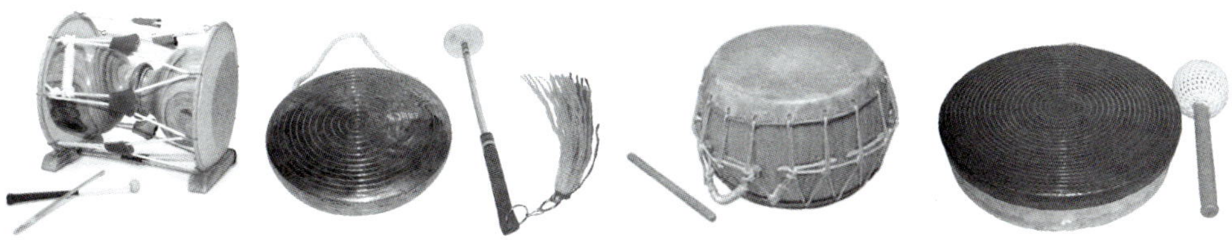

활동 9-9 악기 이름을 알아보자

활동목표	• 우리나라 전통악기에 관심을 가진다.
음악적 관련요소	• 음색
교육과정 관련요소	• 예술경험 : 아름다움 찾아보기 - 예술적 요소에 관심을 갖고 찾아본다. 창의적으로 표현하기 - 신체, 사물, 악기로 간단한 소리와 리듬을 만들어 본다.
준비물	• 악기 소개를 위한 테이블 인형세트, 악기소리(북, 박, 편종, 가야금, 장고, 아쟁, 단소, 대금 등), 녹음기
활동방법	1. 녹음된 악기소리를 들려주고 알고 있는 악기 중 비슷한 소리가 나는 악기 이름을 말하게 한다. - 어떤 악기소리처럼 들리니? 2. 악기를 소개한다. 3. 알고 있는 악기소리와 비교해 본다. 4. 다시 한 번 들어보고 주변의 악기로 비슷한 소리를 낼 수 있도록 해본다.
평가	• 우리나라 악기의 모양과 이름을 알 수 있었니? • 우리나라 악기와 비슷한 다른 나라 악기에는 어떤 것이 있을까?

〈악기소개용 마라카스 인형사진〉

활동 9-10

따라해 보세요

활 동 목 표 ▸ • 여러 나라의 다양한 춤동작에 관심을 가진다.
• 다양한 기본 춤동작을 따라 한다.

음악적 관련요소 ▸ • 장단, 강약, 악센트

교육과정 관련요소 ▸ • 신체운동·건강 : 신체활동 즐기기 – 신체를 인식하고 움직인다.
• 예술경험 : 아름다움 찾아보기 – 예술적 요소에 관심을 갖고 찾아본다.
창의적으로 표현하기 – 신체와 도구를 활용하여 움직임과 춤으로 자유롭게 표현한다.
예술감상하기 – 다양한 예술을 감상하며 상상하기를 즐긴다.

준 비 물 ▸ • 다양한 춤동작 그림자료, 세계 여러 나라의 음악

활 동 방 법 ▸ 1. 다양한 춤동작 그림카드를 보며 춤동작에 대해 이야기를 나눈다.
- 어느 나라의 춤일까?
- 무엇을 들고 춤을 추고 있니?

2. 춤동작 그림카드를 보며 동작을 따라해 본다.
3. 음악을 들려준다.
4. 음악에 적절한 춤동작을 해본다. 이때 교사는 영유아들의 몸짓에 대해 구체적으로 격려해 준다.
- 정말 멋지게 추는구나.
- ~처럼 똑같구나.

평 가 ▸ • 어느 나라의 춤이 재미있었니?
• 어느 음악이 제일 신이 났니?

〈그림자료〉

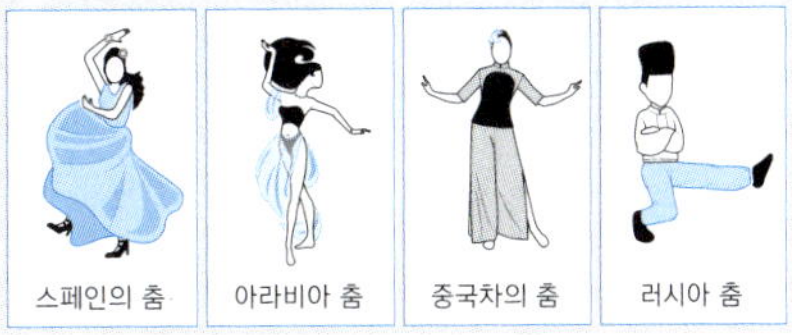

활동 9-11

아름다운 우리나라 춤

활동목표
- 우리나라 전통춤에 관심을 가진다.
- 전통춤과 관련된 경험이나 느낌을 이야기한다.

음악적 관련요소
- 강약, 악센트, 음색

교육과정 관련요소
- 신체운동·건강 : 신체활동 즐기기 – 신체를 인식하고 움직인다.
- 예술경험 : 아름다움 찾아보기 – 예술적 요소에 관심을 갖고 찾아본다.
  창의적으로 표현하기 – 신체와 도구를 활용하여 움직임과 춤으로 자유롭게 표현한다.
  예술감상하기 – 다양한 예술을 감상하며 상상하기를 즐긴다.

준비물
- 우리나라의 여러 가지 전통춤(북춤, 부채춤, 탈춤, 살풀이)에 관한 사진이나 그림자료, 북, 부채, 탈, 수건

활동방법

1. 준비한 사진을 나란히 붙이며 이야기 나눈다.
   - 우리나라 춤 사진을 보니 느낌이 어떠니?
   - 이 사람들은 어떤 옷을 입고 춤을 추고 있니?
2. 춤에 관한 사진을 하나씩 보며 동작에 관해 이야기 나눈다.
   - 이런 춤을 추는 것을 본 적이 있니?
   - 무슨 춤이라고 할까?
   - 이 사람은 어떤 몸짓을 하고 있니?
   - 우리도 한 번 따라해 볼까?
3. 춤을 출 때 들고 있는 도구에 대해 이야기 나눈다.
4. 실물도구를 사용하여 춤동작을 직접 따라해 본다.

평가
- 우리나라 춤을 추어보니 느낌이 어떠니?
- 어느 춤이 가장 재미있었니?

살풀이

살풀이는 살을 풀기 위해 행하는 무속의례로 살은 잡귀나 귀신처럼 형상이 있는 것이 아니라 일종의 기 또는 에너지로 인간을 해치는 것을 뜻한다. 살풀이는 초상집을 다녀온 뒤 병이 나거나 부부 사이가 나쁠 때 또는 예방으로 하기도 한다.

부채춤

부채춤은 양손에 꽃그림이나 깃털로 장식된 화려한 부채를 들고 여러 가지 아름다운 모양을 구사하며 추는 춤이다.

북춤

북춤은 북을 치며 추는 춤으로 한국무용 가운데 악기를 이용하여 추는 춤 중 가장 대중적이며 예술적인 춤이다.

탈춤

탈춤은 얼굴에 탈을 쓰고 추는 한국의 춤으로 가면무용이라고도 한다. 신라시대의 처용무가 유명하며, 궁중무용으로 전해지던 것이 고려 · 조선시대에 이르러 민속무용으로 크게 발전하였다. 즉, 산대놀이춤, 봉산탈춤, 오광대탈춤, 사자탈춤 등으로 계승 · 발전한 것이다.

활동 9-12 우리 우리 그렇지 않아(손유희)

활동목표
- 우리 장단에 맞추어 동작을 표현해 본다.
- 우리 춤과 다른 나라 춤의 차이를 안다.

음악적 관련요소
- 리듬, 멜로디, 장단

교육과정 관련요소
- 신체운동·건강 : 신체활동 즐기기 – 신체를 인식하고 움직인다.
- 예술경험 : 아름다움 찾아보기 – 예술적 요소에 관심을 갖고 찾아본다.
  창의적으로 표현하기 – 신체와 도구를 활용하여 움직임과 춤으로 자유롭게 표현한다.

우리 우리 그렇지 않아

김성균 작사·곡

외국 사람들이	춤을 추면은	머리도 흔들고	몸도 흔들고

검지로 코를 높이 올린다.	두 팔을 오른쪽으로 두 번 왼쪽으로 두 번 흔든다.	머리를 좌우로 흔든다.	몸을 좌우로 흔든다.

모두 모두 흔들지	우린 우린 그렇지 않아	아리랑 아리랑	아라리요

머리와 몸을 같이 흔든다.	두 손을 차례로 포갠다. 왼손은 받쳐주고, 오른손을 흔들어 준다.	오른손을 크게 펼쳐 뒷머리를 쓰다듬은 후 손바닥을 펴서 내린다.	왼손을 크게 펼쳐 뒷머리를 쓰다듬은 후 손바닥을 펴서 내린다.

활동 9-13 인디언 이야기(음악극)

활 동 목 표
- 인디언 이야기 음악극을 할 수 있다.
- 인디언 음악에 맞추어 동작을 표현해 볼 수 있다.

음악적 관련요소
- 장단, 고저, 리듬, 멜로디, 화성, 음색

교육과정 관련요소
- 예술경험 : 창의적으로 표현하기
  - 노래를 즐겨 부른다.
  - 신체나 도구를 활용하여 움직임과 춤으로 자유롭게 표현한다.
  - 다양한 미술 재료와 도구로 자신의 생각과 느낌을 표현한다.
  - 극놀이로 경험이나 이야기를 표현한다.

준 비 물
- 음악극 악보, 녹음테이프, 등장인물 의상 및 소품(인디언, 창, 방패)

활 동 방 법

1. 음악극을 하기 위해서 어떤 준비가 필요한지 이야기 나눈다.
   - '인디언 이야기'를 음악극으로 하려면 어떤 준비가 필요할까?
2. 음악극 노래를 배운다.
   - '인디언 이야기' 음악극 노래를 배운다.
   - 인디언 음악의 리듬에 맞추어 노래부른다.
3. 음악극 노래에 맞추어 동작을 만들어 본다.
   - 인디언에 맞는 동작을 표현한다.
   - 인디언 음악에 맞는 동작을 표현한다.
4. 음악극 노래를 녹음한다.
5. 등장인물의 의상 및 소품을 준비한다.
6. 역할(등장인물과 스탭)을 나누어 공연한다.
   - 많은 영유아들이 참여할 수 있도록 인디언의 수를 늘릴 수도 있다.
7. 역할을 바꾸어서 공연한다.

평 가
- 인디언 이야기에서 나오는 노래와 음악은 느낌이 어떠니?
- 인디언들이 추는 춤은 어떠니?

인디언 이야기

무대 중앙에는 인디언 마을 풍경이 있고, 한쪽 편에 바닷가 풍경이 있다.

〈음악 : 배〉

• 해설 : 옛날 옛날 옷도 깃털도 배고 집도 모든 것이 온통 딸기처럼 새빨간 인디언 부족이 있었어요. 모든 것이 잔디처럼 초록색인 초록 인디언 부족이 있었어요. 어, 저기 빨간 부족이 빨간 배를 타고 오고 있네요.

〈효과음〉

• 빨간 부족 : 노를 저어라! 노를 저어라! 아! 저쪽에서 초록 부족이 배를 타고 오고 있어요.

〈효과음〉

• 초록 부족 : 힘차게 저어라, 힘차게 저어라. (두 부족이 마주친다.)
• 빨간 부족 : 초록 부족~~ 우리가 먼저 이 길을 지나가야겠다.
• 초록 부족 : 그럴 수는 없지!! 우리 초록 부족이 먼저 지나가야지!
• 빨간 부족 : 뭐야? 어째서 너희가 먼저 지나간다는 거야? 우리는 세 명이야!
너희는 두 명이구! 우리가 힘이 더 세단 말야! 그러니까 우리가 먼저 지나가야 해!
• 초록 부족 : 우린 두 사람이지만 우리 두 사람의 나이를 다 합쳐서 100살이 넘어. 우리가 너희보단 어른이잖아! 그러니까 우리가 먼저 지나가야 해.
• 빨간 부족 : 나이가 무슨 상관이야. 너희는 둘이지만 우린 셋이야. 힘을 합하면 우리가 훨씬 세다니깐!
(빨간 부족이 초록 부족을 밀고 먼저 지나간다.)
• 초록 부족 : 어!!~~ 뭐야. 으~~분하다. 어른도 몰라보고, 어디 두고 보자. 버릇없는 빨간 부족!!

〈음악 : 배〉

• 해설 : 어느 날, 빨간 부족의 용감한 사냥꾼 2명이 사냥을 하러 나갔을 때였어요.
(하수 쪽에 숨어 있던 초록 부족이 빨간 부족에게 화살을 쏜다.)

〈빨간 부족원 1〉

〈빨간 부족원 1〉

〈빨간 부족원들〉 빨리 빨리

- 빨간 부족 : 위험하다. 추장님께 알려드리자. (상수로 급하게 퇴장하며)
- 빨간 부족원1 : 추장님 추장님 큰일났어요. 초록 부족이 쳐들어 와요. (부대 밖에서)
- 빨간 부족원들 : 웅성웅성
- 빨간 추장 : 초록 부족이?
- 빨간 부족원들 : 추장님 추장님 큰일났어요. (추장 노래 나오기 전, 간주에서 빨간 부족 등장)

추장님! 큰일났어요.

〈빨간 부족원들〉

♩= 96
추 장님 추 장님 큰일이 났－어 요
sf
이웃나라초록부족 인디언들이 곧 바로여기로 쳐들어와요 －
성 난물결 처 럼－ 쳐 들어 와 요

〈빨간 추장〉
f
그 렇 담 우리 도공격하자
이웃에초록부족 인 디 언들
오늘은꼭 판가름을 내고 말테 다

• 빨간 추장 : 나를 따르라! 전쟁이다.

(두 부족 서로 마주보고 선다. 점점 가까워지며 말한다.)

• 초록 추장 : 너희 빨간 부족이 우리 초록 부족을 밀치고 먼저 지나갔지! 어른도 몰라보는 빨간 부족 버릇을 고쳐주마! 우리가 너희랑 전쟁을 하러 왔다.

• 빨간 추장 : 우리의 길을 막은 것은 너희 초록 부족이야. 그렇지만 전쟁을 원한다면 한 번 붙어 보자. 우리도 너희와 전쟁을 하겠다.

(빨간 부족원들과 초록 부족원들 서로 노려본다.)

〈빨간·초록 부족들〉

(점점 가까워지던 두 부족이 멈춰선다.)

- 빨간, 초록 부족들 : 이것이 무슨 소리지?

〈빨간 추장〉

Moderato
ff
p
그만들해 모 두들 조용들해 모 두들 조용들해 내 말을들 어
f
mp
라 저소리는무 어 냐 저소리는무 어 냐
멀 - 리 서 들 려오 는 요란스런저 소 리 는
pp
모 두들 조용히해 모 두들 조용히해 귀 를기울 여 라
pp

Allegretto
(조금 서둔다)
♩ = 120 〈빨간 · 초록 부족들〉
그렇다 틀림없는 괴 물 이다 배가고픈 괴물들이 분 명
mp
거칠 게 자라있는 선인장들사이로 성 큼 성 큼 바위들을뛰어넘어
이 쪽을향해오고 있 다 그렇다 틀림없는 괴 물 이다
〈고함소리〉

(효과음 조명. 괴물이 지나간다.)

(모두들 놀라서 떨며, 쓰러진다.)

어 라 모두같이힘을 함 쳐 괴물을쳐부숴 라
〈빨간 · 초록 부족들〉 〈빨간 · 초록 부족 추장들〉
괴물을쳐없애 라 와! 너 희들은 먼저
gliss.
〈정탐꾼 나간다〉
가 살펴라 들키지않게잘 해 와
(정탐꾼 들어온다.)
(조금 느리게)
a tempo

(노래 간주, 4/4전 부분에서 정탐꾼이 나가고, 간주 마지막 부분 정탐꾼 등장한다.)
(정탐꾼 몰려온다 : 각 부족별 1명씩)

• 정탐꾼 : 추장님! 큰일났어요. 괴물이에요. 오~괴물 무시무시한 괴물들이 이곳으로 오고 있어요.
(인디언들 무서워서 떤다.)
• 빨간 추장 : 어쩐다. 어쩐다.
• 초록 추장 : (생각하다가. 번쩍!) 우리가 서로 싸우지 말고 힘을 모아 괴물을 무찌릅시다.

〈효과음〉

(괴물을 잡으러 무대, 관객석으로 돌아다닌다, 처음에는 괴물이 인디언들을 몰고 다닌다.)
• 빨강 부족, 초록 부족 : 여러분 우리를 도와주세요. 우리가 괴물을 이길 수 있도록 여러분이 응원해 주세요. 이겨라! 이겨라! (소리. 합성. 와!!)

〈음악〉

〈효과음〉

- 빨간 부족원 : 우리가 괴물을 이겼다.
- 초록 부족원 : 빨간 부족과 우리 부족이 힘을 합쳐 괴물을 잡았다.
- 다 같이 : 우리가 이겼다. 와!! (함성)
- 빨간 추장 : 초록 부족 참 용감하게 우리와 함께 싸워주어 고맙소.

- 초록 추장 : 아니오, 빨간 부족이야말로 정말 용감하게 우리와 함께 싸워주어 고맙소.
- 다 같이 : 하하하. (웃는다.)

하 게 힘 을 합 쳐 괴 물 잡 았 네 다 들 모 여 이 기 쁨 을
(느리게)
〈빨강 · 초록 부족〉
a tempo
축 하 합 시 다 우 리
a tempo
모 두 앞 으 로 는 마 음 하 지
말 고 우 리 모 두 사 이

- 빨간 추장 : 우리모두 이 기쁨을 하나님께 기도로 아뢰시다.
- 초록 추장 : 그래요. 그럽시다.

(두 추장이 관객을 향해 반절 무릎꿇고 나머지 부족은 완전 엎드려 기도한다.)

- 빨간 추장 : 우리들의 하나님 고맙습니다.
- 다 같이 : 와~~~~
- 빨간 추장 : 우리들이 힘을 합쳐 괴물을 잡았습니다.
- 다 같이 : 와~~~~
- 초록 추장 : 우리 빨간 부족과 초록 부족은 앞으로 사이좋게 지내기로 하였습니다.
- 다 같이 : 와~~~~

〈빨강 추장, 초록 추장〉

〈빨강 · 초록 부족〉 ♪=120

하 나 님- 우 리들의 하 나 님- 고 맙습니다 우 리 들 은 한 맘
한 뜻 으 로 힘 을 합 쳐 잡 았 습 니 다 인 디 언 의 하 나 님
우 릴 지 켜 주 신 하 나 님- 두 나 라 의 싸 움 을 끝 나 게 해

(모두 일어선다.)

- 빨간 추장 : 이렇게 기쁜 날 우리가 그냥 헤어질 순 없지! 우리 함께 잔치를 벌여봅시다.
- 초록 추장 : 우리 함께 춤을 추며, 노래를 부릅시다. 이렇게 기쁜 날을 축하하는 북을 울려라!!

  (효과음 : 북소리)

(모두 함께 노래, 춤을 춘다.)

♩=96
〈빨강 · 초록 부족〉 f
축 하 하 세
축 하 하 세
와 즐 겁
sf

구 나 기 - 쁘 구 와
잔 치 벌 려 축 하 하 세
춤을추며기뻐하자 야호 야 호 야호 호 경사났다경사났어 축하하자축하하자

(여러 차례 되돌려 노래하며 춤추면서 막을 내린다.)

저자소개

심성경 이화여자대학교 사범대학 교육학과(유아교육 전공) 졸업
이화여자대학교 대학원 교육학과(유아교육 전공) 석사, 박사
전, 원광대학교 사범대학 유아교육과 교수
원광대학교 사범대학 부속유치원 원장
현, 원광대학교 사범대학 유아교육과 명예교수
〈역서〉 스트레스 받는 우리 아이들(서울: 창지사)
효과적인 영유아교육 어떻게 할 것인가?(서울: 이화여자대학교 출판부)
〈공저〉 유아교육개론(서울: 창지사), 주제접근에 의한 통합적 유아교육과정(서울: 다음세대)
유아문학의 이론과 실제(서울: 학지사)

이희자 원광대학교 사범대학 유아교육과 학사
이화여자대학교 대학원(유아교육전공) 석사
원광대학교 대학원(유아교육전공) 박사
전, 전북대학교 부설 보육교사교육원 교수
〈공저〉 유아를 위한 교과교육학(파주: 공동체), 영유아를 위한 동작교육(파주: 공동체)

이선경 원광대학교 사범대학 유아교육과 학사
이화여자대학교 대학원(유아교육전공) 석사
원광대학교 대학원(유아교육전공) 박사
전, 송원대학교 유아교육과 교수
현, 원광대학교 사범대학 유아교육과 강사
〈공저〉 유아교육개론(서울: 창지사), 유아문학의 이론과 실제(서울: 학지사)

김경의 원광대학교 사범대학 유아교육과 학사
원광대학교 대학원(유아교육전공) 석사
이화여자대학교 대학원(유아교육전공) 박사수료
현, 군장대학교 아동심리상담과 교수
〈공저〉 유아문학의 이론과 실제(서울: 학지사)

이효숙 원광대학교 사범대학 유아교육과 학사
중앙대학교 대학원(유아교육전공) 석사, 박사
전, 광주보건대학교 유아교육과 교수
현, 원광대학교 사범대학 유아교육과 강사
〈공저〉 유아교육개론(서울: 창지사), 유아문학의 이론과 실제(서울: 학지사)

박주희 원광대학교 사범대학 유아교육과 학사
원광대학교 대학원(유아교육전공) 석사, 박사
현, 행복한 사과나무 어린이집 원장
〈공저〉 유아를 위한 동작교육의 이론과 실제(서울: 학지사), 아동음악과 동작교육(파주: 양서원)

제6판

영유아음악교육

1판 1쇄 발행 2003년 9월 2일
1판 12쇄 발행 2011년 2월 10일
2판 1쇄 발행 2012년 2월 10일
2판 3쇄 발행 2013년 2월 10일
3판 1쇄 발행 2013년 8월 20일
3판 4쇄 발행 2015년 1월 20일
4판 1쇄 발행 2015년 9월 1일
4판 5쇄 발행 2017년 7월 30일
5판 1쇄 발행 2019년 2월 20일
5판 5쇄 발행 2025년 1월 30일
6판 1쇄 발행 2025년 7월 30일

저 자 | 심성경 · 이희자 · 이선경 · 김경의 · 이효숙 · 박주희
발 행 인 | 박철용
발 행 처 | 양서원
주 소 | 경기도 파주시 식지길 522 파주출판도시
전 화 | 031-955-8000(代)
팩 스 | 031-955-8005
홈페이지 | www.yswpub.co.kr
이 메 일 | yswgroup@naver.com
출판등록 | 1987년 11월 24일 제 406-2003-037 호

ISBN 978-89-994-1577-7

정가 24,000원